Thomas Cooper

November 2004

Edition Sozialwirtschaft Bd. 21

Herausgegeben von
Prof. Dr. Bernd Maelicke

EDITION SOZIALWIRTSCHAFT

Prof. Dr. Bernd Maelicke (Hrsg.)

Personal als Erfolgsfaktor in der Sozialwirtschaft

 Nomos

Bibliografische Information Der Deutschen Bibliothek

Die Deutsche Bibliothek verzeichnet diese Publikation in
der Deutschen Nationalbibliografie; detaillierte bibliografische
Daten sind im Internet über http://dnb.ddb.de abrufbar.

ISBN 3-8329-0615-0

1. Auflage 2004
© Nomos Verlagsgesellschaft, Baden-Baden 2004. Printed in Germany. Alle Rechte,
auch die des Nachdrucks von Auszügen, der photomechanischen Wiedergabe und der
Übersetzung vorbehalten. Gedruckt auf alterungsbeständigem Papier.

Inhaltsverzeichnis

I. Vorwort

Im Mai 2003 fand in Düsseldorf der 3. Kongress der Sozialwirtschaft zum Thema »Personal als Erfolgsfaktor in der Sozialwirtschaft« statt – erneut vorbereitet und geleitet durch das Team Dr. Berthold Becher (Bank für Sozialwirtschaft), Rainer Brückers (AWO Bundesgeschäftsführer und Vertreter der Bundesarbeitsgemeinschaft der Freien Wohlfahrtspflege) und Prof. Dr. Bernd Maelicke (Herausgeber der Edition »Sozialwirtschaft« des Nomos-Verlages). Offensichtlich werden diese Kongresse, die jeweils im Abstand von zwei Jahren stattfinden, durch die Führungskräfte der Branche der Sozialen Dienstleister zunehmend gut angenommen; denn obwohl viele Veranstalter über rückläufige Teilnehmerzahlen klagen, konnte wieder eine leichte Steigerung der Anmeldungen verzeichnet werden.

Sozialmanagerinnen und -manager haben Bedarf an diesem Zusammentreffen mit Kollegen in vergleichbaren Positionen und Problemlagen und nutzen deshalb die Kongresse als willkommene Gelegenheiten zur Weiterqualifizierung, zum Erfahrungsaustausch, zur Auseinandersetzung mit Schlüsselpersonen in der öffentlichen und fachlichen Meinungsbildung.

»Wertschöpfung und Wertschätzung durch Personalmanagement und Personalführung« – der Untertitel des Kongresses drückt die hohe Relevanz des Faktors Personal für das Management in der Sozialwirtschaft aus. Mit der Qualität des Personals steht und fällt die Qualität der kundenorientierten sozialen Dienstleistung. Zugleich sind die Aufwendungen für das Personal die weit überwiegenden Kostenanteile bei der Finanzierung dieser Leistungen. Deshalb war es richtig und notwendig, diesen Kongress allein dieser Thematik zu widmen.

Der vorliegende Band fasst die Einzelbeiträge der Referenten des Kongresses zusammen – es waren wieder Politiker, Wissenschaftler, Praktiker und Berater – aus der Wirtschaft und aus der Sozialwirtschaft –, die aus den unterschiedlichsten Perspektiven und Erfahrungen heraus die jeweilige Thematik behandelten. Dies alles im Sinne der Grundideen der Veranstalter – Erweiterung der Perspektiven, Vermitteln von neuen Zusammenhängen, Öffnen für innovative Problemlösungen.

Die Beiträge wurden z.T. nachträglich überarbeitet, z.T. liegen sie in Thesen- oder in Folien-Form vor. So ergibt sich ein buntes und vielfältiges und beim Lesen anregendes Bild, das sowohl für Teilnehmer wie Nicht-Teilnehmer Vertiefung und Erkenntnisgewinn ermöglichen soll.

Die Veranstalter und der Herausgeber wünschen den Leserinnen und Lesern wieder eine spannende und bereichernde Lektüre. Wir freuen uns auf das Wiedersehen im Frühjahr 2005. Die Vorbereitungen laufen bereits.

Kiel, im Januar 2004 *Bernd Maelicke*

II. Sozialstaatlicher Umbau – Herausforderungen und Chancen für die Sozialwirtschaft

Heinrich Tiemann

Sozialstaatliche Herausforderungen im 21. Jahrhundert

Das 20. Jahrhundert hat unzählige Errungenschaften und Veränderungen hervorgebracht. Zu den wichtigsten gehörte die Einsicht, dass der Staat ein gewisses Maß an sozialer und ökonomischer Sicherheit organisieren muss, um die Freiheit seiner Bürger, Menschenwürde, ökonomische Teilhabe und sozialen Frieden zu gewährleisten. In allen europäischen Staaten führte dies zum Auf- und Ausbau sozialstaatlicher Institutionen und Instrumente. Der Sozialstaat erwies sich dabei auch als produktiver Faktor der Gesellschaften, der ihre wirtschaftliche Leistungs- und Wettbewerbsfähigkeit stärkte und der eine zentrale Bedingung für ökonomischen Erfolg darstellte.

Nun, zu Anfang des 21. Jahrhunderts, sehen sich die europäischen Gesellschaften mit neuen Herausforderungen konfrontiert, die einen Umbau der herkömmlichen Sozialstaaten verlangen:

- Wirtschaft, Finanzmärkte und Arbeitswelt wandeln sich im Zeichen einer fortschreitenden internationalen Verflechtung und erhöhen den Wettbewerbsdruck auf die Wirtschaftsstandorte.
- Neue Technologien bestimmen Alltag und Berufsleben, Innovationszyklen werden kürzer, Wissen und Informationen spielen vor diesem Hintergrund eine immer größere Rolle im Leben der Menschen.
- Neue Berufe und veränderte Erwerbsbiografien gewinnen zunehmend Bedeutung. Von den Erwerbstätigen wird mehr Flexibilität und Mobilität, Risikobereitschaft und Eigeninitiative verlangt.
- Gleichzeitig haben gewandelte Lebensentwürfe und Familienstrukturen die Gesellschaften verändert und die Biografien sind vielfältiger und diskontinuierlicher geworden.
- Die demografische Entwicklung führt zu einem stetigen Älterwerden der Bevölkerung in den meisten europäischen Ländern. Dies wirkt sich besonders auf die Finanzierung der Sozialen Sicherungssysteme aber auch auf das Erwerbsleben und alle anderen gesellschaftlichen und ökonomischen Bereiche aus.
- Hinzu kommt, dass in Deutschland der Prozess der Einigung wirtschaftlich und sozial noch immer nicht abgeschlossen ist.

Umbau des Sozialstaats – mehr als ein Finanzierungsproblem

Wenn wir gewährleisten wollen, dass unser Sozialstaat auch morgen noch tragfähig und zielführend ist, müssen wir uns heute den Herausforderungen stellen, auf die veränderten Rahmenbedingungen reagieren und die Zukunft aktiv gestalten. Wir müssen die Arbeitsmarkt- und Beschäftigungspolitik weiterentwickeln, die Renten auf eine bezahlbare und verlässliche Basis stellen, wir müssen auch weiterhin für eine angemessene und qualitativ hochwertige Gesundheitsversorgung sorgen und wir müssen einen gerechten Ausgleich innerhalb und zwischen den Generationen organisieren.

Die sozialstaatliche Debatte konzentriert sich vor diesem Hintergrund vorrangig auf die finanzielle Seite der sozialen Sicherung. Ziel ist es, die Beitragssätze zu stabilisieren und möglichst zu senken. Dies ist unbedingt notwendig, um den Faktor Arbeit nicht übermäßig zu belasten, um auch künftigen Generationen die Chancen zu lassen, für die eigene Rente vorzusorgen, Familien zu gründen und einen angemessenen Lebensstandard zu erreichen. Dies ist gerecht und Ausdruck von Solidarität. Unser Sozialstaat ist der Garant unseres Wohlstands. Gleichzeitig ist unser Wohlstand aber auch die Grundlage eines funktionierenden Sozialstaats, er kommt nicht ohne ökonomisches Wachstum und Prosperität aus. Dieses Wechselverhältnis gilt es in Einklang zu bringen und systematisch zu stabilisieren.

Das Bemühen um Einsparungen auf der Ausgabenseite und die Frage der finanziellen Belastungen sind zentrale Elemente der Reformen und werden in der Öffentlichkeit am stärksten diskutiert. Es sind jedoch nicht die einzigen Aspekte, die bei einem Umbau von Bedeutung sind. Denn wir müssen gleichzeitig auch Strukturreformen einleiten.

- Es muss dabei, erstens, um Effizienzsteigerungen gehen. Nur wenn die Effizienzreserven in den Sicherungssystemen ausgenutzt werden, gehen wir auch verantwortlich mit den Geldern heutiger und künftiger Beitragszahler um. Dies ist nicht nur eine ökonomische Frage sondern auch eine Pflicht gegenüber den Beitragszahlern.

- Zweitens geht es um Qualitätssicherung und -steigerung. Insbesondere im Bereich des Gesundheitswesens und der Pflege, aber auch in der Arbeitsmarktpolitik ist eine hohe Qualität der Leistungen von besonderer Bedeutung, denn im Mittelpunkt der Leistungen sollen die Gesundheit und Lebensqualität der Menschen stehen.

- Drittens schließlich geht es um ein verändertes Verhältnis zu den Leistungsempfängern. Mehr als zuvor gilt es, sie stärker als Partner und Kunden wahrzunehmen, denn als Hilfsbedürftige und Betroffene. Wir müssen die zentralen sozialstaatlichen Anliegen wieder mit neuem Leben füllen. Das bedeutet, dass Menschen aktiviert und dazu befähigt werden müssen, Beteiligungsrechte auch in Anspruch zu nehmen und ihr Leben selbstverantwortlich zu gestalten. Wir müssen Hilfe zur Selbsthilfe ausbauen und die Stärke des Einzelnen fördern – dies wird in der Diskussion als »empowerment« bezeichnet.

Chancen eröffnen, Eigeninitiative fördern, wirtschaftliche Leistungsfähigkeit erhalten und den sozialen Zusammenhalt organisieren – diese Prinzipien bilden daher den Kern unserer Strukturreformen.

Strukturreformen

In unseren Reformen sind wir diesen Weg konsequent gegangen. Ein gutes Beispiel bietet die jüngste Gesundheitsreform. Wir bemühen uns um Effizienz: Die Maßnahmen hierfür beginnen beim Bürokratieabbau, gehen über Bekämpfung von Korruption und Fehlabrechnungen bis hin zur Herausnahme versicherungsfremder Leistungen aus der Krankenversicherung. Mit der Einführung der integrierten Versorgung, den Diesease-Management-Programmen und der ambulanten Behandlung bestimmter Patienten in Krankenhäusern erhöhen wir die Qualität der Versorgung. Mit dem Ausbau von Beteiligungsrechten, der Patientenquittung und der elektronischen Patientenkarte stärken wird schließlich die Position der Patienten und schaffen jene Transparenz, die sie benötigen, um ihre Rechte wahrnehmen zu können.

Auch in den anderen sozialstaatlichen Bereichen hat die Bundesregierung entsprechende Reformen eingeleitet. So etwa in der Arbeitsmarktpolitik, in der nun stärker auf die Aktivierung der Arbeitslosen gesetzt wird. Dies zum Beispiel durch die Erarbeitung individueller Förderkonzepte zur Wiedereingliederung der Arbeitslosen und durch die intensive Betreuung der Kunden in den Job-Center. Oder in der Bildungs- und Jugendpolitik, in der die Bundesregierung den Ausbau von Ganztagsbetreuungen unterstützt, um möglichst allen Kindern gleiche Startchancen zu geben und Frauen die Vereinbarkeit von Familie und Beruf zu erleichtern.

Für die erfolgreiche Umsetzung dieser Strukturreformen brauchen wir jedoch die Mitarbeit der gesellschaftlichen Akteure. Denn Sozialstaat ist mehr als Staat. Sozialstaat, das sind auch die Sozialpartner, die Verbände oder die Wohlfahrtsorganisationen. So sind die Patientenversorgung, die Altenhilfe und Pflege, die Behindertenhilfe, die berufliche Rehabilitation, die Sucht- und Gefährdetenhilfe sowie andere Arbeitsfelder ohne die freien Träger nicht denkbar. Ohne sie könnten diese Aufgaben nicht erfüllt werden. Die Wohlfahrtsverbände sind also auch ein wichtiger Partner bei der Sicherung der sozialen Infrastruktur.

Auswirkungen auf die Sozialwirtschaft

Entsprechend wirkt sich der Umbau des Sozialstaats unmittelbar auf die Sozialwirtschaft aus. Die betrifft vor allem vier Aspekte:

• Zum einen die »technische« Umsetzung der Vorhaben. So sind z.B. die integrierte Versorgung und das Disease-Management ein wesentlicher Teil unserer Strukturreform und werden nicht nur für den Krankenhausbereich grundlegende

Veränderungen mit sich bringen. Hier bieten sich insbesondere auch für Pflege-
einrichtungen neue Möglichkeiten der Hervorhebung eigener Kompetenzen und
der Vernetzung bis hin zur Übernahme von Case-Management-Funktionen. Dies
sind neue Anforderungen, von denen diejenigen Akteure bzw. Leistungserbrin-
ger profitieren, die bereit sind, auch im Gesundheitswesen neue Wege einzu-
schlagen.

• Des Weiteren ist die wettbewerbliche Situation und damit auch die interne Organisation der Sozialen Einrichtungen betroffen. Generell wird in der neuen Sozi-
algesetzgebung eine stärkere Trennung zwischen staatlicher Gewährleistungs-
verantwortung und der konkreten Leistungserbringung durch nicht-staatliche
Träger vorgenommen. In der Folge werden auch privat-gewerbliche Anbieter
und verbandsunabhängige Vereine und Initiativen zugelassen. Die Positionierung im Wettbewerb hinsichtlich Preis und Qualität wird stärker in den Vordergrund gerückt, um das Ziel der Kostenbegrenzung und eine größtmögliche Effizienz der Leistungserbringung zu erreichen. Dieser Ansatz findet sich zum Beispiel im Pflegeversicherungsgesetz, im Sozialhilfegesetz sowie dem Kinder-
und Jugendhilferecht wieder.

Die Träger der freien Wohlfahrtspflege haben sich in den letzten Jahren diesem
Wettbewerb und der zunehmenden Ökonomisierung der Wohlfahrtspflege gestellt. Sie haben neue Managementkonzepte eingeführt und sich so zu modernen
und immer effizienter arbeitenden Organisationen gewandelt. Sicherlich sind
auch weiterhin Anpassungen notwendig, jedoch hat ein Wandel stattgefunden,
mit dem der Grundstein zu einer kontinuierlichen Modernisierung gelegt wurde.

• Drittens betrifft dies die Leitbilder in der Sozialwirtschaft. Mit unseren Reformen stellen wir den Menschen, seine Selbstbestimmtheit und seine Aktivierung
wieder in den Vordergrund sozialstaatlicher Aktivitäten. Wir bewegen uns weg
von paternalistischer Fürsorge, hin zu einem partnerschaftlichen Miteinander
zwischen Leistungserbringern und Leistungsempfängern. Auch die Sozialwirtschaft hat in den vergangenen Jahren hier schon viel geleistet und ein neues
Selbstverständnis entwickelt. Es wird heute weniger von Betroffenen oder Hilfs-
bedürftigen gesprochen sondern vielmehr von Kunden und »Koproduzenten der
Sozialen Arbeit«. Und die Aktivierung der Leistungsempfänger ist zu einer
Kernaufgabe der Mitarbeiter geworden.

Wer die Anbieter von sozialen Dienstleistungen von einst mit den Einrichtungen
von heute vergleicht, erkennt schnell, dass auch in anderer Hinsicht bereits viel
verändert worden ist. Heute richten sich ihre Einrichtungen nach Qualitätsmana-
gementgesichtspunkten aus. Dabei ist es ihnen nicht nur gelungen, Qualitätsma-
nagementsysteme in nahezu allen Tätigkeitsfeldern der Sozialen Arbeit einzu-
führen. Sie haben es darüber hinaus auch geschafft, ihre jeweils unverwechsel-
baren gesellschaftspolitischen Leitbilder mit den Anforderungen an ein modernes Management zu verknüpfen. Diese Leitbilder stellen dabei einen wertebe-
zogenen Orientierungsrahmen dar, der auch notwendiges Korrektiv gegenüber
einer überzogenen Ökonomisierung ist. Durch die Leitbildorientierung setzen

sie dem legitimen Prinzip der Gewinnmaximierung der privat-gewerblichen Träger ausdrücklich ein anderes Prinzip entgegen: Das Prinzip der Nutzenmaximierung für die Hilfsempfänger und die Gesellschaft.

• Viertens wird auch das Personal und das Personalmanagement durch diese Entwicklungen vor neue Herausforderungen gestellt. Die Beschäftigten müssen eigenständig Lösungen entwickeln und die Leistungsempfänger aktivieren. Hier ist ein umfassendes Fachwissen genauso gefragt, wie Sensibilität im Umgang mit den Menschen und ihren Problemen – allerdings auch die notwendige Konsequenz, um eine Lösung auch zielgerichtet zu verfolgen. Das sind hohe Ansprüche an die Mitarbeiter und die Personalentwicklung.

Das Personal ist zudem auch der Schlüssel zur Erzielung nachhaltiger organisatorischer Veränderungsprozesse. Es ist gerade in den sozialen Einrichtungen ein Erfolgsfaktor bei der Bewältigung der Veränderungsprozesse. Entscheidend ist nämlich, ob der Wandel von den Mitarbeitern als Gefahr oder als Chance wahrgenommen wird. Nur in dem Maße, wie sich die Mitarbeiter selbst entwickeln und verändern, können es auch die Organisationen und Unternehmen. Manchmal kollidieren notwendige Veränderungen mit den Erfahrungen, Ziel- und Wertvorstellungen der Beschäftigten. Daher ist es umso dringender erforderlich, sowohl das Management als auch die Beschäftigten aktiv in die Umsetzung mit einzubeziehen.

Der Begriff der »Lernenden Organisation« beschreibt solche Entwicklungsprozesse, die entsprechender struktureller und organisationskultureller Rahmenbedingungen bedürfen. Schließlich sind bestimmte Ziele, Normen und Werte bestimmend für die Unternehmenskultur und somit maßgeblich für das Handeln der Organisationsmitglieder. In diesem Zusammenhang spielt die Partizipation von Mitarbeitern eine zentrale Rolle. Partizipationsmöglichkeiten, die Beteiligung der Mitarbeiter an Prozessen der Selbstorganisation und Selbststeuerung des Unternehmens, können eine lernfördernde Unternehmens- und Organisationskultur schaffen.

Die zunehmende Komplexität und Vernetzung stellen dabei auch besondere Anforderungen an die Führungskräfte. Eine Organisation im Sinne »lebendiger Systeme« zu führen, erfordert ein verändertes Steuerungs- und Kontrollverständnis. Die Philosophie des sich verändernden und damit lernenden Unternehmens geht von den Spitzen aus.

Herausforderungen und Chancen

Deutlich wird: Der Umbau des Sozialstaats hat deutliche Auswirkungen auf die Sozialwirtschaft. Unsere Orientierung an Effizienz, an Qualität sowie am Kunden und seiner Eigenständigkeit wird in den Aktivitäten der Sozialwirtschaft gespiegelt: Die gleichen Prinzipien gelten auch hier. Dies hat Auswirkungen auf die Arbeit, die Leitbilder, die Organisation und das Personal der Sozialwirtschaft. Dies bedeutet nicht nur eine Herausforderung und Kraftanstrengung. Sondern hier liegen auch Chancen. Chancen, dem eigenen Anspruch der Sozialwirtschaft, nämlich der Gemeinwohlfunktion wieder mehr Gewicht zu verleihen. Wenn die Kunden souveräner und ihre Selbsthilfepotenziale gestärkt werden, so entspricht dies durchaus den übergeordneten Gemeinwohlzielen der Sozialwirtschaft. Die Orientierung an Effizienz und Qualität ist nicht nur aus der Not geboren, sondern kann auch Potenziale freisetzen, die zum Wohl der Kunden genutzt werden können. Die Beschäftigten in der Sozialwirtschaft schließlich werden neue und interessante Aufgaben bekommen – dies birgt Chancen zur beruflichen und persönlichen Weiterentwicklung.

Wer in schwierigen Zeiten Veränderungen einleitet, muss in Besitzstände eingreifen und Beharrungskräfte brechen. Dies gilt für die Strukturen in der Sozialwirtschaft genauso, wie für den Sozialstaat als Ganzes. Applaus wird man dafür zunächst weniger ernten können. Dafür aber später Respekt und Anerkennung, wenn es gelingt, den Sozialstaat dauerhaft zu sichern und die sozialstaatlichen Anliegen mit neuem Leben zu füllen. Sicher ist auch, dass wir das tun müssen. Oder, um es mit dem Bundeskanzler zu sagen: Entweder wir modernisieren, um unsere soziale Marktwirtschaft zu erhalten, oder wir werden modernisiert durch die ungebremsten Kräfte des Marktes, die das Soziale zur Seite drängen. Nur wenn wir jetzt die Weichen stellen, werden wir diesem Ziel 2010 ein gutes Stück näher gekommen sein.

III. Mitarbeiterpartizipation zwischen Personalentwicklung und Wertschöpfungsbeitrag

Zur Entwicklung neuer Kompetenzstrukturen in der industriellen Fertigung

Michael Lacher

Einleitung

Die Personalentwicklung ist in der Krise. Kaum haben die Unternehmen Umsatzeinbußen zu verzeichnen, so werden auch schon die Maßnahmen zur Personalentwicklung gestrichen. Dies trifft einmal mehr solche Bildungsträger, die ihre Angebote mehr an den Moden und Gurus des Human Ressource Development ausrichten, als an den wirklichen Bedarfen der Kunden. Die Kundenorientierung ist nicht selten mehr als ein Lippenbekenntnis. Doch jedes Schlechte hat auch ein Gutes: Die Szene-Gurus verstummen, die inhaltliche Ausrichtung der Personalentwicklungskonzepte wird überprüft und die wirklichen Kundenbedürfnisse rücken in den Mittelpunkt. Was die Kunden wünschen, ergibt sich aus ihrer Neuaufstellung am Markt. So ist bekannt, dass sich die Unternehmen in der Krise reorganisieren, um ihre Kostenstrukturen, Produktivitätsrückstände und Produktstrukturen zu bereinigen. Für die Bildungsanbieter stellt sich die Frage der Personalwirksamkeit betrieblicher Innovationsprozesse, um ihre Produkte zielgenau entwickeln und den Unternehmen anbieten zu können. Von daher ist es hilfreich, einen Blick auf die Entwicklung betrieblicher Organisationsstrukturen zu werfen, von denen wesentlich die Anforderungen an die Mitarbeiter und ihre Kompetenzentwicklung abhängen. Hieraus lassen sich Schlüsse für eine innovative Personalentwicklung ziehen.

Die betrieblichen Veränderungsprozesse haben in der Automobilindustrie als Vorreiter organisationaler Inovationsprozesse schon Ende der achtziger Jahre begonnen, als klar wurde, dass die international agierenden Mitkonkurrenten aus Asien am Markt die Nase vorn hatten. Die Europäer und Amerikaner konnten nicht mehr mithalten, weil sie Kostennachteile zwischen 20 und 30 %, Produktivitätsrückstände bis 30 % und erhebliche Qualitätslücken in ihren Produkten und Prozessen aufwiesen (Womack u.a. 1991).

Glänzende Analysen haben die betrieblichen Strukturprobleme aus dieser Zeit hinreichend beschrieben (z.B. Springer 1999), was aber noch lange nicht heißt, dass sie behoben worden sind. Die Frage aus Sicht der Automobilunternehmen bleibt, was haben wir aus der damaligen Situation gelernt, wie haben wir uns bis heute verändert und was ist davon auf andere Akteure in Wirtschaft und Gesellschaft übertragbar? Mit den folgenden Anmerkungen möchte ich einige Erfahrungen und Einsichten vermitteln, die aus Sicht der Organisations- und Personalentwicklung in der Automobilindustrie die Bedingungen für Wachstum und Beschäftigung auf der Basis von Eigenverantwortung und Effizienz innerhalb der Betriebe und Unternehmen verbessern können.

Arbeiten in Fremdverantwortung

Die Unternehmen, nicht nur der Autoindustrie, haben ihr inneres Bild verändert. Die industriellen und Arbeitsbeziehungen in den Unternehmen sind einem Wandel unterworfen, wie er seit Taylor mit seiner Lehre von der wissenschaftlichen Betriebsführung nicht mehr vorgekommen ist. Wie diese Revolution die Arbeitsbeziehungen und Arbeitstätigkeiten verändert hat, zeigen die Bilder des Arbeitens von gestern und heute, wobei das Gestern in vielen Betrieben noch das Heute ist. Denn wer bestreitet, dass für viele Arbeiter und Angestellte

- Die Arbeitszeiten starr und undurchlässig sind
- Die Arbeitsvorgänge sekundengenau bewertet sind
- Die Entscheidungen der Chef übernimmt
- Die qualifizierten Tätigkeiten besser Andere übernehmen
- Die Verantwortung für das Leistungsergebnis beim Chef liegt
- Das Entgelt die Gewerkschaften aushandeln
- Die wirtschaftlichen Ziele des Unternehmens unbekannt sind
- Die Arbeitszeiten festgelegt werden
- Die Arbeitsbedingungen und Arbeitstätigkeiten unveränderbar erscheinen und schließlich
- Der Arbeitstag minutengenau zu enden hat.

Kurz: Die Arbeit bleibt in Fremdverantwortung verwaltet und nicht eigenverantwortlich gestaltet.
Die Taylor'sche Lehre hat uns vor knapp hundert Jahren diese Merkmale des industriellen Arbeitens beschert. Aus gutem Grund, weil mit dieser Art des Arbeitens eine gewaltige Effizienzsteigerung in die Betriebe gebracht wurde. Mr. Smith, ein Roheisenverlader Anfang des 20. Jahrhunderts, konnte in der Taylor'schen Fassung des Scientific Management eine Produktivitätssteigerung von mehreren hundert Prozent für sich beanspruchen. Hinzu kam, was heute oft in der Diskussion um den Taylorismus unterschlagen wird, dass für die Arbeiter Lohnsteigerungen zwischen 60 und 100 Prozent erzielt wurden. Die subjektiven Absichten von Frederic Taylor waren durchaus im Sinne einer Humanisierung der Arbeit, denn die Beanspruchung durch die Arbeitstätigkeit wurde insgesamt geringer und die Leistung besser bezahlt. Doch was heute übel aufstößt, ist die Beschreibung des Arbeitstypus wie er für die Taylor'sche Arbeitsteilung notwendig wurde. So lassen wir den Meister der Betriebsführung selbst zu Wort kommen. In den »Grundsätzen wissenschaftlicher Betriebsführung« heißt es auf Seite 62:

>*Ein Mann, der sich in dem Beruf eines Roheisenverladers auf die Dauer wohl fühlt, muss natürlich geistig sehr tief stehen und recht gleichgültig sein. Ein aufgeweckter, intelligenter Mann ist deshalb ganz ungeeignet zu einer Arbeit von solch zerreibender Einförmigkeit. Der Arbeiter, der sich am besten hierfür eignet, ist deshalb nicht imstande, die theoretische Seite dieser Arbeit zu verstehen.«*

Und an anderer Stelle fügt er hinzu:

>*Einen intelligenten Gorilla könnte man so abrichten, dass er ein mindestens ebenso tüchtiger und praktischer Verlader würde als irgendein Mensch.«*

Es liegt auf der Hand, dass dieses Bild eines arbeitenden Menschen aus dem Jahre 1919 nicht mehr unseren heutigen Vorstellungen eines qualifizierten Mitarbeiters entspricht. Doch wen wundert es, dass die Arbeitsorganisation in der Masse unserer Industriebetriebe einen solchen Mitarbeiter Taylor'scher Prägung noch immer ermöglicht, weil wir zum einen die Effizienz der Arbeitsteilung benötigen, und zum anderen die Verantwortung weiterhin den Mitarbeiterinnen und Mitarbeitern vorenthalten.

Dies lässt sich leicht mit einem weiteren Zitat belegen:

>*Um jeden einzelnen Arbeiter individuell behandeln zu können, war natürlich die Errichtung eines besonderen Arbeitsbureaus für den mit dieser Aufgabe betrauten Beamten...erforderlich. In diesem Bureau wurde im vor hinein jedem einzelnen Arbeiter eine bestimmte Arbeit zugewiesen und die Bewegungen der Arbeiter von einer Arbeitstelle zur anderen wurden...von dort aus angeordnet, etwa so wie man Schachfiguren auf dem Schachbrett hin und her schiebt.« (ebenda, S.72)*

Arbeitsvorbereiter, Zeitstudienfachleute, Industrial Engineers, MTM-Experten heißen heute die Mitarbeiter nicht nur der Großindustrie, deren Aufgabe es ist, zeitliche und sachliche Vorgaben für die Mitarbeiterinnen und Mitarbeiter in der Fertigung und den Montagen zu planen und zu errechnen. Damit wird die Verantwortung zur Leistungserbringung zentralisiert und den Mitarbeitern entzogen. Denn umgekehrt meint die Beteiligung der Mitarbeiterinnen und Mitarbeiter, die Verantwortung bei der Gestaltung der Arbeit, der Leistungserbringung, ihrer Bewertung und damit der Zielerreichung des Unternehmens zu übernehmen.

Arbeiten in Selbstverantwortung

Indem die Mitarbeiter einen Wertschöpfungsbeitrag eigenverantwortlich generieren, werden die wirtschaftlichen Ziele des Unternehmens zu den Zielen der Mitarbeiterinnen und Mitarbeiter. Was heißt das konkret in einem Automobilbetrieb? Hier ein vereinfachtes Beispiel

Eine Gruppe von Produktionsarbeitern hat 1000 Teile pro Tag zu fertigen. Das Budget des Betriebes stellt ihnen die Kapazität an Betriebsmitteln, Betriebsstoffen etc. für nur 900 Teile zur Verfügung. Die restlichen 10 % sind über Kapazitätsausweitungen, durch verbesserte Anlagennutzung, durch Einsparungen, Produktoptimierungen etc. durch die Mitarbeiter selbst zu erbringen. Falls dies nicht geschehen sollte, geht die Produktion ins osteuropäische Ausland.

Was sich wie eine Drohung anhört, ist in Wahrheit die Aufforderung zum Handeln. Die Mitarbeiter beginnen Verantwortung für ihre Ziele und die Ziele des Unternehmens zu übernehmen. Ihr Ziel ist es, ihre Arbeitsplätze zu erhalten und neu zu gestalten. Sie fragen nicht mehr nach den Vorgesetzten. Sie rufen nicht mehr nach Unterstützung von außen. Sie suchen keine Schuld bei anderen. Sie nehmen ihr Schicksal in die eigenen Hände und

- Prüfen ihre Arbeitsbedingungen und Arbeitsabläufe
- Bewerten den Nutzgrad ihrer Anlagen
- Bewerten ihre eigenen Kostenanteile
- Setzen sich mit unterschiedlichen Kostenarten auseinander
- Prüfen den Grad ihrer Zielerreichung und
- Evaluieren ihre selbst entwickelten Maßnahmen zur Verbesserung.

Kurz: Sie betreiben Kontinuierliche Verbesserung indem sie handelnde Personen werden. Sie übernehmen Verantwortung. Sie organisieren sich selbst. Sie warten nicht mehr auf Veränderungen von außen, sondern handeln zielgerecht und rational. Sie machen neue Erfahrungen in dem Unternehmen zusammen mit Vorgesetzten und Kollegen. Sie gehen nach außen und erschließen sich »ihren« Markt. Sie lernen interne und externe Kunden kennen. Sie setzen sich mit den eigenen und den Produkten der Kunden auseinander. Alles in allem bekommen die Mitarbeiter die Chance, handlungsfähig zu werden.

Diese Prozesse ereignen sich mittlerweile tausendfach in den Betrieben und Verwaltungen, wenn die betrieblichen Voraussetzungen hierzu geschaffen werden. Diese organisationalen Innovationen herzustellen, ist Aufgabe des Managements. Was gehört dazu?

1. Die Führungskräfte müssen Loslassen können.
2. Die Mitarbeiter brauchen teamorientierte Arbeitsstrukturen
3. Die Mitarbeiter brauchen transparente Handlungsstrukturen
4. Die Mitarbeiter brauchen Ziele
5. Die Mitarbeiter brauchen Transparenz der Zahlen, Daten, Fakten
6. Die Mitarbeiter brauchen Begleitung in schwierigen Situationen
7. Die Mitarbeiter brauchen Feedback und Anerkennung
8. Die Mitarbeiter brauchen Vertrauen

Diese Voraussetzungen des Unternehmens sind herzustellen, sofern die Bereitschaft des Managements hierfür vorhanden ist. Die Einsicht und Motivation des Managements muss freilich erarbeitet werden. Klar ist: Die Rolle des Managements ist der

Schlüssel, um Innovation und Mitarbeiterpartizipation erfolgreich herstellen zu können (Springer 2003).

Mitarbeiterpartizipation als Wertschöpfungsbeitrag ist ein Wettbewerbsvorteil, weil das »Gold in den Köpfen« der Mitarbeiter den Unternehmen zur Verfügung gestellt und marktfähig gemacht wird. Dies setzt eine betriebliche Organisation voraus, deren Qualität zum Wettbewerbsfaktor zwischen den Unternehmen wird.

Haben wir nunmehr auf die Qualität der Organisation verwiesen, die neben der Technik als eine Voraussetzung einer modernen Arbeitspolitik gilt, so müssen wir nunmehr Antworten finden, wie die qualifizierten Tätigkeiten heute und in naher Zukunft auszusehen haben, wenn sie den internationalen Standards gerecht werden und die Mitarbeiter zu arbeitspolitischen Akteuren in eigener Sache machen sollen.

Die Herstellung von Handlungsfähigkeit der Mitarbeiter ist eine berufspädagogische Maxime, der die Personalentwicklung zu entsprechen hat. Die Personalkonzepte folgen den technischen und arbeitsorganisatorischen Handlungsanforderungen, sofern sie nicht ihrerseits die Arbeitsanforderungen prägen können. Als Schlüssel zu moderne Personalkonzepten gelten nicht selten die »Prozessoffenheit« oder »offene Gestaltungsaufgaben«, um Handlungsanforderungen zu charakterisieren, die neben den (technischen) Fachkenntnissen aus folgenden Merkmalen bestehen:

- Analyse und Abstraktionsvermögen (Reflexionsqualifikationen);
- Sozial-kommunikative Fähigkeiten;
- Verständnis für ökonomische und kulturelle Zusammenhänge;
- Betriebliches Erfahrungswissen (organisatorische Kenntnisse) (Baethge 2003).

Damit lassen sich Merkmale herausarbeiten, die als beruflicher Handlungsrahmen für ein modernes Personalmanagement gelten können. So ist die Arbeit industrieller Fachkräfte

1. prozessorientiert, d.h. an der Wertschöpfungskette des Unternehmens ausgerichtet;
2. kundenorientiert, d.h. an den quantitativen und qualitativen externen und internen Kundenwünschen orientiert;
3. flexibel, d.h. sie umfassen Tätigkeitsbandreiten (»job-families«) in horizontaler (job-enlargement) und vertikaler (job-enrichment) Hinsicht;
4. teamförmig, d.h. sie nutzen die Fähigkeiten und Kenntnisse durch soziale und fachliche Kooperation;
5. mobil, d.h. sie sind nicht mehr an bestimmte Standorte gebunden;
6. zielorientiert, d.h. die Leistungsfähigkeit wird an den Unternehmens- und Mitarbeiterzielen gemessen;
7. qualifikationsförderlich, d.h. sie berücksichtigen die Qualifikationsentwicklung der Mitarbeiterinnen und Mitarbeiter;
8. partizipativ, d.h. sie gestalten die Arbeitsbedingungen und Arbeitsinhalte aktiv mit;
9. selbstorganisiert, d.h. sie haben hohe Anteile eigenverantwortlicher Handlungswege.

Diese Handlungsstrukturmerkmale sind in der einen oder anderen Ausprägung sowie in je unterschiedlichen Entwicklungsgraden in Industriebetrieben zumindest rudimentär vorzufinden. Dennoch erstaunt die Personalentwickler und Arbeitswissenschaftler, wenn sie in der Automobilindustrie und mittlerweile in vielen anderen Branchen auf ganz anders erscheinende Entwicklungswege treffen.

Neue Herausforderungen für die Personalentwicklung: Ambivalente Handlungsanforderungen durch ganzheitliche und standardisierte Produktionssysteme

Die Herausbildung der beschriebenen Anforderungs- und Arbeitsstrukturen sind einer gewaltigen Veränderung der industriellen Produkt- und Prozessstrukturen geschuldet. In Folge veränderter Kundenbedürfnisse hat sich die Produktstruktur im Automobilsektor wie auch in anderen produzierenden Gewerben in erheblichem Maße verändert. Galt am Anfang der Großserienproduktion von Autos noch der Ford'sche Grundsatz »Sie können jedes Auto bekommen, vorausgesetzt es ist schwarz«, so kann heute jeder Kunde aus unzähligen Varianten »sein« individuelles Produkt wählen. Dieser Umstand hat zu erheblichen Veränderungen in der Großserienfertigung geführt. Auf diese Entwicklung haben die Unternehmen mit einem ganzen Bündel von Flexibilisierungsmaßnahmen vor allem auf dem Gebiet der Arbeitszeit reagiert. Andererseits hat man sich damit auch Unsicherheiten in der Prozessgestaltung eingehandelt, denn ein Merkmal der Flexibilität ist das schnelle Anpassungsvermögen an wechselnde Vorgaben, von denen die Mitarbeiter häufig überfordert sind.

So ist neben den technischen Innovationen die Komplexitätsbeherrschung von Produkten und Prozessen eine der wesentlichen Herausforderungen für die Massenhersteller geworden. Im Mittelpunkt der Reorganisationsbemühungen der Unternehmen steht also die Herstellung von sicheren Prozessen. Hierzu gehören ihre Vereinfachung, ihre Transparenz und Nachvollziehbarkeit, ihre Beherrschbarkeit sowie ihre Standardisierung. Dies soll schließlich dazu führen, dass vermittels eines Best – Practice – Ansatzes die Prozesse übertragbar werden, um eine kontinuierliche Verbesserung der Betriebs- und Arbeitsorganisation sicher zu stellen. Ziel der Prozesssicherheit ist es, dass jeder Mitarbeiter in seinem Verantwortungsbereich die organisatorischen Abläufe, insbesondere die arbeitsorganisatorischen, logistischen und sozialen Prozesse in ihren Grundzügen begreift und in ihrer Ausführung beherrscht. Als »Produktionssysteme« werden diese vernetzten und standardisierten Arbeits- und Organisationsprozesse bezeichnet, die, sämtlich als Derivate des Toyota-Produktionssystems, oftmals im Gewande ihrer Anwenderbetriebe daher kommen: So gibt es das Ford – Produktionssystem, Audi – Produktionssytem etc. (Jürgens 2003).

Bei der Anforderungsentwicklung haben wir es mit einer verstärkten Rigidität von Arbeitsprozessen zu tun, die einer Routinisierung, Zergliederung und Effizienzsteigerung durch Vereinfachung und verbesserte Bewertbarkeit und Transparenz unterliegen. Die Arbeit wird vereinfacht und transparent gemacht, um sie sicherer zu gestalten. Am Beispiel der Gruppenarbeit lässt sich dieser Prozess gut darstellen: So hat sich mit der Einführung von ganzheitlichen und standardisierten Produktionssystemen auch der Charakter der Gruppenarbeit gewandelt (Lacher 2001). Sehr viel stärker als noch bei dem Modell der teilautonomen Gruppenarbeit steht die Arbeitseffizienz durch Vereinfachung und Standardisierung im Mittelpunkt der Gruppenaufgabe und Gruppenziele. Mit der Standardisierung von Arbeitsabläufen, insbesondere von Montagevorgängen, ergeben sich zudem mehr Routineaufgaben, die Bestandteil der Gruppenaufgaben bleiben. Die Folge hiervon sind Verschiebungen in der Anforderungsarchitektur innerhalb der Gruppe. Ein Facharbeiter in einer Montagegruppe, etwa für Aggregate, hat Routineaufgaben zu erfüllen z.B. beim Aufpressen von Scheiben auf eine Welle, wie er auch innerhalb seiner Gruppe Störungsbehebungen bei einem Montageroboter vorzunehmen und darüber hinaus im Rahmen der Zielvereinbarung als Gruppensprecher die Budgetziele zu verstehen und seiner Gruppe zu erläutern hat sowie schließlich Verbesserungsmaßnahmen zur Zielerreichung zusammen mit den anderen Gruppenmitgliedern zu entwickeln angehalten ist.

Diese horizontale (»job enlargement«) und vertikale (»job enrichment«) Anforderungsvielfalt wird sich mit der zunehmenden Einführung manueller Tätigkeiten verstärken und zu einer höheren Varianz innerhalb der Handlungsfähigkeit der einzelnen Gruppenmitglieder führen. Die Anforderungen innerhalb der Gruppen variieren zwischen manuellen repetitiven Routinetätigkeiten und klassischer Facharbeit etwa bei der Störungsbehebung. Im Einzelfall ist es denkbar, dass diese Anforderungsvarianz in einer Person vorkommt, die sich in der Anforderungsspannung von einseitiger Beanspruchung durch standardisierte Arbeitsgänge einerseits und hoher Kreativitätsbeanspruchung durch prozessoffene Gestaltung der Anforderungen darstellt.

Schließlich kommt hinzu, dass mit der steigenden Gruppenverantwortung bei Kosten, Produktivität, Qualität und Termintreue die unternehmensbezogenen Erfordernisse an Prozesskenntnissen in erheblichem Maße steigen. Im Idealfall haben wir es also mit einem Facharbeiter zu tun, der in der Lage ist, die Selbstkompetenz auf zu bringen, die Ambivalenz von standardisierten Routinetätigkeiten und prozessoffener Instandhaltungs- und Verbesserungstätigkeit zu verarbeiten und dabei unternehmensbezogene Betriebswirtschaftskenntnisse erlangt hat, bei denen er seine Methodenkompetenz innerhalb von Zielvereinbarungen, Kontinuierlicher Verbesserung, und Visualisierung von Kennziffern einzusetzen in der Lage ist.

Maßgeblich für die Personalentwicklung ist nunmehr, dass die Mitarbeiter einerseits die Kreativität und Flexibilität prozessoffener Handlungsanforderungen zu bewältigen haben und andererseits die Vereinfachung und Standardisierung zur Herstellung von Komplexitätsbeherrschung und sicheren Prozessen herzustellen und weiter zu entwickeln haben. Die Herausforderung für die Personalentwicklung der Zukunft besteht demnach darin, bei ambivalenten Handlungsanforderungen die Handlungsfähigkeit der Mitarbeiter zu erhalten und ggf. auszubauen. Diese Aufgabe der Personalentwicklung kann durch die Förderung der Mitarbeiterbeteiligung geschehen, weil sie sowohl dem Ansatz der Prozessoffenheit wie auch dem der Standardisierung unterlegt ist.

Mitarbeiterpartizipation als Bestandteil der Personalentwicklung

Mitarbeiterbeteiligung heißt, den abhängig Beschäftigten die Teilhabe an der Gestaltung von betrieblichen Prozessen, von Arbeitsinhalten sowie den Arbeitsbedingungen zu ermöglichen, soweit die gesetzlichen und tariflichen Bedingungen das zulassen. Mit der Beteiligung wird beabsichtigt, die Akzeptanz von Arbeitsergebnissen zu erhöhen, das Erfahrungswissen der unmittelbar Beteiligten für das Unternehmen nutzbar zu machen sowie die Kompetenz der Mitarbeiter zu erhöhen. Was üblicherweise Aufgabe der klassischen Personalentwicklung ist, nämlich die personalen Voraussetzungen durch sog. Schulungsmaßnahmen zur Aufgabenbewältigung und ggf. individuellen Weiterentwicklung herzustellen, wird so durch die Organisation der Arbeit als Beteiligung gewissermaßen als kostenlose Mitnahme generiert. Personalentwicklung wird als impliziter Prozess der Arbeit vermittelt, indem die beteiligten Mitarbeiter ihr Wissen und Können kooperativ weiterentwickeln und im Arbeitsprozess anwenden.

So entwickeln sie bspw. ihre Fachkompetenz
- durch die Gestaltung der Arbeitsprozesse im Rahmen der Kontinuierlichen Verbesserung;
ihre Methodenkompetenz durch die Anwendung von
- Bewertungsmethoden ihrer Tätigkeit
- Problemlösemethoden bei der Arbeitsgestaltung
und ihre Sozialkompetenz durch die
- kooperative und kommunikative Gestaltungsaufgabe.

Diese Kompetenzbereiche sind in der Arbeitswissenschaft, namentlich der Arbeitspsychologie, längst bekannt und gewissermaßen Allgemeingut der Personalentwicklung geworden. Dennoch haben sich mit den oben erwähnten Entwicklungsprozessen der Arbeits- und Betriebsorganisation Anforderungen an die Personalentwicklung ergeben, die bislang nur ansatzweise abgebildet werden. Insbesondere mit der Einführung von Zielvereinbarungsprozessen als Teil der Mitarbeiterpartizipation hat der Markt Einzug in die Organisation der Unternehmen gehalten. Diesem Umstand ist die Personalentwicklung nur in Ansätzen nachgekommen. Die Geschäftsprozesse der Unternehmen, die wesentlich basieren auf betriebswirtschaftlichen Kennziffern und Vorgaben, sind bislang nur den Controllingspezialisten und betrieblichen Finanzakrobaten wirklich bekannt. Die innerbetrieblichen Marktvorgänge, nach denen sich auch die Mitarbeiterinnen und Mitarbeiter aus den Fertigungs-, Montage und Fachbereichen auszurichten haben, sind meistenteils noch immer eine black-box der Handlungskompetenz von Fertigungsmitarbeitern. Dennoch ist durch arbeitsbegleitende und arbeitsimmanente Qualifizierungsprozesse das betriebswirtschaftliche know-how der Unternehmen vermittels z.b. der Zielvereinbarungsprozesse bis in den shop-floor der Fertigung gelangt. So ist es vielen Betrieben mittlerweile gelungen, den Montagearbeiter mit Routinetätigkeiten zu einem betriebsversierten Ökonomen in eigener Sache zu machen. Dies geschieht, indem die Beteiligung durch den Zielvereinbarungsprozess gleichzeitig das Wissen um die Produktkosten, die Arbeitsproduktivität, die Qualitätsziele etc. mitentwickelt. Die Mitarbeiterpartizipation mutiert zur eigenen Personalentwicklung, ohne dass die zuständige Abteilung ihre Qualifizierungsmaßnahmen ein zu setzen braucht.

Gleichwohl tun sich auch für die Personalentwicklungsabteilungen der Unternehmen über die arbeitsimmanenten Qualifizierungsprozesse folgende Aufgabenstellungen auf. Sie müssen Personalentwicklungskonzepte entwickeln, die zum einen den Anforderungskriterien von partizipativen Arbeits- und Geschäftsprozessen in fachlicher, sozialer und methodischer Hinsicht genügen. Sie müssen darüber hinaus berücksichtigen, dass in die Arbeitsprozesse mehr und mehr Routinetätigkeiten Einzug halten. Die Kundenorientierung der Personalentwicklung für die Fertigungsmitarbeiter wird sich künftig darin zeigen, ob sie ihre Konzepte den ambivalenten Handlungsanforderungen anpassen können.

Schluss

Mit dieser Ausrichtung einer modernen Personalentwicklung dürfte sich ein Taylor des 20.Jahrhunderts in dem Maße überlebt haben, wie er ein Menschenbild benötigt hat, das zur Arbeitsausführung getaugt hat, aber zur Arbeitsvorbereitung und Arbeitsgestaltung nicht in der Lage sein wird. So wie eine Tendenz zur Arbeitsvereinfachung in der Produktion zu beobachten ist, so komplex werden die Arbeitsstrukturen durch Kunden- und Prozessorientierung weiterentwickelt werden. Für die arbeitenden Menschen in der Produktion und der Verwaltung werden die Tätigkeiten einfacher und schwieriger zugleich. Die Aufgabe der Personalentwicklung wird also auch sein, diese Paradoxie des Arbeitens zu bewältigen.

Die Mitarbeiterpartizipation ist ein Schlüssel zur Verarbeitung dieser Widersprüchlichkeit des Arbeitslebens, weil durch sie Handlungsfähigkeit erzeugt wird, die sowohl ein Wertschöpfungsbeitrag darstellt als auch als Personalentwicklung gelten kann. Unternehmen, die sich diesen Herausforderungen nicht stellen, werden in einer globalisierten Wirtschaft mittel- und langfristig nicht überleben können, weil sie die vorhandenen Ressourcen nicht mobilisieren. Mitarbeiterbeteiligung ist eine organisationale und personale Ressource zur Verbesserung der Wertschöpfung und damit der Wettbewerbsfähigkeit der Unternehmen. Wachstum und Beschäftigung wird auf diese Weise zur täglichen Aufgabe und Verantwortung der Mitarbeiterinnen und Mitarbeiter selbst.

Literatur

Baethge, Martin, (2003) Facharbeit als Auslaufmodell? – Prozessorientierte Arbeitsorganisation und ihre Konsequenzen für die Aus- und Weiterbildung industrieller Fachkräfte. Vortrag gehalten am 13.11.2003 VW Coaching Gesellschaft, Niederlassung Kassel.

Jürgens, Ulrich (2003), Aktueller Stand von Produktionssystemen – ein globaler Überblick, in: Angewandte Arbeitswissenschaft 176, Juni 2003, S. 25-36

Lacher, Michael, (2001) Standardisierung und Gruppenarbeit – ein Gegensatz? Zum Wandel der Aggregatemontagekonzepte in der Großserienfertigung, in Angewandte Arbeitswissenschaft 167, März 2001, S. 16-29.

Springer, Roland (1999), Rückkehr zum Taylorismus? Arbeitspolitik in der Automobilindustrie am Scheideweg. Frankfurt/M., New York.

Springer, Roland, (2003) Wettbewerbsfähigkeit durch Innovation. Erfolgreiches Management organisatorischer Veränderungen. Berlin, Heidelberg.

Taylor, Frederick Winslow (1919), Die Grundsätze der wissenschaftlichen Betriebsführung. Nachdruck 1983. München, Berlin

Womack, James P., Daniel T. Jones, Daniel Roos (1991), Die zweite Revolution in der Automobilindustrie. Frankfurt/M., New-York.

IV. Soziale Organisationen als Centers of Excellence mit Menschenwürde – Zur Professionalisierung der Mitarbeiter- und Unternehmensführung

Dieter Frey, Claudia Peus und Eva Jonas

1. Einleitung

In vielen Organisationen der europäischen Wirtschaft (sozialen wie kommerziellen), die unter extremem internationalen Wettbewerbsdruck stehen, findet augenblicklich eine interne Umwälzung statt. Bestehende Unternehmenskulturen und Führungsverhaltensweisen werden in Frage gestellt. Damit verändern sich Anforderungen an Mitarbeiter und Führungskräfte. Gefordert und gefördert wird ein Mitarbeiter, der als Unternehmer im Unternehmen denkt und handelt. Dieser mündige und emanzipierte Mitarbeiter soll mehr Selbstverantwortung übernehmen, konflikt- und kritikfähig und in hohem Maße teamfähig sein. Die neue Führungskraft muss entsprechend gelernt haben, selbstkritisch und mitarbeiterorientiert zu denken und zu handeln; als Mentor und Trainer wird sie das Gesamtsystem berücksichtigen und Teilaufgaben delegieren (vgl. Frey, 1994; Frey 1996 a; Frey 1996 b; Bass, 1998). Insgesamt werden diese Veränderungen einhergehen mit einem Abbau von Hierarchien, verstärkter Einführung von Team- und Projektarbeit sowie erhöhter Rotation und Zeitsouveränität von Arbeit. Erfolgreich können bei internationalem Konkurrenzdruck letztlich nur solche Unternehmen sein, die sich als ein Center of Excellence definieren. Unter einem Center of Excellence wird in diesem Zusammenhang eine Organisation verstanden, die kontinuierlich an ihrer eigenen Verbesserung arbeitet, mit dem Ziel, dauerhaft Spitzenleistungen zu erbringen. Die Führungskräfte und Mitarbeiter solcher Unternehmen wissen, dass langfristiger Erfolg nur durch ein Höchstmaß an Mitarbeiterorientierung, Kunden- und Marktorientierung sowie Konkurrenzorientierung gewährleistet ist. Konkurrenzorientierung bezieht sich dabei auf die Tendenz der Organisation, sich permanent mit Wettbewerbern zu vergleichen, um dadurch Verbesserungsvorschläge zu erhalten.

Viele Branchen und Firmen, die unter extremem Wettbewerbsdruck stehen, sind auf dem Wege der Umsetzung dieses Anforderungsprofils oder haben es de facto schon umgesetzt.

Ähnlich wie kommerzielle Organisationen stehen soziale Organisationen vor einer großen Herausforderung: Im nationalen und internationalen Wettbewerb sowie unter dem Zwang der Verknappung von Geldern sind sie gezwungen,

- ihre Prozesse zu optimieren,

- ihre Servicequalität zu verbessern,
- Prioritäten zu setzen und sich ein deutlicheres Profil zu geben

Da diese Ziele nur durch Menschen erreicht werden können, kommt der Qualifikation und Motivation der Mitarbeiter und Führungskräfte, die in diesen Institutionen arbeiten, eine besondere Bedeutung zu. Nur durch sie kann erreicht werden, dass einerseits (durch den Kontakt mit dem Kunden) eine hohe Kundenzufriedenheit hergestellt wird und andererseits durch professionellen Umgang mit den Prozessen eine Prozess-, Produkt- und Serviceoptimierung oder gar Innovationen erreicht werden.

Spitzenunternehmen der Wirtschaft, die beständig an der Optimierung ihrer Produkte und Serviceleistungen arbeiten, zeichnen sich neben modernen Führungsprinzipien durch spezifische Unternehmenskulturen (sog. Center of Excellence-Kulturen) aus (vgl. Abbildung 2). Nur durch die Umsetzung solcher Unternehmenskulturen können sie dauerhaft Spitzenleistungen hinsichtlich Kosten, Zeit, Qualität, Innovation und Produktivität erbringen.

Wir verstehen unter einem Center of Excellence: Die Favoritenstellung für die Weltmeisterschaft in der Produkt-, Dienstleistungs- und Prozessoptimierung. Wir denken dabei an Unternehmen wie SAP, 3M, Goretex oder Hewlett Packard. Welches sind die dafür notwendigen Voraussetzungen? Wesentliche Vorbedingung ist eine professionelle Unternehmens- und Mitarbeiterführung, die über die Einführung zentraler Prinzipien von Führung und Unternehmenskultur den mündigen, selbstbewussten und lernbereiten Mitarbeiter fordert und fördert. Notwendig ist natürlich auch ein Produkt bzw. eine Dienstleistung mit hoher Akzeptanz auf dem Markt.

Grundsätzlich sind wir der Meinung, dass ökonomischer Erfolg und Kundentreue bei kommerziellen Organisationen nahezu 1:1 übertragbar sind auf den Erfolg und die Kundentreue bei sozialen Organisationen. Folglich geht es darum, dass soziale Organisationen mit den folgenden Problemen konfrontiert werden:

- Wie können die Führungskräfte ihre Mitarbeiter so motivieren, dass diese lernbereit und verantwortungsbewusst sind und sich den veränderten Bedingungen anpassen?
- Welche Richtung müssen Topmanagement und Führungskräfte vorgeben, d.h. welche Kulturen müssen implementiert werden?
- Welche ganz konkreten Techniken der kontinuierlichen Verbesserung im Führungsalltag, im Sinne von Führungshandwerk, gibt es?

Mit diesen Fragen wollen wir uns in diesem Beitrag auseinander setzen. Ein ganz wichtiger Aspekt, der gerade soziale Organisationen betrifft, aber nicht nur diese, ist der Aspekt der Menschenwürde. Veränderungen können nicht verordnet werden, sondern sie müssen vorgelebt werden und mit Überzeugungsprozessen verbunden sein, die die Sehnsüchte, Bedürfnisse und Ängste der betroffenen Mitarbeiter berücksichtigen. Deshalb spielt der Aspekt der Menschenwürde, also des fairen Umgangs mit Menschen, eine ganz zentrale Rolle. Dies wird sich in allen unseren Ausführungen zeigen. Dort, wo der Mitarbeiter sieht, dass im Veränderungsprozess wenig Transparenz, wenig Partizipation, wenig Sinnvermittlung, wenig Fairness ausgeübt wird, wird er in die innere Kündigung gehen. Das Faszinierende, was soziale aber auch kommerzielle Organisationen beanspruchen können, ist, dass professionelles Führen, die Entwicklung zu einem Center of Excellence, eben immer auch so geschehen kann, dass die Menschenwürde nicht verletzt wird. Es geht letztlich um die Philosophie »Klarheit in den Erwartungen, Zielen, Standards und Spielregeln, Klarheit in der Sachebene, aber fair, human im Umgang mit dem Menschen, also hohe Sensibilität auf der Beziehungsebene.

2. Zum Problem der professionellen Führung

Es hängt nicht vom Zufall ab, ob man innerlich gekündigte Mitarbeiter hat oder nicht. Einerseits spielt natürlich die Eigenmotivation der Mitarbeiter eine große Rolle, aber andererseits wird die Motivation der Mitarbeiter auch maßgeblich davon beeinflusst, in welcher Unternehmenskultur, in welchem Betriebsklima, also letztlich unter welchen äußeren Bedingungen der Mitarbeiter arbeitet.

2.1. Professionelle Unternehmensführung vs. professionelle Mitarbeiterführung

Wenn man von Führung spricht, so muss man bei sozialen wie bei kommerziellen Organisationen unterscheiden zwischen Unternehmensführung (Business Management) und Mitarbeiterführung (People Management).

Das Topmanagement einer sozialen oder kommerziellen Organisation hat zunächst die Aufgabe der professionellen Unternehmensführung: Es muss definieren, wo die Kernkompetenzen des Unternehmens liegen, welche Produkte und Dienstleistungen für welche Zielgruppen oder Marktsegmente bereitgestellt werden sollen, welche strategischen Allianzen eingegangen werden können und sollen, um Marktpositionen zu behaupten oder zu gewinnen. All diese Entscheidungen hat das Topmanagement auch unter Einbezug der Führungskräfte und der Basis zu fällen. Deren Erfahrungen und Vorschläge sollten bei solchen Entscheidungen miteinbezogen werden. Durch Unternehmensführung wird die Orientierung der Organisation, die Richtung des Handelns (analog der Richtlinienkompetenz des Bundeskanzlers) und das Ziel vorgegeben.

Die Umsetzung der Inhalte der Unternehmensführung obliegt den Führungskräften in der Art ihrer Mitarbeiterführung: Höchstleistungen und Veränderungen kommen nur durch das Handeln von Menschen zustande. Daher sollte der Einzelne in seinen Talenten, Fähigkeiten und Interessen gefordert und gefördert werden. Dazu gehören Feedbackgespräche, Zielvereinbarungsgespräche und Hilfe zur Selbsthilfe ebenso wie ein Höchstmaß an Kommunikation und Partizipation sowie Vorbildverhalten der Führungsperson. Mitarbeiterorientierung motiviert Mitarbeiter zu guten Leistungen. Visionen und Ziele werden von Führungspersonen und Mitarbeitern gemeinsam erarbeitet.

Es erübrigt sich zu sagen, dass die Philosophie der Unternehmensführung mit der Philosophie der Mitarbeiterführung übereinstimmen muss, da sonst die Glaubwürdigkeit des Topmanagements in Frage gestellt werden müsste. Wenn nicht jeder in die Richtlinienbestimmung (Richtlinienkompetenz) miteinbezogen werden kann, so müssen doch Entscheidungen begründet werden und durch eine transparente Kommunikation gewährleistet sein, dass diese Unternehmenspolitik und Unternehmensphilosophie die Basis erreichen und dort auch verstanden werden. In zu vielen Firmen gibt es Defizite durch mangelnde oder fehlende Kommunikation. Kommunikation, vor allem über Unternehmenspolitik und Unternehmensstrategie, ist aber ein Produktionsfaktor; folglich ist fehlende Kommunikation ein Kostenfaktor, der die Wettbewerbsfähigkeit beeinträchtigt.

Professionelle Unternehmensführung kann – auch bei mangelhafter Mitarbeiterführung – den Erfolg eines Unternehmens erzielen, sofern das Produkt oder die Dienstleistung quasi eine Monopolstellung auf dem Markt besitzt. Umgekehrt ist professionelle Mitarbeiterführung noch keine Garantie für Erfolg, wenn das Produkt oder die Dienstleistung über eine geringe Kundenakzeptanz verfügt. Sowohl professionelle Unternehmensführung als auch professionelle Mitarbeiterführung sind daher notwendige Bedingungen für Spitzenleistung.

Letztlich ist jede Führungsperson – egal auf welcher Ebene – auch gleichzeitig Unternehmensstratege, denn die Oberziele müssen auf die einzelnen Abteilungen und Gruppen herunter gebrochen werden. Die Führungsperson muss diese Ziele und strategischen Konzepte kennen, diskutieren und nach der Diskussion mit den Mitarbeitern entsprechend revidieren. Sie muss immer einen Schritt vorausdenken, dabei aber die Mitarbeiter an der Zieldefinition teilhaben lassen bzw. vorgegebene Ziele begründen.

Damit ist auch die Frage beantwortet, ob es eine Unternehmung oder Abteilung ohne Führung geben kann. Führung wird immer dann notwendig sein, wenn Grundsatzentscheidungen gefällt oder schnelle Entscheidungen getroffen werden müssen. Eine Vielzahl von Teil- und Unterzielen können und sollen jedoch – nicht zuletzt vor dem Hintergrund des Wandels von Pflicht- und Akzeptanz- hin zu Autonomie- und Selbstentfaltungswerten – möglichst dezentral bestimmt und umgesetzt werden.

2.2. *Die Relevanz professioneller Mitarbeiterführung (People Management)*

Im Prinzipienmodell der Führung von Frey (1996 a, b; 1998; Frey & Schulz-Hardt, 2000) haben wir über wichtige Faktoren gesprochen, die dazu beitragen, dass der Mitarbeiter motiviert und lernbereit ist. Ganz konkret hat der direkte Vorgesetzte eine große Verantwortung bei der Umsetzung der folgenden Prinzipien. Im folgenden werden wir die einzelnen Führungsprinzipien durchsprechen (Frey und Schuster, 1996).

Abbildung 1:   Das Prinzipienmodell der Führung von Frey (nach Frey, 1998)

Oberste Leitsätze: Partnerschaftlichkeit, Fairness und Vertrauenswürdigkeit

Ziel: Der mündige Mitarbeiter als »Unternehmer im Unternehmen«

1. Prinzip der Sinn- und Visionsvermittlung
2. Prinzip der Transparenz (Information und Kommunikation)
3. Prinzip der Autonomie und Partizipation
4. Prinzip der konstruktiven Rückmeldung (Lob und konstruktive Kritik)
5. Prinzip der fachlichen und sozialen Einbindung (Teamarbeit, gutes Betriebsklima)
6. Prinzip der Passung und Eignung (Komfortzonen/Spaß an der Arbeit)
7. Prinzip der optimalen Stimulation durch Zielvereinbarung
8. Prinzip der positiven Wertschätzung
9. Prinzip der Fairness (Ergebnisfairness, prozedurale Fairness, informationale Fairness, interaktionale Fairness)
10. Prinzip der Persönlichkeitsentfaltung und der menschengerechten Arbeitsbedingungen
11. Prinzip der situativen Führung und des androgynen Führungsstils
12. Prinzip des guten Vorbildes der Führungsperson (menschlich, fachlich)
13. Prinzip der fairen materiellen Vergütung

a)   *Sinn- und Visionsvermittlung*

Der Mitarbeiter, der den Sinn seiner Tätigkeit nicht versteht, ihn nicht in ein größeres Ganzes einbetten kann, keine Visionen sieht, wird früher oder später in die innere Kündigung gehen.

Dort, wo Mitarbeiter ihre Arbeit als sinnvoll erleben, sind sie willens, sich Gedanken über mögliche Verbesserungen zu machen. Sinnlose Tätigkeit dagegen frustriert. Sinnvolle Arbeitsinhalte haben für viele Mitarbeiter eine größere Bedeutung als Status und Karriere. Dies ergibt sich unmittelbar aus dem Sinnprinzip (vgl. Schulz-Hardt & Frey, 1998), das letztlich eine Präzisierung und Verallgemeinerung der Überlegungen von Frankl (1972) darstellt: Menschen besitzen eine »Sehnsucht nach Sinn«; sie stellen sich also immer die »wozu«-Frage, wenn ihnen der Sinn von bestimmten Dingen nicht unmittelbar ersichtlich ist.

b)   *Transparenz durch Information und Kommunikation*

Eng mit dem vorigen verbunden ist das Prinzip der Transparenz: Die Führungskraft muss ihre Mitarbeiter über ihren Arbeitsbereich hinaus (!) informieren, denn nur wer ausreichend informiert ist, kann sich zukunftsorientiert und verantwortlich verhalten. Dabei genügt es nicht, Transparenz nur durch einseitiges Informieren zu erreichen; entscheidend ist vielmehr Kommunikation, also der Dialog (vgl. Frey, 1996 a, b; 1998). Der nicht informierte Mitarbeiter wird weniger zu Anstrengungen am Arbeitsplatz bereit sein und eher in die innere Kündigung gehen.

c) *Autonomie und Partizipation*

Transparenz alleine wird auf die Dauer nicht viel bewirken können, wenn den Mitarbeitern nicht auch Möglichkeiten der Mitwirkung gegeben werden. Analog hierzu hat die kontrolltheoretische Forschung gezeigt, dass Erklärbarkeit nur wenig positive Effekte hervorbringt, wenn keine Beeinflussbarkeit gegeben ist (vgl. Osnabrügge, Stahlberg & Frey, 1985). Ist jedoch die Möglichkeit der Partizipation gegeben, so erhöht sich die Identifikation (Antoni, 1999).

Partizipationsmöglichkeiten erhöhen aber nicht nur die Kompetenz des Mitarbeiters zur Problemerkennung und Problemlösung sondern zugleich auch seine Akzeptanz für die gefundenen Problemlösungen: Forschungen von Tom Tyler (1994) über »prozedurale Gerechtigkeit« zeigen, dass auch dann, wenn eine Entscheidung letztlich den Interessen des Mitarbeiters zuwiderläuft, die Identifikation mit dieser Entscheidung höher ist, wenn er zuvor in die Entscheidungsfindung eingebunden wurde und das Gefühl hat, dass die Entscheidungsprozedur gerecht war. Findet eine solche Einbindung des Mitarbeiters nicht statt, so kann es ganz im Gegenteil leicht zu Reaktanzphänomenen (vgl. hierzu Dickenberger, Gniech & Grabitz, 1993) kommen: Der Mitarbeiter fühlt sich in seiner Freiheit eingeschränkt, da »über seinen Kopf hinweg« entschieden wurde und reagiert mit einer Blockadehaltung.

Wichtig ist eine konzeptionelle Klarheit, was Autonomie und Partizipation bedeuten und was sie nicht bedeuten, wo sie umsetzbar sind und wo es nicht möglich ist. Zunächst gilt es, den Mitarbeiter so früh wie möglich in die Projekte einzubinden. Es wird vermutlich auch sinnvoll sein, die Meinungen der Mitarbeiter bei Grundsatzentscheidungen einzuholen, damit die Expertise vor Ort miteinbezogen werden kann. Allerdings wird die Endentscheidung letztlich (per Richtlinienkompetenz) bei der Führung liegen und somit nicht nach demokratischen Prinzipien getroffen werden. Dabei ist es wichtig, die Gründe für diese Entscheidung und evtl. für die Ablehnung von Vorschlägen der Mitarbeiter deutlich zu kommunizieren.

Aber auch wenn eine Entscheidung ohne vorheriges Einbeziehen der Mitarbeiter gefällt werden muss (es gibt Fälle, wo dieses notwendig ist), bedarf es im Nachhinein einer ausführlichen Begründung mit Hintergrundinformationen. Denn bei der Umsetzung der Entscheidung ist wiederum der Mitarbeiter gefordert, und hier ist es wieder notwendig, ihm ein Höchstmaß an Mitwirkungsmöglichkeiten in den Details der Umsetzung zu geben, also nicht jeden einzelnen Schritt exakt vorzuschreiben.

Letztlich hat die Umsetzung des Prinzips der Autonomie und Partizipation sehr viel mit dem Menschenbild der Führungskraft zu tun: inwieweit sie bereit ist, loszulassen, Aufgaben zu delegieren, und den Mitarbeiter groß werden zu lassen und nicht jeden Schritt ängstlich zu kontrollieren.

d)   *Konstruktive Rückmeldung (Lob und Korrektur/Kritik)*

Dass Lob und Korrektur zentrale Motivationsfaktoren sind, zeigen uns die Ergebnisse zu den Lerntheorien. Konstruktives Feedback geben zu können setzt aber eine entsprechende Kompetenz bei Führungspersonen und Mitarbeitern voraus. Dies gilt sowohl für die Lobkomponente (Lob als der wichtigste Motivator) als auch für Kritik- und Korrekturgespräche, mit denen Zielvereinbarungen kontrolliert und eingehalten werden. Es geht darum, sich zu verständigen und nicht zu verletzen: »Der Ton macht die Musik«, d.h. das Kritikgespräch muss konstruktiv, sach- und verhaltens-, aber nicht persönlichkeitsbezogen sein. Es sollte dabei auch die Fähigkeit der Diplomatie gefördert werden – diplomatische Vorgesetzte, die »durch die Blume« konstruktiv loben und kritisieren können, werden sicherlich auch besser schwierige Mitarbeiter fördern können. Durch konstruktives Feedback kann viel Potential für Motivation und Kreativität freigesetzt werden. Deutsche Führungskräfte loben zu wenig und kritisieren entweder zu wenig (wegen fehlender Zivilcourage) oder aber zu destruktiv. *Konstruktives* Feedbackgeben – unabhängig davon ob Lob oder Kritik – ist einer der zentralen Schlüssel zum Erfolg. Wichtig ist aber auch, dass Lob und Kritik nicht nur von oben nach unten vermittelt werden, sondern dass auch der Mitarbeiter ermuntert wird, die für Motivation und Kreativität besonders wichtigen Verhaltensweisen bei der Führungsperson zu loben bzw. konstruktiv zu kritisieren.

e)   *Gutes Betriebsklima und fachliche und soziale Einbindung*

Dem Mitarbeiter muss ein Gefühl der sozialen und emotionalen Integration im Betrieb gegeben werden, damit vor allem seinem Bedürfnis nach positiven Sozialbeziehungen Rechnung getragen wird. Er hat dann die Möglichkeit, neben einer *personalen* auch eine *soziale Identität* zu entwickeln – ein sehr bedeutsamer Aspekt, wie auch die umfangreichen Forschungen im Rahmen der Theorie der sozialen Identität (vgl. hierzu z.B. Tajfel, 1978; 1981) zeigen. Der Aspekt der sozial-emotionalen Integration ist deshalb besonders relevant, weil er einen Schutz gegen krank machende Faktoren darstellt. Je weniger der Mitarbeiter sich am Arbeitsplatz wohl fühlt (z.B. durch schlechte Beziehung zum Vorgesetzten, zu Kollegen oder durch Überforderung), desto geringer ist seine Belastbarkeit. Führungskräfte haben deshalb eine ganz wichtige Funktion: Sie sind mit dafür verantwortlich, dass das Betriebsklima stimmig ist und sich die Mitarbeiter wohl fühlen. Es soll dem Mitarbeiter bei der Arbeit regelrecht gut gehen.

f)   *Passung und Eignung am Arbeitsplatz*

Auch eine vollständige fachliche und soziale Einbindung nützt wenig, wenn die Fähigkeiten und Fertigkeiten des Mitarbeiters auf der einen und die Anforderungen und Gegebenheiten des Arbeitsplatzes auf der anderen Seite nicht zusammenpassen: Oft sitzen hervorragende Mitarbeiter und Mitarbeiterinnen am falschen Platz oder im falschen Team und können ihre Fähigkeiten nicht optimal umsetzen. Dadurch kommt es zu Gefühlen von Unter- oder Überforderung und zu Unzufriedenheit auf Seiten der Mitarbeiter und der Vorgesetzten. Deshalb ist darauf zu achten, dass der Mitarbeiter ein Team und einen Arbeitsplatz besetzt, das/der seinen Komfortzonen, also seinen Neigungen und Interessen entspricht.

Letztlich gilt: Wer Tätigkeiten ausführt, die ihn interessieren, wird sich engagieren und sich z.B. auch in der Freizeit produktive Gedanken über neue Problemlösungen machen. Dies belegen z.B. vielfältige Forschungen im Rahmen der Interessenstheorie (Prenzel, 1992). Interesse wiederum wird vor allem dann geweckt, wenn die tatsächlichen Talente und Neigungen des Mitarbeiters angesprochen werden, also eine Passung vorhanden ist.

g) *Zielklarheit und Zielvereinbarungen*

Ziele dürfen keine diffuse Vorstellung bleiben. Führungsperson und Mitarbeiter müssen gemeinsam klare und messbare Ziele vereinbaren. Führen durch Zielvereinbarungen (nicht Zieldiktat) bedeutet, dass jeder Mitarbeiter die Meßlatte kennt, und die Oberziele des Unternehmens in spezifische Ziele für die Abteilung, die Gruppe, den Einzelnen usw. transformiert werden. Weiß der Mitarbeiter nicht, was wirklich von ihm erwartet wird, so spricht das für ein Versagen der Führungskraft. Zielvereinbarung statt Zieldiktat ist eine notwendige Bedingung für Engagement. Selbstverständlich sollten auch auf höherer Ebene Zielvereinbarungen mit der Führungsperson darüber getroffen werden, in welche Richtung sie sich verändern muss, um den Mitarbeiter bzw. das Team besser zur Entfaltung zu bringen.

Durch gemeinsame Zielvereinbarung soll chronische Unter- oder Überforderung vermieden und effiziente Förderung erzielt werden (vgl. Locke & Latham, 1990 a und b; Brandstätter, 1998). Gerade der Goalsetting-Ansatz von Locke zeigt, dass die Vorgabe konkreter, quantifizierbarer Ziele sowohl informative wie motivationale Vorteile hat: Der Mitarbeiter weiß, welche Ziele er erreichen soll und ist auch motiviert, diese (realistische) Messlatte zu überspringen.

Dabei hat sich oft erwiesen, dass eine Politik der kleinen Schritte oder der sogenannten 10 %-Lösungen eher zum Ziel führt als zu hohe, nicht erreichbare Ziele. Also: Der Mitarbeiter muss sehen, dass die Messlatte noch übersprungen werden kann, dass das zu erreichende Leistungs- oder Verhaltensziel für ihn persönlich erreichbar ist.

h) *Prinzip der positiven Wertschätzung*

Die Führungskraft muss jedem Mitarbeiter hohe persönliche Wertschätzung entgegenbringen, ihn quasi als einen wichtigen internen Kunden bzw. Lieferanten von Serviceleistungen betrachten. Dort wo der Mitarbeiter sich als Nummer fühlt, wird er auch kein Engagement entwickeln. Viele Führungskräfte führen über Angst, Druck, ja gar Verletzungen, entweder um Mitarbeiter untertänig zu machen und zu blindem Gehorsam anzuleiten, oder aber um ihre Macht zu demonstrieren. Wer aber selbst wenig Selbstwert besitzt, wird auch Probleme haben, anderen positive Wertschätzung entgegenzubringen. Deshalb ist es wichtig, den Führungskräften ihrerseits sehr viel Selbstvertrauen durch Kommunikation, Partizipation, Zielvereinbarung, Lob, usw. zu vermitteln.

Das Prinzip der positiven Wertschätzung geht zurück auf die Ideen der humanistischen Schule von Rogers (1959). Menschen haben eine Sehnsucht nach Achtung, Respektierung und positiver Wertschätzung, sie wollen geliebt oder wertgeschätzt werden, zumindest von solchen Personen, die sie selbst gerne wertschätzen möchten. Ist diese Wertschätzung nicht vorhanden, wenden Menschen Selbstverteidigungsstrategien an (z.B. Abwertung des Gegenübers), um ihren eigenen Selbstwert zu schützen, was im Arbeitsbereich Demotivation zur Folge hat. Man kann die These vertreten, dass erhöhte Wertschöpfung auf Dauer nur durch erhöhte Wertschätzung erreicht werden kann.

i)   *Prinzip Fairness*

In der Fairnessliteratur gibt es vier Arten von Fairness, nämlich Ergebnisfairness, prozedurale Fairness, informationale Fairness und interaktionale Fairness. Der Mitarbeiter muss das Gefühl haben, dass bei Sach- und Personalentscheidungen sowie im Umgang mit ihm fair gehandelt wird. Sicherlich wird der Mitarbeiter mit den Ergebnissen nicht immer übereinstimmen, vor allem dann, wenn sie nicht seinen Interessen entsprechen. Wahrscheinlich wird er oft auch nicht mit dem zufrieden sein, was er investiert hat und dem, was er erhält. Gerade wenn Ergebnisfairness aus der Sicht des Mitarbeiters nicht gewährleistet ist, ist die oben angesprochene prozedurale Fairness umso wichtiger: Das heißt, es muss per Hol- und Bringschuld klar sein, warum eine Entscheidung gefällt wurde. In diesem Zusammenhang ist es ganz wichtig, dass der Mitarbeiter »Voice« hat, also eine Stimme hat und angehört wird, so dass er seine Meinung kundtun kann, wenn er schon nicht an der Entscheidung teil hat. Allein dadurch, dass der Mitarbeiter Gehör findet, ist er oftmals bereit, Entscheidungen mitzutragen und umzusetzten, die er eigentlich nicht befürwortet hat.

Neben der prozeduralen Fairness ist die sogenannte informationale Fairness wichtig, wie wir schon unter dem Stichwort Transparenz durch Information und Kommunikation angesprochen haben. Vor allem wenn Ergebnisfairness und prozedurale Fairness aus der Sicht des Mitarbeiters nur suboptimal umgesetzt worden sind, muss er das Gefühl haben, er ist echt, ehrlich und umfassend informiert worden.

Schließlich spielt interaktionale Fairness auch eine zentrale Rolle, das heißt: Wie wird aus der Sicht des Mitarbeiters mit ihm umgegangen? Respektvoll, würdevoll, mit Wertschätzung? Oder wird er als Schulmädchen oder Schuljunge abgekanzelt, fühlt er sich als Nummer behandelt, usw.? Die Forschung zeigt hier eindeutig, dass die Wahrnehmung interaktionaler Fairness, das heißt die Interaktion auf gleicher

Augenhöhe, ganz zentral für das Vertrauen und letztlich die Motivation und Leistung des Mitarbeiters ist.

j) *Persönlichkeitsentfaltung und menschengerechte Arbeitsbedingungen*

Mitarbeiter möchten jedoch nicht ständig nur vereinbarte Ziele erfüllen; sie möchten sich dabei auch in ihren Kompetenzen weiterentwickeln (Bedürfnis nach Kompetenz) und, wenn sie die Ziele erfüllen oder übererfüllen, auch Aufstiegsmöglichkeiten besitzen. Jeder Mitarbeiter sollte daher die Möglichkeit erhalten, sich gemäß seinen Fähigkeiten, persönlichen Talenten und Interessen weiterzuentwickeln. Bei entsprechender Qualifikation und Leistung sollte ein Aufstieg im Unternehmen ermöglicht werden oder – weil dies durch die Verflachung von Hierarchien immer schwieriger wird – eine Kompetenz- bzw. Verantwortungserweiterung möglich sein.
Beim Prinzip der Persönlichkeitsentfaltung und menschengerechten Arbeitsbedingungen geht es um

➤ Schädigungslosigkeit und Erträglichkeit der Arbeit
➤ Ausführbarkeit
➤ Zumutbarkeit
➤ Beeinträchtigungsfreiheit
➤ Handlungs- und Tätigkeitsspielraum
➤ Beteiligung der Arbeitenden an der Gestaltung
➤ Zufriedenheitsförderliche Arbeitsbedingungen
➤ Persönlichkeitsförderlichkeit
➤ Sozialverträglichkeit.

Somit geht es um die Umsetzung von Kriterien, wie sie vor allem Hacker (1998), aber auch Hackman und Oldham (1980) gefordert haben; diese besagen: Arbeit soll so geregelt werden, dass Persönlichkeitsentfaltung möglich ist und die Aspekte Ganzheitlichkeit und Vielseitigkeit verwirklicht sind.

k) *Prinzip der situativen Führung und des androgynen Führungsstils*

Gegenüber bestimmten Personen und in bestimmten Situationen bedarf es der direktiven Führung, d.h. relativ klarer, teilweise sogar autoritärer Entscheidungen und Verhaltensweisen; in anderen Situationen und bei anderen Personen mag die Strategie »Samthandschuh« adäquat sein; in wieder anderen Situationen sind Zwischenformen angemessen. Manche Mitarbeiter muss man mit Samthandschuhen anfassen, weil sie vielleicht empfindliche, aber höchst talentierte Menschen sind, andere verstehen dagegen nur eine sehr klare Sprache. Bestimmte Situationen erfordern ausführliche Diskussionen und Partizipation, andere Situationen verlangen schnelle Entscheidungen und weniger Partizipation. Daher muss die Führungsperson lernen, situativ zu führen, d.h. sich je nach Situation und je nach Gegenüber unterschiedlich zu verhalten. Wichtig ist bei all diesen Varianten aber ein Höchstmaß an allgemeiner persönlicher Wertschätzung. Zur situativen Führung gehört auch die Umsetzung androgynen Führungsverhaltens (unter androgyn versteht man jemanden, der sowohl typisch weibliche wie typisch männliche Führungsverhaltensweisen zeigt). Zu den typisch maskulinen Führungsverhaltensweisen zählen z.B.: Härte zeigen können, Nein sagen können, Zivilcourage zeigen können, Durchsetzungsvermögen. Zu den typisch femininen Führungsverhaltensweisen gehören z.B.: Fragen stellen können, Zuhören können, andere groß werden lassen können, sich selbst zurückstellen können, Gefühle positiver und negativer Art zeigen können, sich als Mentor fühlen. Berth (1998) hat festgestellt: Je mehr feminine Führungseigenschaften in Dienstleistungsunternehmen umgesetzt werden, desto höher ist das Innovationspotential. Nur eine androgyne Führungspersönlichkeit führt ein Team – sei es in der Wirtschaft oder in einer sozialen Organisation – zum Erfolg, vor allem dann, wenn die Mitarbeiter schon ein Höchstmaß an Mündigkeit gewohnt sind.

l) *Gutes Vorbild der Führungsperson (menschlich und fachlich)*

Führungspersonen müssen sich ihrer Funktion als Vorbild im Sinne hoher fachlicher Kompetenz und menschlicher Integrität bewusst sein. Nur dadurch können sie ein Klima des Vertrauens schaffen. Dazu gehören Aufrichtigkeit und die Fähigkeit, Wort und Tat in Übereinstimmung zu bringen. Nur dort, wo ein menschliches Vorbild vorhanden ist, wird der Mitarbeiter sich letztlich engagieren. Es ist nie nur eine Sache (der Arbeitsinhalt), die intrinsisch motiviert, sondern es sind Personen, die begeistern und motivieren. Bei der Arbeit ist es nicht anders als in der Schule: Die Begeisterung für Englisch ist sehr stark von der Person des Englischlehrers abhängig. Sind sich alle Führungspersonen bewusst, welche Verantwortung sie diesbezüglich als Vorbild haben? Eine Person mit Vorbildfunktion sollte sich also mehrmals im Jahr fragen: Sind Wort und Tat bei mir in Übereinstimmung? Entspricht mein Verhalten den Hochglanzbroschüren unserer Firma? Was würden Sie tun, wenn Sie in meiner Position wären? Wo bin ich Flaschenhals, wo bin ich Edelsachbearbeiter, wo bin ich gar Killer von Kreativität und Motivation?

m) *Prinzip der fairen, anreizbetonten Vergütung*

Personen werden in die innere Kündigung gehen, wenn sie sich entsprechend ihrer Leistung materiell unterbewertet fühlen. Spitzenleistungen verlangen auch Spitzenvergütungen. Die jeweilige Vergütung muss begründet werden und muss einen Verstärker darstellen.
Natürlich soll damit nicht von einem Menschenbild ausgegangen werden, bei dem die Führungskraft den Mitarbeiter als Reiz-Reaktions-Maschine sieht, die nur durch extrinsische, also von außen einwirkende Verstärker (und hierzu zählen auch monetäre Anreize) beeinflusst wird. Jedoch stellen auch für einen Mitarbeiter, der für eine Tätigkeit autonom (also aus sich selbst heraus) motiviert ist, materielle Vergütungen einen wichtigen »Hygienefaktor« dar, wie wir aus dem Modell der Arbeitszufrie-

denheit von Herzberg (1966) wissen. Eine gute Bezahlung kann zwar keine Arbeitszufriedenheit bewirken, aber dort wo sie nicht gegeben wird, kommt es zu Arbeitsunzufriedenheit. Ebenso gilt: Es wäre eine Illusion zu glauben, dass materielle Belohnung alleine auch dann langfristig zu einem funktionierenden Verbesserungswesen führt und Mitarbeiter zu Unternehmern im Unternehmen macht, wenn andere relevante Prinzipien missachtet werden. Wenn sich die Mitarbeiter jedoch ungerecht entlohnt fühlen, so werden sie kaum besondere Anstrengungen unternehmen und Verbesserungsideen beisteuern.

Leistung muss mit Menschenwürde verbunden sein. Dort, wo durch Führungsverhalten und Unternehmenskultur Leistungsverhalten von Menschen nicht belohnt wird, wo gar Menschenwürde verletzt wird, wo der Mensch nur als Nummer gilt, klein gemacht wird usw., ist natürlich die Belastbarkeit wesentlich geringer (Frey, 1996 a, b; 1998). Insofern hat jede Organisation durch ihre Unternehmenskultur und das vorherrschende Führungsverhalten einen unmittelbaren Einfluss darauf, inwieweit sich die Mitarbeiter im Unternehmen wohl fühlen und auch in schwierigen Situationen belastbar und engagiert sind, ohne dass dadurch gleich eine Work-life-Imbalance entsteht.

3.   Das Prinzipienmodell der Führung in der Praxis

3.1.   Zur praktischen Umsetzung: Kennen, Können, Wollen, Sollen, Dürfen

Viele Führungskräfte nicken sehr schnell, wenn es um die Vermittlung dieser Führungsprinzipien geht, da sie solche Prinzipien natürlich schon aus Führungskräfte-Seminaren kennen. Aber viele von ihnen haben noch nicht verstanden, wie die Prinzipien konkret als zentrale Bestandteile ihres Führungsverhaltens umgesetzt werden können. Machtpolitische Selbstverwirklichung, die mit relativ wenig Transparenz, wenig Partizipation, wenig Feedback verbunden ist, kann auch aus kaufmännischen Gründen nicht mehr aufrechterhalten werden. *Kennen* der Führungsprinzipien reicht nicht aus – es geht letztlich um *Können*. Nach wie vor wissen viele Führungskräfte nicht *wie* sie konkret nonverbal und verbal kommunizieren, *wie* sie korrigieren und *wie* sie Ziele vereinbaren sollen (vgl. entsprechende Prinzipien).

In einem weiteren Schritt geht es um den Aspekt des *Wollens*. Viele Führungskräfte wollen diese Prinzipien nicht umsetzen, vermutlich deshalb, weil die Umsetzung auch mit Macht- und Einflussverlust verbunden sein kann. Besonders in diesem Fall muss vom Topmanagement als Grundsatzentscheidung vorgegeben werden, dass es bei Führung nicht um machtpolitische Selbstverwirklichung gehen kann, weil davon nur einige Wenige profitieren, nicht aber die Organisation als Ganzes. Deshalb muss das Topmanagement vorgeben, dass es ein Aspekt des *Sollens* ist, dass solche Prinzipien umgesetzt werden. *Dürfen* aber solche Prinzipien nicht umgesetzt werden, weil der jeweilige direkte Vorgesetzte oder gar die geheimen Spielregeln, die in der Firma existieren, verbieten, dass konstruktiv miteinander umgegangen wird, so wird zugleich verhindert, dass ein Höchstmaß an Transparenz entsteht, dass Partizipation stattfinden kann usw.

Um die Umsetzung des Prinzipienmodells in einer Organisation zu fördern, muss zunächst herausgefunden werden, ob es sich bei den Defiziten um Aspekte des Nicht-Kennens, des Nicht-Könnens, des Nicht-Wollens, des Nicht-Sollens oder des Nicht-Dürfens handelt.

3.2. *Das Prinzipienmodell als Diagnose- und Interventionsinstrument*

Die Prinzipien können sowohl als Diagnose- als auch als Interventionsinstrumente verwendet werden. Via Selbst- und Fremdeinschätzung lässt sich erkennen, wo eine Abteilung, Firma oder ein Positionsträger bei den einzelnen Prinzipien rangiert (Diagnose); die Selbsteinschätzung ist dabei selten mit der Fremdeinschätzung identisch. Eine 360°-Analyse (wie sie von Spitzenunternehmen bereits umgesetzt wird) ist hier sinnvoll, um über verschiedene Blickwinkel zu einem möglichst umfassenden Bild zu gelangen.

Nimmt man das größte Defizit oder die deutlichsten Stärken als Ausgangspunkt, können die Prinzipien auch als Interventionsinstrumente eingesetzt werden.

3.3. *Kann man mit der Umsetzung eines Prinzips beginnen und ein anderes vernachlässigen?*

Eine Frage, die immer wieder gestellt wird, betrifft den wechselseitigen Zusammenhang der Prinzipien. Muss z.B. die Erhöhung von Transparenz automatisch auch eine Erhöhung von Partizipation bewirken? Antwort: Wer Partizipation erreichen möchte, muss zuvor die Transparenz erhöhen. Transparenz ohne Partizipation blokkiert wiederum die Motivation. Mit dem nötigen Balance- und Fingerspitzengefühl kann die »Quadratur des Kreises« erreicht werden, »automatisch« gelingt dies allerdings nicht.

Viele der Prinzipien stehen miteinander in Zusammenhang und die Umsetzung eines Prinzips bei Nichtumsetzung eines anderen Prinzips kann kontraproduktiv sein. Es können jedoch selten alle Prinzipien sofort und zugleich umgesetzt werden. Wichtig ist zunächst die grundsätzliche Sensibilisierung dafür, dass man aus Fehlern lernen und möglichst reflektieren sollte, welche Konsequenzen es haben kann, wenn man ein Prinzip, z.B. die Visionsvermittlung oder Transparenz, vernachlässigt. Schließlich beginnt man nach der für die eigene Situation optimalen Reihenfolge mit der Prinzipienumsetzung.

3.4. *Sind Änderungen ohne individuelle Coachingprozesse möglich?*

Die Veränderungen werden fundamental sein. Es geht deshalb in vielen Fällen nicht ohne Individualcoaching des Topmanagements. Oft ist das Topmanagement nämlich der eigentliche Blockierer. Teilweise können die Veränderungsprozesse durch

Individualcoaching beschleunigt werden, indem durch dieses Coaching eine Horizonterweiterung bewirkt wird, eine Sensibilisierung im Umgang mit Menschen und Prozessen statt findet und die Kompetenzen zur Handhabung schwieriger Situationen und Personen erweitert werden. Wenn die besten Sportler, Politiker und Führungskräfte der kommerziellen Wirtschaft einen Coach nehmen, ist es oft erstaunlich, dass Topmanager sozialer Organisationen glauben, alle Veränderungsprozesse allein bewältigen zu können. Natürlich kann der Coach auch eine Person aus dem eigenen Betrieb sein. Entscheidend ist, dass man sich spiegeln lässt und für Korrekturen und die Erweiterung seines Verhaltensrepertoires offen ist.

4. *Center of Excellence-Kulturen*

Bei den anstehenden Veränderungsprozessen in sozialen Organisationen stellt sich die Frage, in welche Richtung sie sich orientieren müssen und welche Kulturen ihren Zielzustand am besten beschreiben. Dabei können sie sich oftmals daran orientieren, was für Kulturen Spitzenunternehmen in der Wirtschaft implementiert haben, um dauerhaft erfolgreich sein zu können, d.h. welche Center of Excellence-Kulturen (s. Abb. 2) die erfolgreichsten Unternehmen umgesetzt haben.

Abbildung 2:   Kulturen für ein Center of Excellence (nach Frey, 1998)

1. Kundenorientierungskultur
2. Konkurrenzorientierungskultur
3. Wertschöpfungskultur
4. Unternehmerkultur
5. Kulturen des Kritischen Rationalismus
    a. Problemlösekultur
    b. Konstruktive Fehlerkultur
    c. Lern- und Zukunftskultur
    d. Konstruktive Streit- und Konfliktkultur
    e. Frage- und Neugierkultur
    f. Kreativkultur bzw. schöpferische Chaoskultur
6. Team- und Synergiekultur
7. Zivilcouragekultur
8. Rekreationskultur

4.1   *Kundenorientierungskultur*

Jeder Mitarbeiter und jede Abteilung versteht sich als Service-Center mit dem Ziel, mit seinen Produkten, Prozessen und Dienstleistungen höchste Kundenzufriedenheit zu erreichen. Dabei entscheidet der Kunde über die Qualität der Leistungen, denn letztlich ist der Kunde der Arbeitgeber; absolute Kundenzufriedenheit ist also oberstes Gebot.

Sämtliche Prozesse müssen dahingehend überprüft werden, ob der Kunde bereit wäre, sie zu bezahlen. Jeder Mitarbeiter – ob mit oder ohne direkten Kundenkontakt – sollte die Sorgen, Nöte und Bedürfnisse des Kunden kennen und Prozesse, Dienstleistungen und Produkte darauf abstimmen. Kundenorientierungskultur bezieht sich nicht nur auf den externen, sondern genauso auf den internen Kunden. Jeder Mitarbeiter, jede Führungskraft ist letztlich interner Kunde, der bedient werden muss, zugleich aber auch interner Lieferant, der andere bedienen muss. Jeder ist Erzeuger wie Empfänger von Serviceleistungen und muss sich entsprechend als »Servicecenter« verstehen. Dabei geht es letztlich um folgendes Problem: Kennt jeder die Erwartungen und Bedürfnisse des Gegenüber? Wer sie nicht kennt, kann sie letztlich auch nicht erfüllen.

4.2   *Konkurrenzorientierungskultur/Benchmarkkultur*

Jeder Mitarbeiter muss die Stärken und Schwächen des eigenen wie des besten Konkurrenz-Unternehmens kennen und wissen, was besser oder anders gemacht werden kann. Als Benchmark können auch die Spitzenunternehmen aus anderen Branchen herangezogen werden. Lernfeld sind sämtliche Dimensionen und Aktivitäten innerhalb des eigenen Arbeitsbereichs.

4.3   *Wertschöpfungskultur*

Jedem Mitarbeiter muss klar sein, welchen Beitrag er zur Wertschöpfung leistet: Er sieht das Ganze und weiß seinen spezifischen Beitrag einzuordnen. Jeder Prozess muss daraufhin analysiert werden (im Sinne einer Prozesskettenanalyse), ob er zur Wertschöpfung (zum Mehrwert) etwas beiträgt – ob es wert ist, dass der Kunde ihn bezahlt. Tätigkeiten, die keinen Mehrwert produzieren, sollten möglichst eliminiert werden.

Zur Wertschöpfungskultur gehört auch ein Höchstmaß an Professionalität bei der Implementierung von Projekten hinsichtlich Zeitökonomie und Effizienz in der Durchführung von Sitzungen.

4.4   *Unternehmerkultur*

Jeder Mitarbeiter versteht sich als Unternehmer im Unternehmen. Alleine oder im Team, das seiner Persönlichkeit und seinen Talenten entspricht, ist er motiviert, Höchstleistungen zu erbringen und im Sinne eines Intrapreneurs eigene Entwicklungen voranzutreiben. Voraussetzung sind entsprechende Ressourcen, Fähigkeiten und Kompetenzen, die es durch entsprechende unterstützende Strukturen zu fördern gilt.

Gefordert und gefördert werden darüber hinaus unternehmerisches Denken und Handeln mit dem Ziel, die Qualität von Produkten und Dienstleistungen so zu verbessern, dass das Unternehmen vor den besten Konkurrenten liegt. Ressourcen, Fähigkeiten, Kompetenzen und Verantwortlichkeiten weisen den Weg dorthin. Unternehmerisches Denken und Handeln verlangt Ganzheitlichkeit und Weitsichtigkeit in der Entscheidungsfindung (Einbezug vor- und nachgelagerter Prozesse), ständiges Informieren über den eigenen Aufgabenbereich hinaus sowie Eigeninitiative und die Bereitschaft, Verantwortung zu übernehmen.

4.5   *Kulturen des kritischen Rationalismus*

Diese Kulturen geht auf die Lehre des Philosophen Karl Popper (Popper, 1973 a, b) zurück, der den kritischen Rationalismus vertreten hat. Nach ihm darf Wissenschaft nicht am Verifikationsprinzip (Bestätigungsprinzip), sondern muss am Falsifikationsprinzip (Widerlegungsprinzip) orientiert sein. Diese Grundidee kann auch auf Unternehmen übertragen werden. Das bedeutet, es geht nicht darum, Bestehendes abzusichern (was gestern gut war, ist auch gut für morgen), sondern jeweils kritisch zu reflektieren, ob aufgrund veränderter Situationen, Märkte, Kunden- und Mitarbeiterbedürfnisse jeweils neuartige Problemlösungen initiiert werden müssen. Aus dem kritischen Rationalismus lassen sich eine ganze Reihe von Kulturen ableiten:

4.5a   *Problemlösekultur*

Probleme sind dazu da, gelöst zu werden. Jedes Mitglied eines Spitzenunternehmens muss sich deshalb als Problemlöser und nicht nur als Problemthematisierer verstehen. Vor Problemen soll man nicht resignieren, sondern sie sind als Chance und Herausforderung zur Weiterentwicklung betrachten. Mitarbeiter müssen in Möglichkeiten, statt in Schwierigkeiten denken. Sie müssen entscheiden, ob sie ein Teil des Problems oder ein Teil der Lösung sein wollen. Jeder Mitarbeiter, der Probleme definiert, sollte auch Lösungsvorschläge entwickeln. Wer zum Mond reisen kann, sollte auch die meisten »irdischen« Probleme lösen können. Problemlösung erfolgt mental. So hat Dweck (1991) in ihren Untersuchungen festgestellt, dass Kinder bei gleicher Intelligenz wesentlich besser Probleme lösen können, wenn sie über sogenannte Bewältigungskognitionen verfügen als Kinder mit sogenannten Hilflosigkeitskognitionen. Zu den Bewältigungskognitionen zählen: »Ich kann es«, »ich versuche es«, »ich bin optimistisch«, »ich werde auch bei Misserfolgen nicht nachlassen«. Zu den Hilflosigkeitskognitionen zählen: »Das versuche ich erst gar nicht«, »ich werde doch scheitern«, »ich habe das noch nie gemacht«. Wenn alle Mitglieder einer kommerziellen Organisation in Bewältigungskognitionen denken, wird nicht mehr in Problemen, sondern in Problemlösungen gedacht.

Schon Einstein hat betont, dass es uns vor allem an der Phantasie fehlt, Probleme zu lösen. Weiter erklärt er, dass Probleme schon halb gelöst sind, wenn man den Kern des Problems erkannt hat. Mögliche Problemlösungen zu finden ist ein Schritt, die

Umsetzung von Lösungen ein weiterer: Hierzu müssen konkrete Problemlösungen mit konkreten Verantwortlichkeiten, konkreten Terminen und Durchführungskontrollen verbunden werden (Prinzip Konkretheit).

4.5b *Konstruktive Fehlerkultur*

In einer konstruktiven Fehlerkultur werden Fehler nicht ignoriert und vertuscht oder mit Schuldzuweisungen verbunden, sondern als Chance gesehen, Fehlentscheidungen kritisch zu reflektieren. Derjenige, der Fehler vertuscht, muss stärker sanktioniert werden als derjenige, der Fehler macht. In einem Center of Excellence werden Fehler als Chance zur kontinuierlichen Entwicklung betrachtet (dazu sollten sie allerdings nur einmal gemacht werden). Eng verwandt sind Beschwerdekulturen, in denen Mängel von internen oder externen Kunden selbstkritisch und ohne negative Konsequenzen artikuliert und konstruktiv beseitigt werden. Beschwerden und Ärgernisse sowohl von Mitarbeitern als auch von Kunden und Lieferanten sind ein Alarmsignal und zugleich eine Chance für Verbesserungen. Jedes Spitzenunternehmen wird deshalb Strategien entwickeln (Beschwerdebücher, Beschwerdetelefone mit direktem Zugang zur Geschäftsführung), um aus Beschwerden und Ärgernissen zu lernen.

Der Mitarbeiter vor Ort ist der beste Fehlerentdecker und -vermeider. Er kennt die Details und weiß am besten, »wo der Schuh drückt«. Diese Sachlage wird in den Firmen zu oft verkannt. Wichtig ist vor allem das Etikett: Da Menschen oft sehr defensiv reagieren, wenn man sie auf Fehler hinweist, ist es vielleicht auch eine Sache der Verpackung. Statt also zu sagen »Hier ist ein Fehler!« könnte man erfolgreicher sein, indem man sagt »Ich habe eine Verbesserungsidee« oder »Was halten Sie von folgender Verbesserung?« oder »Könnte man es nicht auch so machen . . .?«

Eine konstruktive Fehlerkultur bedarf also einer Offenheit für Korrektur und Kritik. Auch hier gilt aber, dass man durch gutes Vorbild sowie durch gute Verpackung (»Der Ton macht die Musik«) kontinuierliche Verbesserungen erzeugen kann.

4.5c *Lern- und Zukunftskultur*

In beständiger Reflexion über das eigene Verhalten und in der Reaktion auf veränderte Märkte und Kundenbedürfnisse lernt man kontinuierlich dazu – vom Kunden, vom Lieferanten, vom Konkurrenten, aber auch von den meisten Mitarbeitern. Entscheidend ist dabei die Erkenntnis der eigenen Defizite. Zielführend ist in diesem Kontext immer die Devise: »Erkenne Dich selbst, d.h. Deine Stärken und Schwächen, damit Du weißt, wo und wie Du die Stärken ausbaust und die Schwächen ausgleichen kannst.«

Nur wenn Erfahrungen permanent ausgewertet und in den eigenen Wissensschatz und Kompetenzbereich integriert werden, kann eine lernende Organisation entstehen, die sich stetig weiter entwickelt. Auf der ständigen Suche nach besseren Lösungen werden Probleme gemeinsam thematisiert, analysiert und gelöst. Wichtiger Bestandteil einer Lernkultur ist die Gewährleistung, dass das, was ein Mitarbeiter in einem Team oder in der Firma an neuen Erkenntnissen gewinnt, in möglichst kurzer Zeit allen anderen Mitarbeitern zugänglich gemacht wird. Dies bedeutet, dass auch technische Möglichkeiten unterstützt werden, die diese Art von Informationsfluss ermöglichen (Lernende Organisation).

Das Topmanagement wie die Führungskräfte und letztlich jeder einzelne Mitarbeiter dürfen nicht in der Gegenwart verharren, sondern müssen Zukunftsziele definieren für die Entwicklung im Heute. Zukunfts- und Lernkultur impliziert die Wahrnehmung der Entwicklung von Konkurrenten und Kunden, sowie die Nutzung neuer Märkte, technischer Entwicklungen, usw. In der Zukunftskultur sehen Topmanagement, Führungskräfte und Mitarbeiter über den Tellerrand hinaus. Mit dem Erlernen fremder Sprachen und dem Kennenlernen anderer Kulturen werden sie der zunehmenden Globalisierung nicht nur im Wirtschaftsleben gerecht.

Zu einer Lernkultur gehört vor allem auch die Bereitschaft einzusehen, dass der Erfolg von heute der erste Schritt zur Niederlage von morgen sein wird, wenn man aufhört, sich zu verbessern. Es kommt dann nämlich zu einer gelernten Sorglosigkeit, wie sie in dem Modell der gelernten Sorglosigkeit von Frey und Schulz-Hardt (1997) beschrieben wird.

4.5d   *Konstruktive Streit- und Konfliktkultur*

Konflikte sind »tägliches Brot«. Daher ist nicht der Konflikt selbst, sondern die Art des Umgangs, die Konfliktaustragung, entscheidend. Interessenskollisionen und Konflikte können – als Chance erkannt – konstruktiv gelöst werden. Sie führen – anstatt Energie abzuziehen oder gar Stagnation oder Rückschritt zu bewirken – oft sogar zu Prozess- und Produktinnovationen. Dies setzt allerdings voraus, dass Konflikte nicht rein emotional, persönlich verletzend oder in eskalierender Form ausgetragen werden, sondern durch eine konstruktive und kooperative Austragung als Motor des Wandels fungieren. Es muss einem Kritisierten auch möglich sein, Vorwürfe konstruktiv zurückzuweisen oder ungerechtfertigte Kritik zu korrigieren, ohne negative Konsequenzen befürchten zu müssen. Falsche Harmonie genauso wie starre Konfrontation führen dazu, dass Warnsignale für Fehlentwicklungen ignoriert werden. In einer konstruktiven Konfliktkultur müssen daher auch Querdenken, Zivilcourage und konstruktiver Eigensinn gefordert und gefördert werden; allen voran ist auch hierbei wieder das Topmanagement gefragt. Dort, wo keine Streit- und Konfliktkultur besteht, wo man z.B. bei Kritik sofort »schmollt« und diese persönlich nimmt, kann es nicht zu kontinuierlicher Entwicklung und Verbesserung kommen.

Von Partnerschaften weiß man, dass es in guten Partnerschaften genauso viele Konflikte gibt wie in schlechten Partnerschaften – nur die Konfliktaustragung unterscheidet sich wesentlich: In guten Partnerschaften geht es um Ursachenanalyse und um Reflexion, wie man zu gemeinsamen Lösungen kommt, ohne dabei der Illusion zu verfallen, dass damit »das Himmelreich auf Erden« erreicht ist. Bei schlechten Partnerschaften ist dagegen eine sehr persönliche, emotionale Konfliktaustragung kennzeichnend.

4.5e *Frage- und Neugierkultur*

In einer Frage- und Neugierkultur werden Mitarbeiter ermutigt und aufgefordert, Fragen zu stellen. Keine Frage ist tabu – die gefragte Führungskraft entscheidet selbst, wie viel und was sie antwortet. Wichtig ist nur, dass sie ihre Antwort oder fehlende Antwort begründet.

Frage- und Neugierkultur heißt aber auch »Führen durch Fragen«. Die Führungsperson fragt beim Mitarbeiter nach und erkundigt sich nach seiner Welt (Wo werden Kreativität und Motivation blockiert? Wo entstehen Störquellen? Was würden Sie anders machen, wenn Sie in meiner Position wären? etc.). Sie reagiert mit Entwurf und Umsetzung entsprechender Verbesserungen. In vielen Unternehmen heißt es allerdings »Tue Deine Arbeit und stelle keine unnötigen Fragen«. Dadurch wird sich nie ein Unternehmer im Unternehmen entwickeln.

4.5f *Kreativitätskultur bzw. schöpferische Chaoskultur*

Flexibilität im Denken und Verhalten ist dringend erforderlich – starres Perfektionsstreben tötet Kreativität und Innovation! Gefragt sind Querdenken, Phantasie und Kreativität; schöpferisches Chaos muss gefördert werden. Es geht darum, Regeln zu minimieren, bei Vorschriften Ausnahmen zuzulassen und Querdenkern und vorausschauenden Systemdenkern mehr Raum und Aufmerksamkeit zu geben. Auf der Suche nach neuen Lösungen werden auch unbekannte Wege beschritten, Risikobereitschaft, Erfindergeist und unkonventionelle Ideen sind wichtige Wegbegleiter. Spielerisches Ausprobieren, Experimentieren, Phantasieren und das Schaffen entsprechender Freiräume sind wesentliche Erfolgsfaktoren, die – gepaart mit der entsprechenden Durchsetzungskraft – auch innovative Produkte, Prozesse und Dienstleistungen entstehen lassen: Aus Ideen werden Innovationen. Es geht dabei um das Prinzip Einsteins, dass es uns nicht an Wissen fehlt, sondern an Phantasie; diese Phantasie müssen Führungskräfte nicht nur zulassen sondern auch fördern.

Jeder Fehler, jedes Problem, jeder Konflikt kann als Ausgangspunkt für kontinuierliche Verbesserung und substantielle Innovationen gesehen werden.

4.6 *Team- und Synergiekultur*

Spitzenleistungen werden vor allem dann erbracht, wenn heterogene Talente und Teams ergänzend zusammenarbeiten. Zum Erfolg des Einzelnen kommt in diesem Fall der Erfolg des Ganzen hinzu. Eine derartige Synergie bedeutet, dass das Ganze mehr ist als die Summe seiner Teile. Andere Sichtweisen zu sehen und Vernetzungen anzuerkennen ist eine Voraussetzung für Synergie. Die einzelnen Teammitglieder sollen sich sozial-emotional verbunden fühlen. Nicht nur die fachliche Passung, sondern auch die menschliche Passung ist also wichtig. Die Zusammenarbeit ist von allgemein anerkannten Werten geprägt. Konstruktive Kritik, offenes und zivilcouragiertes Ansprechen von Konflikten sowie Toleranz anderen Standpunkten gegenüber sind Bestandteile effektiver Teams. Es geht darum, beständig zu reflektieren, wie man sich auf der Beziehungs- und auf der Sachebene verbessern kann (Teamreflexivität). Andererseits geht es auch um die Fähigkeit des Teams zu reflektieren, wo die Stärken und Schwächen sind, und wie die Stärken erhöht und die Schwächen minimiert werden können.

Es geht, ähnlich wie bei einer Spitzenfußballmannschaft darum, Synergie-Effekte im Team hervorzubringen. Wichtige Punkte sind dabei Hilfe zur Selbsthilfe, gegenseitige Unterstützung und die Philosophie, dass auch Gemeinnutz auf Eigennutz gründet. Dies muss auch dem Einzelnen deutlich gemacht werden: »Dein Erfolg ist unser Erfolg!«

Es gilt, in Spitzenunternehmen die Vielfalt von Talenten und Erfahrungen zu fördern und auch menschliche Unterschiedlichkeiten zu akzeptieren. Man braucht den Macher und Durchsetzer genauso wie den Spinner, den Erbsenzähler genauso wie den Integrator. Wichtig ist, dass die Vielfalt gewahrt und akzeptiert wird. Entscheidend ist bei aller Unterschiedlichkeit eine hohe persönliche Wertschätzung und die Einsicht, dass man für unterschiedliche Aktivitäten unterschiedliche Talente braucht.

4.7 *Zivilcouragekultur*

In sehr vielen Firmen werden vorauseilender Gehorsam und angepasstes Denken belohnt. Dies fördert unkritisches Entscheidungsverhalten; bestehende Krisen verschärfen sich, und Neuerungen haben keine Chance. In einer Zivilcouragekultur sind dagegen konstruktiver Eigensinn, der Mut zu widersprechen, das Vertreten des eigenen Standpunkts nach oben wie nach unten gefordert.

Wichtig bei der Zivilcouragekultur ist vor allem das Vorbildverhalten. Die Milgram-Studien zu blindem Gehorsam und Zivilcourage zeigen z.B., dass die Quote von 85 % von sogenannten Lehrern (Versuchspersonen), die ihren sogenannten Schülern (Verbündete des Versuchsleiters) tödliche Elektroschocks vermitteln, dann auf 15 % reduziert wird, wenn ein Strohmann des Versuchsleiters dieses Verhalten verweigerte (vgl. Günther, 1994).

4.8 *Rekreationskultur*

In der Rekreationskultur wird der Mensch nicht als bloßes Output-Instrument betrachtet. Mitarbeiter müssen Erfolgserlebnisse haben, um langfristig Spaß an der Arbeit zu haben. Erfolg führt Energie zu, Erfolg nährt den Erfolg. Die gemeinsame Lösung schwieriger Probleme verschafft Teams neue Motivation und Stolz. Es ist daher wichtig, den Mitarbeitern Rekreationsmöglichkeiten zu geben.

Entscheidend für die Motivation der Mitarbeiter sind zum einen Erfolgserlebnisse, also Leistungsrückblicke. Andererseits spielt aber auch die Betonung des rekreativen Aspektes eine wichtige Rolle. Daher ist es bedeutsam, dass Freiräume zur Regenerierung geschaffen werden, damit Sättigungseffekte minimiert werden (vgl. Meinken, Rott & Frey, 1998).

5. *Konkrete Führungstechniken zur Selbst- und Teamoptimierung*

Die nächste Frage besteht darin, ob es einfache Techniken gibt, die eine Führungsperson verwenden kann, damit der Prozess der kontinuierlichen Verbesserung am Leben bleibt. Wir wollen am Beispiel des Umgangs mit Fehlern einige solcher Techniken erläutern, die sich als effizient in der kontinuierlichen Verbesserung von Produkten, Serviceleistungen und Prozessen erwiesen haben.

Fehlerkulturen lassen sich über eine Vielzahl von Instrumenten umsetzen:

a) *Mängelliste-Idee*: Jeder Mitarbeiter führt einen Notizblock bei sich, auf dem er permanent Störquellen, Ärgernisse, Doppelarbeit, Blindarbeit, fehlende Kommunikation, Kundenbeschwerden, usw. aufnotiert und in wöchentlichen Teamsitzungen artikuliert und neue Problemlösungen bereitstellt. Diese konstruktive Fehlerkultur kann nicht nur das Team, sondern auch jeder auf sich selbst anwenden.

b) *Pinnwand-Idee*: Die Mitarbeiter notieren auf einer Pinnwand Defizite und Verbesserungsvorschläge.

c) *Tagesreflexion, Projektreflexion, Sitzungsreflexion*: Die Mitarbeiter werden ermuntert zu reflektieren, was an einem bestimmten Tag, in einer Sitzung oder einem Projekt gut lief, was also bewahrt werden sollte; anschließend soll reflektiert werden, was nicht optimal lief und was verbessert werden sollte. Wichtig ist, immer mit dem Positiven zu beginnen – um sich von einer Position der Stärke her auch für Defizite öffnen zu können. Ohne Reflexion keine Verbesserung!

d) *Einführung des Fehlers des Monats, der Fehlentscheidung des Jahres:* Durch Ursachenanalyse (statt Schuldzuschreibungen) lassen sich Fehler in der Zukunft vermeiden.

e) *5 Warum-Fragen bei Fehlern:* Es werden nacheinander fünf Fragen gestellt, damit das Problem nicht nur oberflächlich behandelt wird. Die erste Frage bezieht sich auf die Ursache des Fehlers (z.B. der zuständige Mitarbeiter war im Urlaub), die nächste darauf, warum dies zu dem Fehler geführt hat (z.B. warum hat seine Vertretung die Aufgabe nicht übernommen?) usw. Ziel ist es dabei, von Symptomen wegzukommen und stattdessen Ursachenanalyse zu betreiben. Wer die 5 Warum-Fragen stellt, wird vermutlich den Kern des Fehlers eher ermitteln können und somit auch mögliche zukünftige Fehler ausschalten können.

Entscheidend ist, dass die souveräne Führungsperson vorangeht und Fehler grundsätzlich analysiert, anstatt Sündenböcke zu suchen, denn nur dadurch kommt man zu tiefergehenden Ursachen und weg von Oberflächen-Symptomen.

6. *Wichtige Faktoren für erfolgreichen Wandel*

Frey und Schnabel (1999) haben in einem Modell die wichtigsten Faktoren herausgearbeitet, die für Change-Management-Prozesse notwendig sind. Diese Erfolgsfaktoren können ebenso auf den Wandel in sozialen Organisationen übertragen werden.

Die folgenden Faktoren sind grundlegend für langfristig erfolgreichen Wandel (Frey, 1996 a und b):

a) *Topmanagement als Motor des Wandels:*
   Die vorher bei den Spitzenunternehmen beschriebenen Führungsprinzipien und Unternehmenskulturen werden natürlich am ehesten umgesetzt, wenn das Topmanagement mit bewusster Überzeugung vorangeht. Das Topmanagement fällt die Grundsatzentscheidung, in welche Richtung der Wandel erfolgen soll. Dies erfordert oft Mut zu unpopulären Entscheidungen, wenn z.B. Aktivitäten, Kompetenzen, Verantwortlichkeiten und Zuständigkeiten vollkommen neu gebündelt und zusammengeführt werden müssen.

b) *Einsicht/Leidensdruck:*
   Wenn schon kein Leidensdruck im System vorhanden ist, dann muss Einsicht für Veränderungen geschaffen werden, indem einerseits eine klare Diagnose des Ist-Zustandes mit den entsprechenden Konsequenzen erstellt wird, und mögliche Soll-Zustände visualisiert werden.

c) *Nutzung von Multiplikatoren:* Es müssen Multiplikatoren gefunden werden, die diese neuen Ideen mittragen und vertreten. Verbunden mit der Identifizierung und Ausbildung von geeigneten Einzel- und Teammultiplikatoren müssen Macht- und Fachpromotoren gefunden werden, die sich der Umsetzung annehmen.

d) *Kontrollgefühl:* Mitarbeitern muss ein Höchstmaß an Kontrollgefühl im Sinne von Vorhersehbarkeit, Erklärbarkeit und Beeinflussbarkeit gegeben werden. Der Mitarbeiter muss aktiv in die Veränderungsprozesse einbezogen werden. Nur dadurch ist die Angst vor dem Unvertrauten zu reduzieren. Zum Prinzip der Vorhersehbarkeit gehört auch der Aspekt der Transparenz. Wichtig ist, dass Transparenz im Wandel geschaffen wird: Wer macht was? Wie weit sind die jeweiligen Projekte? etc. Die gesamte psychologische Forschung über die Akzeptanz von Veränderungsprozessen zeigt, dass Mitarbeiter, die den Sinn von Veränderungsprozessen nicht sehen (Prinzip Erklärbarkeit), die nicht wissen, in welche Richtung es geht (Prinzip Vorhersehbarkeit) und die nicht eingebunden werden (Prinzip Beeinflussbarkeit) diese Prozesse blockieren oder gar sabotieren. Oft werden diese fundamentalen psychologischen Erkenntnisse nicht beachtet. Zum

Prinzip Erklärbarkeit, Vorhersehbarkeit und Beeinflussbarkeit im Rahmen der Kontrolltheorie vgl. Osnabrügge, Stahlberg und Frey (1985) oder Frey und Jonas (2002).

e) *Eigeninteresse:* Dem Mitarbeiter sollten Erfolgserlebnisse bei der Umsetzung von Veränderungsprozessen vermittelt werden, z.b. dadurch, dass seine Arbeit leichter, sicherer, innovativer usw. wird. Er muss sich Vorteile und Eigennutz von der Veränderung versprechen können, was nur über intensive Kommunikation vermittelt werden kann.

f) *Komplexitätskompetenz:* Der Mitarbeiter muss nachvollziehen können, dass Veränderungsprozesse selten linear verlaufen, weil sich Steuern und Gegensteuern flexibel abwechseln. Hilfe zur Selbsthilfe erfolgt über die Vermittlung von »Komplexitätskompetenz« für Mitarbeiter und Führungskräfte.

g) *Pragmatismus mit 70 %-Lösungen:* Es gilt die Devise, nicht zu perfektionistisch zu sein: Oft sind 70 %-Lösungen mit kontinuierlicher Verbesserung funktioneller als 100 %-Lösungen, die zu spät kommen.

7. *Blockade-Faktoren: Warum werden Erkenntnisse über Führungsprinzipien und Center of Excellence Kulturen nicht umgesetzt?*

Die Ausgangsfrage lautet: Warum werden die genannten Erkenntnisse nicht umgesetzt? Drei Haupt-Blockadefaktoren werden im folgenden erläutert:

1. *Mangel an Wissen:* Führungskräfte und Repräsentanten sozialer Institutionen haben zu wenig Know-how darüber, welche Verhaltensweisen, Strukturen und Kulturen Kreativität und Motivation und damit Spitzenleistungen fördern. Durch den Transport solchen Know-hows könnte man im Denken und Verhalten Änderungen bewirken.

2. *Angst vor Macht- und Autoritätsverlust:* Viele Führungskräfte sind zu sehr am Status quo orientiert, weil sie von erworbenen Privilegien und erreichtem Einfluss profitieren. Die Umsetzung von Kulturen und Führungsprinzipien bedeutet häufig einen Verlust an Macht und Ressourcen, etwa dann, wenn mehr Partizipation über Delegation, mehr Transparenz über interne Vorgänge erreicht werden soll.

3. *Angst vor Veränderung, Angst vor dem Verlust des Vertrauten:* Ängste wie die Erkenntnis, dass jahrelang vorherrschende Handlungsorientierungen als falsch gebrandmarkt werden könnten und damit ein Gefühl des Angriffs auf die eigene Persönlichkeit, sind weitere Hemmfaktoren. So manche Führungsperson antizipiert, dass sie durch die Veränderungen zum Verlierer wird. Dies muss nicht sein: Natürlich wird das Selbstverständnis der Führungsperson sich verändern, weil sie nicht mehr der »große Macher« ist, sondern zunehmend zum primus inter pares wird. Sie muss mit gutem Beispiel vorangehen und wird ähnlich wie ein Trainer im Sport unsichtbar, aber doch unverzichtbar sein. Die neue Qualität im Arbeitsprozess und in der Zusammenarbeit kann dabei aber das Bedauern über

verlorene »Pfründe« sehr wohl ausgleichen. (Wichtig ist es, den Repräsentanten der gesellschaftlichen Institutionen und den Führungspersonen diese Philosophie zu vermitteln.)

In Spitzenunternehmen stellt man den Eigennutz der Veränderung heraus. Die Führungsperson soll sich nicht durch ihre Macht, sondern durch ihre Mentorenschaft auszeichnen. Damit hat sich das Anforderungsprofil grundlegend geändert. Belohnt wird derjenige, der andere Mitarbeiter fördert und damit das Team zu Höchstleistungen führt, und nicht derjenige, der die meiste Macht besitzt.

Fazit

Das Überleben von sozialen Organisationen hängt letztlich davon ab, inwieweit es ihnen gelingt, innerhalb kurzer Zeit ihre Prozesse, Produkte und Dienstleistungen zu optimieren oder sogar Innovationen zu erreichen, so dass sie wettbewerbsfähig sind. Diese Notwendigkeit ergibt sich vor allem aus der Tatsache, dass die Ökonomie aufgrund der z.T. dramatischen Änderungen der äußeren – vor allem der finanziellen- Bedingungen nun Bestandteil der Unternehmenspolitik sozialer Organisationen geworden ist (Jäger, 2003). Der langfristige Erfolg sozialer Organisationen hängt des weiteren davon ab, ob sie zugleich ihre Mitarbeiter auf bestimmte Center of Excellence-Kulturen ausrichten können. Und schließlich geht es darum, ob eine Verhaltens- und Mentalitätsänderung bei Führungskräften und Mitarbeitern erzeugt werden kann, so dass diese bereit sind, die Veränderungsprozesse aktiv mit zu tragen und umzusetzen.
Wir haben in diesem Beitrag die wichtigsten Werkzeuge und Center of Excellence-Kulturen dargestellt. Es gilt, diese durch einen kontinuierlichen Verbesserungsprozess am Leben zu halten. Ohne die Vorbildwirkung des Topmanagements wird allerdings kaum etwas passieren. Der Fisch beginnt am Kopf zu stinken. Dort, wo das Management versagt, unfähig zur Kritik ist, nicht an die Basis des Mitarbeiters und Kunden geht, durch Eitelkeit und Narzissmus glänzt, wird es bei Hochglanzbroschüren bleiben, die Änderungen werden die Organisation nicht durchdringen. Die Veränderung von sozialen Organisationen steht und fällt deshalb mit der Bereitschaft des Topmanagements, sich mit zu ändern.

Literatur

Antoni, C. (1999). Konzepte der Mitarbeiterbeteiligung: Delegation und Partizipation. In D. Frey & C. G. Hoyos (Hrsg.), *Arbeits- und Organisationspsychologie* (569 – 583). Weinheim: Psychologie Verlags Union.
Bass, B.M. (1998). *Transformational Leadership: Industry, military, and educational impact.* Mahwah, NJ: Erlbaum.

Berth, R. (1998). *Der Große Innovationstest.* Düsseldorf: Econ.

Brandstätter, V. (1998). Arbeitsmotivation und Arbeitszufriedenheit. In D. Frey, & C. G. Hoyos (Hrsg.), *Arbeits- und Organisationspsychologie* (344 – 357). Weinheim: Psychologie Verlags Union.

Dickenberger, D., Gniech, G. & Grabitz, H.-J. (1993). Die Theorie der psychologischen Reaktanz. In D. Frey & M. Irle (Hrsg.), *Theorien der Sozialpsychologie – Band I: Kognitive Theorien* (243-273). Bern: Huber.

Dweck, C. (1991). Self theories and goals: Their role in motivation, personality, and development. In K. Dienstbier (Ed), *The Nebraska symposium on motivation.* Lincoln: University of Nebraska Press.

Frankl, V. (1972). *Der Wille zum Sinn.* Bern: Huber.

Frey, D. (1994). Bedingungen für ein Center of Excellence. *IBM Nachrichten – Das Magazin für Technologie und Lösungen, 44, 319,* 50-57.

Frey, D. (1996 a). Psychologisches Know-how für eine Gesellschaft im Umbruch – Spitzenunternehmen der Wirtschaft als Vorbild. In C. Honegger, J. M. Gabriel, R. Hirsig, J. Pfaff-Czarnecka & E. Poglia (Hrsg.), *Gesellschaften im Umbau. Identitäten, Konflikte, Differenzen* (75-98). Zürich: Seismo-Verlag.

Frey, D. (1996 b). Notwendige Bedingungen für dauerhafte Spitzenleistungen in der Wirtschaft und ihm Sport: Parallelen zwischen Mannschaftssport und kommerziellen Unternehmen. In A. Conzelmann, H. Gabler & W. Schlicht (Hrsg.), *Soziale Interaktionen und Gruppen im Sport* (3-28). Köln: bps-Verlag.

Frey, D. (1998). Center of Excellence – ein Weg zu Spitzenleistungen. In P. Weber (Hg), *Leistungsorientiertes Management: Leistungen steigern statt Kosten senken.* Frankfurt: Campus.

Frey, D. & Schuster, B. (1996). Innovative Unternehmenskulturen: Wege zum Center of Excellence. *Absatzwirtschaft – Zeitschrift für Marketing, 2,* 42-46.

Frey, D. & Schulz-Hardt, S. (1997). Eine Theorie der gelernten Sorglosigkeit. In H. Mandl (Hg), *Bericht über den 40. Kongress der Deutschen Gesellschaft für Psychologie* (604-611). Göttingen: Hogrefe.

Frey, D. & Schnabel, A. (1999). Change Management – der Mensch im Mittelpunkt. *Die Bank – Zeitschrift für Bankpolitik und Bankpraxis, 1,* 44-49.

Frey, D. & Schulz-Hardt, S. (2000). Zentrale Führungsprinzipien und Center of Excellence-Kulturen als notwendige Bedingung für ein funktionierendes Ideenmanagement. In D. Frey & S. Schulz-Hardt (Hrsg.), *Vom Vorschlagswesen zum Ideenmanagement* (15-46). Göttingen: Verlag für Angewandte Psychologie.

Frey, D. & Jonas, E. (2002). Die Theorie der kognizierten Kontrolle. In D. Frey & M. Irle (Hrsg.), *Theorien der Sozialpsychologie – Band III: Motivations-, Selbst- und Informationsverarbeitungstheorien* (13 – 50). Bern: Huber.

Günther, U. (1994). Gehorsam bei Elektroschocks: Die Experimente von Milgram. In D. Frey & S. Greif (Hrsg.), *Sozialpsychologie – ein Handbuch in Schlüsselbegriffen* (445-452). Weinheim: Psychologie Verlags Union.

Hacker, W. (1998). Psychische Regulation von Arbeitstätigkeiten. In D. Frey, & C. G. Hoyos (Hrsg.), *Arbeits- und Organisationspsychologie.* Weinheim: Psychologie Verlags Union.

Hackman, J. R. & Oldham, G. R. (1980). *Work redesign.* Reading, MA: Addison-Wesley.

Herzberg, F. (1966). *Work and the nature of man.* Cleveland, OH: World.

Jäger, A. (2003). Management in Non-Profit-Unternehmen. Bonn: Fachverlag für Bildung und soziale Dienstleistungen.

Locke, E. A. & Latham, G. P. (1990a). *A theory of goal setting and task performance.* Englewood Cliffs, NJ: Prentice Hall.

Locke, E. A. & Latham, G. P. (1990b). Work motivation and satisfaction: Light at the end of the tunnel. *Psychological Science, 1,* 240-246.

Meinken, I., Rott, A. & Frey, D. (1998). *Das Sättigungsmodell.* Unveröffentlichtes Manuskript.

Osnabrügge, G., Stahlberg, D. & Frey, D. (1985). Die Theorie der kognizierten Kontrolle. In D. Frey & M. Irle (Hrsg.), *Theorien der Sozialpsychologie: Band III: Motivations- und Informationsverarbeitungstheorien* (127-172). Bern: Huber.

Popper, K. (1973 a). *Objektive Erkenntnis: Ein evolutionärer Entwurf.* Hamburg: Hoffmann & Campe.

Popper, K. (1973 b). *Die offene Gesellschaft und ihre Feinde.* Bd. 1 und Bd. 2. Bern: Francke.

Prenzel, M. (1992). The selective persistence of interest. In K. Renninger & S. Hidi (Eds): *The role of interest in learning and development* (71-98). Hillsdale, NJ: Lawrence Erlbaum Associates.

Rogers, C. R. (1959). A theory of therapy, personality, and interpersonal relationships, as developed in the client-centered framework. In S. Koch (Hg), *Psychology: A study of a science.* New York: McGraw-Hill.

Tajfel, H. (1978). *Differentiation between social groups.* London: Academic Press.

Tajfel, H. (1981). *Human groups and social categories.* Cambridge: Cambridge University Press.

Tyler, T. R. (1994). Psychological models of the justice motive: Antecedents of distributive and procedural justice. *Journal of Personality and Social Psychology, 67,* 850-863.

V. Erfolgreiche Personalrekrutierung und -entwicklung

Martin Beck

1. *Vorbemerkungen*

Zu diesem Manuskript:
Das vorliegende Manuskript ist die Nachschrift eines Impulsreferates, das anhand eines Thesenblattes auf dem 3. Kongress der Sozialwirtschaft gehalten wurde. Deshalb wird das in der Praxis sehr komplexe Thema hier eher holzschnittartig abgehandelt.

Zum Thema:
In einer Zeit der hohen Arbeitslosenzahlen klingt es zunächst etwas merkwürdig, wenn hier über die Schwierigkeiten der Rekrutierung und Entwicklung von Personal gesprochen wird. Rein zahlenmäßig dürfte dies auch kein Problem sein. In der Praxis stellen sich aber viele Fragen. Wie finden wir die BewerberInnen, bei denen persönliche und fachliche Eignung, die Qualität der Arbeit, die vertraglichen Ansprüche und die terminliche Verfügbarkeit exakt auf das Anforderungsprofil passen?. Vor diesem Hintergrund kommen wir zu einer Doppelaussage, die sich zunächst widersprüchlich anhört:

- Personalrekrutierung war noch nie so leicht wie zur Zeit!
Rein quantitativ bietet sich den suchenden Institutionen ein großes Reservoir an Bewerbern mit einem breiten Qualifikationsspektrum. Ein Traum für alle, die gerne systematische Bewerberauswahl betreiben. Ein Horror für Organisationen, die rasch und zielgerichtet zur Besetzung ihrer freien Stellen kommen wollen.

- Personalrekrutierung war noch nie so schwer wie zur Zeit!
In der betrieblichen Praxis zeigt es sich als schwere Aufgabe, aus der Menge der nach der Papierform gleich qualifizierten Bewerber diejenigen auszusuchen, die nicht nur Verlegenheitslösungen sondern »Treffer« sein könnten. Stimmen Papierform und persönlicher Auftritt zusammen? Ist die Motivation glaubhaft? Ist die soziale Kompetenz vorhanden, um sich rasch in die vorhandene Kultur des Unternehmens einzufinden?

2.   *Veränderungen sind die Regel . . .*

• Was hat sich in den vergangenen zehn Jahren in der Sozialwirtschaft geändert?
Besonders auffällig sind die Veränderungen, die direkt oder indirekt aus der Wirtschaft kommen oder beeinflußt wurden. All die Begriffe, die wir heute für selbstverständlich halten, wie Qualitätsmanagement, Personalentwicklung, Controlling, sind
nicht in der eigentlich dem Menschen zugewandten Sozialwirtschaft erfunden worden, sondern stammen aus handfesten Wirtschaftsunternehmen. Sie haben sich inzwischen auch in der Sozialwirtschaft fest etabliert. Wer sie anwendet, muß nicht
mehr mit Kritik und Anfeindungen rechnen. Wer sie nicht anwendet, befindet sich
nicht mehr auf der fachlichen Höhe der Zeit.

• Was wird sich ändern?
Die Vorstellungen darüber, wie groß eine sozialwirtschaftliche Unternehmung morgen sein muß, um überleben zu können, wird sich weiter verändern. Der Drang zu
größeren Unternehmensgruppen ist ungebrochen. Das hat Auswirkungen auf Strukturen, Leitungsformen, Persönlichkeitsprofile, Anforderungskataloge.

• Was wird sich (leider) nicht ändern?
Personalkosten sind und bleiben der wichtigste Kostenfaktor. Nur wer die Personalkosten managen kann, wird künftig wirtschaftlich arbeiten und damit die Existenz
der Institution sichern können. Das wird nicht ohne schmerzhafte Einschnitte gehen
und die jahrzehntelange Erfahrung, wonach Arbeitsplätze im Sozialen besonders
sicher seien, wird in Frage gestellt werden.
Die Sozialwirtschaft bleibt abhängig von den manchmal sprunghaften Bewegungen
der öffentlichen Hände und muß sich auf noch größere Ausschläge und noch unko-
ordiniertere Veränderungen einstellen. Es ist eine besondere unternehmerische Herausforderung, unter diesen Bedingungen erfolgreich sozialunternehmerisch tätig zu
sein.

3.   *Erfolg ist . . .*

• Was ist Erfolg in der Sozialwirtschaft?
  • Hier ist natürlich der wirtschaftliche Erfolg zu nennen, ohne den die Sozial-
    wirtschaft heute nicht mehr überleben könnte.
  • Dann geht es um die Erreichung fachlicher Ziele wie Dienste, Leistungen,
    Prozesse.
  • Schließlich ist hier die Sicherung von Arbeitsplätzen und der Erhalt der Insti-
    tution zu nennen.

• Was ist Erfolg bei der Personalarbeit?
Erfolg in der Personalarbeit ist gegeben, wenn die richtigen Leute gewonnen, entwickelt, gehalten und langfristig motiviert werden können.

• Was ist Erfolg bei der Personalrekrutierung?
Erfolg ist, wenn die richtigen Leuten in der richtigen Qualifikation und den passenden Gehaltsvorstellungen zum richtigen Zeitpunkt gefunden werden.

• Was ist Erfolg bei der Personalentwicklung?
Erfolg in der Personalentwicklung ist sicher nicht, wenn alle Mitarbeiter Karriere machen. Er tritt eher dann ein, wenn (fast) alle Mitarbeiter am richtigen Platz sind und wenn (fast) alle ihre Entwicklungschance haben oder zumindest gehabt haben.

4. *Misserfolg kann eintreten, weil . . .*

• . . .der Auftrag nicht klar formuliert ist
Dies ist zweifellos eine Schwäche der Sozialwirtschaft. Klare Positionierung und unmißverständliche Auftragsformulierung bedeutet, sich gegen andere Alternativen zu entscheiden und damit auch gegen Menschen (z.B. motivierte Mitarbeiter). Das tut weh, ist aber notwendig.

• . . .die Strukturen hinderlich sind
Ein typisches Strukturproblem der Sozialwirtschaft ist zum Beispiel, daß in Vereinen zu viele Leute auf zu vielen Ebenen und mit zu vielen Interessenlagen die notwendigen betrieblichen Prozesse behindern und damit Schaden für die Zukunft anrichten können. Hier stoßen demokratische Formen und unternehmerische Notwendigkeiten hart aufeinander.

• die Machtfragen nicht geklärt wurden
Alle sind ganz lieb zueinander, scheuen aber die Klärung von nüchternen Alltagsfragen. Das bedeutet in der Praxis entweder Stillstand oder aber regellose Machkämpfe, bis sich eine Richtung durchgesetzt hat.

• Konkurrenz- und Neidkonstellationen unterschätzt wurden
Große Vorhaben scheitern fast immer an Menschen, nicht an den Verhältnissen oder den Strukturen, wie wir auch am Beispiel von Großunternehmen feststellen können.

• der Prozess nicht energisch vorangetrieben wird
Das Tagesgeschäft drängt sich immer in den Vordergrund, wenn die Beteiligten das zulassen. Je kleiner die Institution, desto schwieriger ist es für die Führungskräfte, sich für strategische Fragen die notwendigen Freiräume zu schaffen.

VI. Headhunter als Schnittstelle zwischen Unternehmensbedarf und Führungskräftenachwuchs

Klaus D. Leciejewski

Gliederung:

Headhunter lösen Ihre Personal-Probleme!

Vor zwanzig Jahren waren Headhunter extravagante Exoten.

Heute sind sie aus der Wirtschaft nicht mehr wegzudenken. Headhunter sind die wichtigste Schnittstelle zwischen dem Bedarf der Unternehmen an Fach- und Führungskräften und dem Wunsch dieser Fach- und Führungskräfte nach einer neuen Aufgabe in einem anderen Unternehmen.

Seit zwanzig Jahren sind Headhunter eine unentwegte Jobmaschine!

2.

- Kopfjäger, Abwerben, Rauskaufen, Grauzone

- Headhunting , Executive Search , Direktansprache, Managementberater

2.

- ## 20 % Annoncen

- ## 80 % Direktansprache

Vorteile, Nachteile, Chancen, Risiken

Headhunting ist heute ein eigenständiger Beratungszweig

Die TOP 20-Anbieter von Personalberatungsleistungen 2001

Unternehmen	Umsatz in Mio. •	Unternehmen	Umsatz in Mio. •
1. Kienbaum Executive Consultants GmbH	55,0	11. Russell Reynolds Associates, Inc.	16,1
2. Heidrick & Struggles Consultants in Executive Search	43,4	12. Spencer Stuart & Associates GmbH	16,0
3. Egon Zehnder International GmbH[1]	38,9	13. MRI Worldwide Deutschland	15,7
4. Ray & Berndtson Unternehmensberatung GmbH	37,8	14. Deininger Unternehmensberatung GmbH	15,4
5. Baumann Unternehmensberatung AG	34,6	15. Mercuri Urval GmbH	12,6
6. TMP Worldwide Search GmbH	34,6	16. Signium International - Ward Howell	12,1
7. Korn/Ferry Hofmann Herbold International GmbH	30,0	17. ifp Institut für Personal- und Unternehmensberatung	11,5
8. a priori international AG Corporate Consultant[2]	18,9	18. Roland Berger & Partner GmbH Internationale Personalberater	11,5
9. Delta Management Consultants GmbH	16,8	19. Boyden International GmbH	10,3
10. Steinbach & Partner GmbH	16,1	20. Dr. Heimeier & Partner GmbH	10,2

[1] In dem von der Egon Zehnder International AG angegebenen Umsatz sind 20 Prozent Management Appraisal Umsatz enthalten
[2] Der Umsatz der a_priori international AG Corporate Consult verteilt sich wie folgt: 9,7 Mio. • erzielte die a_priori international AG Corporate Consult, 9,2 Mio. • die Tochtergesellschaft Jobexpress GmbH

Quelle: BDU

3.1

- Unternehmen benötigen neue Fach- und Führungs-
kräfte.
Fach- und Führungskräfte suchen interessante
Aufgaben, neues Unternehmen, höhere Vergütung

- Headhunter bringt beide zusammen, indem er sein
Netzwerk und sein Fachwissen verkauft.

- Headhunter arbeiten nur im Auftrag des
Unternehmens.

© KDL-Consulting GmbH   22/23.05.2003   Chart Nr. – 8 -

Prozeß	Aufgaben-stellung	Proposal	Research	Interview Beurteilung	Präsentation	Vertrag/ Kontrolle	Tätigkeit
Aufgaben Headhunter	Informationsgespräche Recherchen: Medien, Datenbanken, Nach-schlagewerke, pers. Kontakte, Unternehmenssituation Strategie, Aufgaben-bereich, persönliches Umfeld, Anforderungs-profil	Gegenrecherche, Informationseinholung bei Kollegen + pers. Kontakten, Sichtung, vergl. früherer Aufträge	Projektplan, Desk-Research, Source Liste, Quellen-ansprache, Daten-bankrecherche, Ansprache, CV-Sichtung	Persönliche Info, persönlicher Austausch, Interview, Information Klient	Einstellung Aufschlag Klient, Referenz-einholung	Austausch Kernpunkte Vertrag, Austausch eventueller Eindrücke, Fragen, Probleme	
Resultate Klient	Markteinschätzung Marktübersicht Branchen- + Unter-nehmenslistung	Unternehmensstandort, Aufgabenverständnis, Anforderungsprofil, Zielgruppen, rechtliche Absprachen, Methoden Honorierung, Zeit-aufwand	Konkretisierte Ziel-firmenliste, Short list: Unter-nehmen und Kandi-daten, Quellen-übersicht	CV, interne Einschät-zung, Konkretisierung der Suche	Vorstellung Klient, Umfeld, Präzisierung der Suche, Referenzen	Vertragsverhandlungen, Beratung zum Vertrag, Informationen über die ersten Wochen	

Abb. 1: Beratungsablauf Headhunting

Quelle: *Klaus Leciejewski*

3.3

Die Wirkung des Headhunting geht weit über die Besetzung einer Position hinaus

- Austausch von Fähigkeiten
- Verteilung von Wissen an die richtigen Stellen
- Verbesserung des Wettbewerbs
- Erhöhung der Markttransparenz

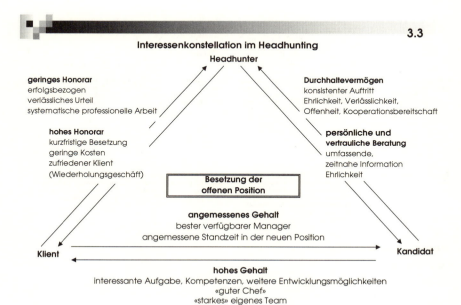

4.

NPO's sind im Wandel, obgleich

- unzureichende betriebswirtschaftliche Ausrichtung
- geringe Vergütung
- Denken in Organisationsgrenzen
- nicht ausreichende Transparenz

62

VII. Strategisches Personalmanagement durch Zielvereinbarungen – Das Führungssystem der AWO Bezirksverband Baden e.V.

Klaus Dahlmeyer

A. *Strategische Herausforderungen für soziale Dienstleistungsunternehmen*

Der Sozialstaat Deutschland und die traditionell in der Sozialarbeit tätigen Wohlfahrtsverbände stehen aufgrund wirtschaftlicher, demographischer und gesellschaftlicher Entwicklungen vor einer Bewährungsprobe. Die politischen, sozialen kulturellen und wirtschaftlichen Rahmenbedingungen der Arbeit im Sozial- und Gesundheitswesen befinden sich bereits seit einigen Jahren in einem Prozess tiefgreifender Reformen und Neustukturierungen.

**Bezirksverband
Baden e.V.**

Strategische Herausforderungen für soziale Dienstleistungsunternehmen

- Globalisierung

- Solidaritätsprinzip

- Ökonomisierung der sozialen Arbeit

- Finanzkrise der Kostenträger

Auf eine tiefergehende Analyse der Ursachen dieser Entwicklung soll an dieser Stelle nicht weiter eingegangen werden. Es ist jedoch davon auszugehen, dass die mittel- und langfristige Entwicklung insbesondere durch folgende Trends geprägt werden wird:

1. Der unter dem Stichwort *Globalisierung* beschriebene und auf den internationalen Märkten zum Teil äußerst rigoros ausgetragene (Verdrängungs-)Wettbe-

werb führt zunehmend zu einer Situation, in der die Sozialsysteme der einzelnen Staaten als kosten- und damit konkurrenzrelevante Faktoren empfunden werden. Im Zuge der Etablierung eines europäischen Binnenmarktes wird sich dieser Trend weiter verstärken.

2. Das *Subsidiaritätsprinzip* steht zur Disposition. Die sozialrechtlich privilegierte Stellung der Verbände wird zunehmend in Frage gestellt. Durch zahlreiche gesetzliche Änderungen wird versucht, Markt- und insbesondere Wettbewerbselemente einfließen zu lassen. Beispiele hierfür sind die Gesundheitsreformgesetze, das Pflegeversicherungsgesetz sowie die aktuellen Änderungen in den Entgeltregelungen des BSHG und des KJHG. Als eine Anbietergruppe unter vielen müssen sich die Träger der freien Wohlfahrtspflege auch gegenüber der privatwirtschaftlichen Konkurrenz behaupten.

3. Die *Ökonomisierung der sozialen Arbeit* wird das Verhältnis zwischen den Kostenträgern und der Freien Wohlfahrtspflege als traditionellem Anbieter sozialer Dienstleistungen grundlegend verändern. An die Stelle bisheriger meist informeller Verflechtungen und Beziehungen treten zunehmend versachlichte Vertragsverhältnisse (Contract Management), die beim Auftragnehmer die Erbringung wirtschaftlicher und qualitativer Mindeststandards voraussetzen.

4. Die *Finanzkrise der Kostenträger*, d.h. der öffentlichen Haushalte und der Träger der Sozialversicherungen hat in weiten Bereichen zu einer äußerst restriktiven, teilweise dramatisch rückläufigen Kostenerstattungs-, Zuschuss- und Förderpolitik geführt. Die finanziellen Rahmenbedingungen sozialer Arbeit verschlechtern sich zunehmend. Seit mehreren Jahren liegen die Erhöhungen der Pflegesätze deutlich unter den Steigerungsraten der Tarifabschlüsse. Es kann nicht davon ausgegangen werden, dass sich dieser Trend mittelfristig ändern wird. Vielmehr ist damit zu rechnen, dass sich die finanziellen Ressourcen weiter verknappen und der bereits heute vorherrschende starke Kosten- md Ergebnisdruck an Intensität zunehmen wird.

Die Anbieter sozialer Dienstleistungen müssen auf diese zum großen Teil politisch gesteuerten Veränderungsprozesse in adäquater Weise reagieren. Dabei fällt auf, dass in den Wohlfahrtsverbänden mittel- und langfristig angelegte Strategien zur Bewältigung dieser Situation eher selten anzutreffen sind – obwohl mittlerweile unbestritten ist, dass die Erneuerung und Umgestaltung der im sozialen Dienstleistungsbereich traditionell tätigen Organisationen die Voraussetzung für eine Sicherung der wirtschaftlichen Zukunft ist und damit eine existenzielle Bedeutung erlangt hat.

B.   *Die Unternehmensstrategie der AWO Bezirksverband Baden e.V.*

Angesichts der unter Punkt 1. bis 4. beschriebenen politischen und wirtschaftlichen Konsequenzen wird deutlich, dass die Zukunft auch der AWO Bezirksverband

Baden e.V. entscheidend von der Fähigkeit abhängt, sich strategisch neu zu orientieren und den Verband in seinen Dienstleistungsbereichen von einer defensiven und öffentlichen Fördergeldern abhängigen Organisation hin zu einem innovativen und fortschrittlichen Unternehmen zu entwickeln.

Um vor diesem Hintergrund auch zukünftig wirtschaftlich und fachlich-qualitativ bestehen zu können, verfolgt die AWO Bezirksverband Baden e.V. primär 2 strategische Ziele und hat ihrer Erreichung unternehmensintern absoluten Vorrang eingeräumt:

– Stärkung der *Wirtschaftlichkeit* – nicht nur der einzelnen Leistungen, sondern des gesamten Unternehmens.
– Gezielte und nachhaltige Weiterentwicklung der *Qualität*. Dabei ist auch hier die qualitative Optimierung nicht nur eine Frage der Verbesserung einzelner Leistungen, sondern vielmehr des gesamten Unternehmens- und Verbandsbereiches, einschließlich Strukturen, Arbeitsabläufen usw.

Beide Zielsetzungen sind eng miteinander verbunden und bedingen einander. So ist die Stärkung der wirtschaftlichen Basis erforderlich, um den mit dem Ziel eines modernen Dienstleistungsunternehmens einhergehenden Anstieg innovativer Investitionen (z.B. im Bereich Personalentwicklung oder IT) finanzieren zu können. Ein professionelles und erfolgreiches Dienstleistungsunternehmen wiederum unterstützt und beschleunigt die Stärkung der wirtschaftlichen Grundlagen.
Zur Erreichung dieser Ziele hat der Bezirksverband im Jahre 2000 mehrere strategische Entscheidungen in den Bereichen Expansion, Controlling, Qualitäts- und Personalmanagement getroffen und anschließend erfolgreich umgesetzt.

Bezirksverband Baden e.V.

Die Unternehmensstrategie der AWO Bezirksverband Baden e.V.

- • Expansion
- • Controlling
- • Qualitätsmanagement
- • Personalmanagement

C. Strategisches Personalmanagement – das Führungssystem

Eines der wesentlichen Instrumente zur Unterstüzung der unternehmensseitigen Veränderungsprozesse ist das »Ziel- und ergebnisorientierte Führungssystem« als Teil des strategischen Personalmanagements der AWO Bezirksverband Baden e.V.

Die für den Bezirksverband wesentlichen, sich vorrangig am Ziel der Erbringung einer möglichst optimalen Dienstleistung orientierenden Eckpunkte eines erfolgreichen Personalmanagements sind:

- Steuerung und Unterstützung strategischer/operativer Veränderungsprozesse
- Flache Hierarchien und offener Umgang mit Informationen
- Möglichst autonom arbeitende Teams
- Qualifizierte und motivierte Mitarbeiter

Eine besondere Bedeutung kommt dabei der erfolgreichen Steuerung und Unterstützung strategischer und operativer Veränderungsprozesse zu.

Darüber hinaus erfordert das beschriebene Personalmanagement ein entschiedenes Umdenken vom »Monopolanbieter für Hilfebedürftige« zum »Dienstleister für Kaufwillige« – und zwar insbesondere von den Führungskräften. Wenn eine verstärkte Kundenorientierung ernst genommen werden soll, dann müssen die hierfür notwendigen Veränderungen auf kurzen Dienstwegen, flexibel und schnell entschieden werden können. Einrichtungen und Geschäftsstellen mit einem traditionell gegliederten Hierarchiegefüge werden es deshalb in der Zukunft schwerer haben, am Markt zu bestehen.

Dies bedeutet auch, dass die verantwortlichen Leitungspersonen mit den hierfür notwendigen Kompetenzen ausgestattet werden müssen. So wurde beispielsweise das Konzept, möglichst autonom arbeitende Team zu entwickeln, in der sozialen Arbeit bereits sehr früh umgesetzt und war in vielen Fällen Vorbild für entsprechende Bemühungen in Unternehmen der freien Wirtschaft.

Ein solches Modell kann allerdings nur dann erfolgreich sein, wenn die handelnden Personen mit der ihnen übertragenen Kompetenz verantwortungsbewusst umgehen und die ihnen anvertrauten Entscheidungsbefugnisse nicht vorrangig im Interesse persönlicher Wertvorstellungen, sondern im Sinne der übergeordneten Unternehmens- und Verbandsziele nutzen. Da dies gerade im Bereich der Sozialarbeit nicht immer selbstverständlich ist, bedarf es hier oftmals einer ergebnisorientierten Steuerung.

Schließlich stellen die beschriebenen Eckpunkte eines erfolgreichen Personalmanagements auch erhöhte Anforderungen an die Mitarbeiterinnen und Mitarbeiter. Hierzu zählt insbesondere wohl die Bereitschaft, sich beruflich und persönlich weiter zu entwickeln. Allerdings ist die mentale Einstellung in bezug auf eine berufliche Karriere bei vielen Mitarbeitern im sozialen Bereich noch zurückhaltender als beispielsweise im Gesundheitswesen oder in der freien Wirtschaft. Auch deshalb ist es auf dem Arbeitsmarkt oft schwer, überdurchschnittlich verantwortungs- und leistungsbereites Leitungspersonal zu bekommen. Nicht zuletzt wirkt der AWO-Tarifvertrag hier außerordentlich hemmend. Für junge, motivierte Schul- oder Studienabgänger und auch für erfahrene Führungskräfte aus der freien Wirtschaft ist die AWO Bezirksverband Baden e.V. in fast jedem Fall finanziell unattraktiv. Es musste deshalb auch darüber nachgedacht werden, wie fähige Führungskräfte in unserem Verband zukünftig gehalten und neue hinzugewonnen werden können.

Strategisches Personalmanagement – Die Ausgangssituation

- Entschiedenes Umdenken in Richtung Kundenorientierung noch nicht vollzogen
- Wenig Bewusstsein für übergeordnete Unternehmens- und Verbandsziele vorhanden
- Keine gezielte Unterstützung und Förderung
- Überdurchschnittliches Engagement
- Überdurchschnittliche Veränderungsbereitschaft
- Keine Steuerung von Arbeitsergebnissen und Veränderungsprozessen

Vor dem Hintergrund dieser Ausgangssituation war die Einführung eines Systems zielvereinbarungsorientierter und damit erfolgsbezogener Gehaltszulagen eine der grundsätzlichen und wichtigsten Voraussetzungen für eine erfolgreiche Weiterentwicklung der AWO Bezirksverband Baden e.V. Es ist allgemein anerkannt, dass überlegt eingesetzte zukunftsorientierte Vergütungssysteme zum Erfolg von Strategieumsetzungen und Veränderungsprozessen (Change Management) entscheidend beitragen können. Darüber hinaus wirkt die Beteiligung der Mitarbeiterinnen und Mitarbeiter an den unternehmerischen/verbandlichen Entscheidungsprozessen und am eigenen beruflichen Erfolg motivierend und fördert verantwortungsbewusstes, engagiertes Denken und Handeln.

Wir haben deshalb ein Konzept entwickelt, bei dem wir jährlich verbindliche Zielvereinbarungen über konkret zu realisierende Arbeitsergebnisse mit unseren Führungskräften durchführen. Diese Zielvereinbarungen sind individueller Natur, d.h. sie werden je nach Erfordernis des jeweiligen Verantwortungsbereiches zwischen den Partnern vereinbart. Entscheidend ist die Situation und der festgestellte Optimierungsbedarf innerhalb des jeweiligen Verantwortungsbereiches. Die Ziele können also z.B. einen wirtschaftlichen, einen qualitativen oder einen noch anderen Charakter z.B. in Form einer Verbesserung der sozialen Struktur innerhalb des Verantwortungsbereiches, haben.

Wichtig ist, dass die Ziele realistisch und transparent sind. Sie müssen von beiden Gesprächspartnern – Arbeitgeber und Arbeitnehmer – als erreichbar eingeschätzt werden, sich dabei aber deutlich vom Tagesgeschäft abheben.

Alle Zielvereinbarungen werden schriftlich dokumentiert und von beiden Partnern unterschrieben. Das Ziel selbst muss quantifizierbar und damit bewertbar sein.

Und nicht zuletzt: Die Zielvereinbarung selbst ist freiwillig und muss vom Arbeitgeber und vom Arbeitnehmer akzeptiert werden. Kein Mitarbeiter kann also dazu gezwungen werden, eine Zielvereinbarung abzuschließen.

**Bezirksverband
Baden e.V.**

Strategisches Personalmanagement – Das Konzept

- Jährliche Zielvereinbarungen
  - Individuell
  - Wirtschaftlich und/oder Qualitativ
  - Realistisch
  - Transparent
  - Messbar
  - Freiwillig
  - Akzeptiert (von beiden Partnern)

- Jährliche Zulage
  - Abgängig vom Grad der Zielerreichung
  - Einmalig/Außertariflich
  - Bis zu 100 % eines Brutto-Monatsgehalts

Nach dem Zielvereinbarungsgespräch findet nach Ablauf der Zielvereinbarungsperiode ein Zielerreichungsgespräch statt. Hierbei wird gemeinsam geprüft und anschließend protokolliert, in welchem Umfang das Ziel erreicht wurde. Abhängig vom Grad der Zielerreichung, aber auch abhängig vom Beitrag, den der jeweilige Verantwortungsbereich des Mitarbeiters zum wirtschaftlichen Erfolg des gesamten Unternehmens leistet, wird eine Zulage von bis zu 100 % eines Monatsgehalts gewählt. Der zur Auszahlung kommende Betrag ist eine zusätzliche und einmalige außertarifliche Zuwendung, d.h. der bestehende Tarifvertrag der Arbeiterwohlfahrt und die sich hieraus ergebenden materiellen Rechte werden nicht berührt und bleihen unverändert bestehen.

Was erreichen wir damit? Wir steuern und unterstützen aktuelle und zukünftige strategische Umsetzungsprozesse, z.b. in den Bereichen Expansion, strategisches Controlling oder Qualitätsmanagement. Wir steuern und unterstützen aber auch zukünftige operative Veränderungsprozesse, insbesondere in Richtung Kundenorientierung.

Mit der Vereinbarung qualitativ anspruchsvoller Ziele beteiligen wir unsere Mitarbeiter außerdem an übergeordneten Verbands- und Unternehmensentscheidungen. Darüber hinaus fördern wir die berufliche Weiterbildungsbereitschaft unserer Mitarbeiter – aber auch die berufliche Selbsteinschätzung, da im Rahmen der Zielvereinbarungsgespräche auch Erwartungen sowohl der Mitarbeiter als auch des Arbeitgebers an die jeweilige berufliche Perspektive und weitere berufliche Laufbahn zur Sprache kommen. Und nicht zuletzt gewinnen und binden wir erfolgreich fähige Führungskräfte.

**Bezirksverband
Baden e.V.**

Strategisches Personalmanagement – Die Ergebnisse

- Wirksame Steuerung/Unterstützung operativer Veränderungsprozesse
- Wirksame Steuerung/Unterstützung strategischer Umsetzungsprozesse
- Beteiligung der MA an übergeordneten Verbands- und Unternehmensentscheidungen
- Unterstützung/Förderung beruflicher Weiterbildungsbereitschaft
- Unterstützung beruflicher (Selbst-)Einschätzung
- Gewinnung fähiger Führungskräfte, intern und extern
- Bindung fähiger Führungskräfte
- Kein finanzielles Risiko für Mitarbeiter und Unternehmen

D.   *Ergebnis- und Erfolgskontrolle*

Das zielvereinbarungsorientierte Zulagensystem – so lautet der offizielle Name des Zielvereinbarungssystems der AWO Bezirksverband Baden e.V – wurde zum 01.07.2000 eingeführt. Die bisherigen Erfahrungen sind überaus positiv – im strategischen und im operativen Bereich. So haben wir in nur 3 Jahren ein professionelles Qualitätsmanagementsystem erfolgreich eingeführt – und zwar für sämtliche Einrichtungen einschließlich der Geschäftsstelle. Ohne die Unterstützung durch entsprechende Zielvereinbarungen wäre dies mit Sicherheit so nicht möglich gewesen.

Was die Kontrolle der von uns eingeleiteten strategischen Maßnahmen angeht, so werden die hieraus erzielten wirtschaftlichen Ergebnisse durch unser operatives Controlling überwacht. Bei der Bewertung des Kostenvolumens berücksichtigen wir, dass jeder gewährten Gehaltszulage eine bereits erbrachte, konkret quantifizierte oder qualifizierte Leistung gegenübersteht, deren Ergebnis sich unmittelbar positiv auf die Erreichung der vorgegebenen Unternehmens- oder Verbandsziele auswirkt bzw. schon ausgewirkt hat.

Die inhaltliche Erfolgskontrolle erfolgt durch das System selbst, und zwar im Rahmen die erwähnten Zielerreichungsgespräche. Jährlich wird darüber hinaus ein Strategie-Report erstellt, mit dem der Vorstand des Bezirksverbandes über die erreichten Ziele, aber auch über das, was bis jetzt noch nicht realisiert werden konnte, informiert wird.

Mit der Einführung des Zielvereinbarungssystems hat die AWO Bezirksverband Baden e.V. einen entscheidenden Schritt getan hin zu einem auch mittel- und langfristig erfolgreichen sozialen Dienstleistungsunternehmen. Dieses Ziel werden wir auch in den nächsten Jahren professionell und konsequent weiter verfolgen.

VIII. Führungs- und variable Vergütungssysteme in Nonprofit Organisationen

Jens Maßmann

1. Chancen, Barrieren und Lösungsansätze der Unternehmensführung und Vergütung

Der vorliegende Beitrag gliedert sich in drei Abschnitte. Im ersten Abschnitt werden jüngste Trends variabler Führungs- und Vergütungssysteme in gewinnorientierten Unternehmen aufgezeigt. Dieses Vorgehen erweist sich als zielführend, da die hier entwickelten wertorientierten Führungs- und Vergütungssysteme den Maßstab setzen. Der erste Abschnitt schließt mit konkreten Implementierungserfahrungen und zeigt typische Barrieren und Lösungsansätze auf. Der zweite Abschnitt widmet sich den grundlegenden Unterschieden im Nonprofit Kontext und weist wesentliche Gestaltungsprinzipien für Führungs- und variable Vergütungssysteme auf. Abschließend wird im Ausblick auf die großen Potentiale abgestimmter Human Resource Management Systeme verwiesen. Diese Abstimmung von einzelnen Maßnahmen ist es, auf die sich der Augenmerk des vorliegenden Beitrags richtet.

1.1 Umfeld, aktuelle Trends variabler Vergütung in gewinnorientierten Unternehmen

Die Verantwortlichen für die Vergütung von Mitarbeitern und Management stehen heute vor der Herausforderung sicherzustellen, dass die steigende Gesamtvergütung für Führungskräfte auf der einen Seite durch eine entsprechende Steigerung des Unternehmenserfolgs auf der anderen Seite mehr als ausgeglichen wird.
In den letzten Jahren ist das Thema der wertorientierten Führung und Vergütung, d.h. der Orientierung an den Interessen der Eigentümer (Shareholder Value-Orientierung), zunehmend in das Zentrum der Diskussion gerückt, nachdem die potentielle Divergenz der Interessen des Managements und der Anteilseigner in Einzelfällen offenbar wurde. Dies macht verständlich, dass von Seiten der Corporate Governance der Notwendigkeit, die Vergütung des Managements an die vom Management geschaffenen Werte zu binden, eine größere Bedeutung zugekommen ist. Die Steigerung des Unternehmenswertes wird als eine der großen Herausforderungen der Unternehmensführung gesehen und damit Wertorientierung als erste Priorität für die Zukunft betrachtet.[1]

---

[1] Vgl. Schmidt, Reinhard R./Maßmann Jens, Drei Mißverständnisse zum Thema »Shareholder Value«, in: Kumar, Brij N./Osterloh, M./Schreyögg, Georg, Unternehmensethik und die Transformation des Wettbewerbs: Shareholder Value, Globalisierung, Hyperwettbewerb, Festschrift für Horst Steinmann, Schäffer-Poeschel Verlag: Stuttgart 1999, S. 125-158.

Die Anreiz- und Vergütungssysteme für Mitarbeiter und Management stehen heute vor tiefgreifenden Veränderungen: Der Wunsch nach einer deutlicheren Leistungsbezogenheit der Vergütung und der zunehmende internationale Wettbewerb um Talente machen eine Neu-ausgestaltung der Vergütungssysteme zur strategischen Herausforderung für jedes Unternehmen.

Vergütungssysteme, Performance Management und interne Beurteilungssysteme sind so zu gestalten und zu einem einheitlichen System zu integrieren, dass sie die Erreichung der strategischen Ziele des Unternehmens unterstützen und nachhaltig Werte schaffen.

Wertorientierte Führung und Vergütung ist damit ein Thema von zunehmender Aktualität. Bei der Lenkung von Unternehmen stehen die Unternehmen zum einen vor der Herausforderung, zunehmend dezentral organisierte Organisationen zu steuern, die mehr als ein singuläres Geschäft betreiben. Zum anderen gibt es nicht selten einen erheblichen Unterschied zwischen der klassischen Investitionsrechnung in der strategischen Planung und den nachher tatsächlich eingetretenen Ergebnissen.

Wertorientierte Unternehmensführung schafft in diesem Kontext große Chancen und generiert aber auch nachhaltige Herausforderungen. Zur Erfassung der Chancen, Herausforderungen und Ableitung der gegenwärtigen Best Practices dient dieser Beitrag. Im Vorfeld wurden daher Praktikerdiskussionen durchgeführt und die aktuellen Implementierungserfahrungen laufender Projekte analysiert.

Der vorliegende erste Abschnitt soll die typischen Ansätze variabler wertorientierter Vergütung darlegen und geeignete Lösungsansätze aufzeigen. Dem schließen sich einige Ausweitungen des Konzepts an.

1.2 Wertorientierung in der Führung und in der Vergütung

Wertorientierte Führung und Vergütung verkörpert die grundsätzliche Werthaltung und die Einstellung von Führungskräften. Die Werthaltung der Führungskräfte manifestiert sich vorwiegend in der Art und Weise, wie mit Zielen, Leistung und Erfolg im Unternehmen und insbesondere innerhalb des Verantwortungsbereichs umgegangen wird.

Die letztendliche Ergebnisorientierung der wertorientierten Führung und Vergütung stellt an die Kommunikationsfähigkeit der Führungskräfte besondere Herausforderungen, insbesondere in kritischen Situationen wie Misserfolgen, komplexen Veränderungsprozessen und dem Umgang mit unerfüllten Erwartungen. Im Ergebnis muss eine durchgängige Verankerung der variablen Vergütung in den zentralen Prozessen durch die Definition der entsprechenden Steuerungsgrößen erfolgen und widerspruchsfrei kommuniziert werden. Dies geschieht im Idealfall durch kompatible und aufeinander abgestimmte Systeme der Vergütung, der Personal- und Mitarbeiterentwicklung.[2]

---

2   Zum strategischen Alignment siehe Pfeffer, Jeffrey, The Human Equation: Building Profits by Putting People First, Harvard Business School Press, Boston, MA 1998; vgl. auch Maßmann, Jens/ Schmidt, Rheinhard H., Recht, internationale Unternehmensstrategien und Standortwettbewerb, in:

1.3 *Typische Zielsetzungen für die Einführung einer wertorientierten Führung und Vergütung*

Die typischen direkten Ziele, die mit der umfassenden Einführung eines solchen Systems verfolgt werden, lassen sich in zwei wesentliche Bereiche gliedern.
Auf der einen Seite ist die direkte Unterstützung und Evaluation der Unternehmensstrategie sowohl auf der Ebene der Gesamtunternehmensstrategie als auch der Geschäftsfeldstrategie der zentrale Faktor. Hierbei soll eine effiziente Ressourcenallokation durch die Definition und das Management der wesentlichen Werttreiber sichergestellt und die Organisation auf die Wertschaffung ausgerichtet werden.
Auf der anderen Seite können Verantwortlichkeiten in der Organisationsstruktur zugewiesen und Wertreiber dem Einflussbereich von Einheiten und Personen zugeordnet werden. Dies ist die Basis für die Leistungsmessung und das Aufsetzen von Anreizsystemen. Im Folgenden werden die expliziten Chancen, die sich durch die Integration der Führungs- und Vergütungssysteme ergeben, dargelegt.

1.4 *Chancen durch explizite Veränderung des Leistungsverhaltens von Mitarbeitern und Management*

Wesentlich ist die Veränderung des Fokus – weg vom kurzfristigen Denken getrieben durch traditionelle Konventionen des Rechnungswesens – hin zu einem langfristigen Fokus auf die Schaffung eines realen Beitrags zu den Unternehmenszielen.
Dies wird durch die Vereinfachung, Fokussierung und Integration der Entscheidungsprozesse durch Verwendung weniger Messgrößen erleichtert, die die Mitarbeiter incentiviert und bei Zielvereinbarungen, Performance Evaluation, Strategieselektion, Kapitalallokation und Bonusbemessung konsequent wertorientiert ausrichtet.
Die explizite Verbindung der Geschäftsstrategie mit dem Ziel der Maximierung des Unternehmenswerts ist der Ansatz für die Integration strategischer und operativer Entscheidungen. Damit ermöglicht das wertorientierte Führen und Vergüten klare Performanceanreize für das Management zu formulieren und dient der Unterstützung von Managementstrategien zur Steigerung der Unternehmensperformance.

1.5 *Messung der Wertorientierung und Verbindungen mit den Führungssystemen*

Traditionelle Messgrößen berücksichtigen nicht das Risiko, sie basieren auf dem Gewinn und folgen der buchhalterischen Sicht des Unternehmens. Wertorientierte Messgrößen sind dagegen vorzugsweise residuale Steuerungsgrößen wie EVA™

Schenk, Karl-Ernst/Schmidtchen, Dieter/Streit, Manfred, E./Vanberg, Victor, Jahrbuch für Neue Politische Ökonomie, 18. Band, Globalisierung und Rechtsordnung: Zur Neuen Institutionenökonomik internationaler Transaktionen, Mohr Siebeck: Tübingen 1999, S. 169-204.

oder SVA. Ihnen liegt ein gemeinsames Prinzip zugrunde, nämlich die Unzulänglichkeiten buchhalterischer Erfolgsgrößen abzumildern.

Klassischen Erfolgsgrößen des Rechnungswesen ist eines gemein: Sie berücksichtigen nicht die wahren Kosten des Kapitaleinsatzes bei der »Erfolgsermittlung«. Wertorientierte Steuerungsgrößen ziehen die Opportunitätskosten des Kapital von Ergebnis ab und bilden damit eine risikogerechte Kapitalverzinsung ab. In dieser Weise sind wertorientierte Erfolgsgrößen die besseren Steuerungsgrößen, da die wahren Kapitalkosten im Ergebnis berücksichtigt werden und somit die Kapitaleffizienz gemessen wird sowie eine Mindestverzinsung garantiert wird.[3] Die einzelnen Definitionen der Steuerungsgrößen weichen zwar voneinander ab, gemeinsam ist ihnen allerdings das Grundprinzip, die klassische Rendite in eine Übergewinngröße zu überführen, wertorientierte Anpassungen zu erlauben und die einperiodische mit der mehrperiodischen Wertmessung zu verknüpfen.

1.6 Durchgängigkeit des Führungs- und Vergütungssystems

Bei der Implementierung und Entwicklung eines wertorientierten Steuerungssystems erfolgt eine Anknüpfung an geschäftspezifische Erfolgsfaktoren, die mit den operativen Prozessen verbunden werden. Bei der Analyse der strategischen Erfolgsfaktoren werden die Auswirkungen auf die Wertschaffung ermittelt und in das Führungssystem eingebunden. Damit wird eine Integration der wertorientierten Größen in Ziele und Maßnahmenpläne sichergestellt. Die Kaskadierung der Führungssysteme ausgehend von Wertsteigerung des Unternehmens bis hin zu den Anforderungsprofilen des einzelnen Mitarbeiter wird beim Herunterbrechen der einzelnen Steuerungsebenen durch zielgerichtete Instrumente aus dem Steuerungsarsenal der Vergütung incentiviert und damit implementiert. Dieses abgestimmte Zusammenspiel von Führung und Vergütung wird in Abbildung 1 verdeutlicht. So werden die jeweiligen Führungsinstrumente durch abgestimmte Vergütungsinstrumente unterstützt. Dies reicht von der Unterstützung der Steigerung des Unternehmenswerts durch Long Term Incentives (z.B. Beteiligungsplan) auf der Gesamtunternehmensebene bis hin zur zielgerichteten Strukturierung der Grundvergütung bei der Definition der Anforderungsprofile und funktionsspezifischen Kompetenzen.

Dieses Zusammenspiel von Führung und variabler Vergütung sichert die Ernsthaftigkeit von strategischen Maßnahmen und Programmen. Dieser Ansatz beschleunigt die Umsetzung wertorientierter Maßnahmen und verstärkt die substanzielle Veränderung im Führungs- und Leistungsverhalten bei Managern und Mitarbeitern. Damit werden Ziele incentiviert, die nachvollziehbar zur Umsetzung der Unternehmensstrategie beitragen, und damit strategisch vergütet.

---

3 Vgl. Schmidt, Reinhard R./Maßmann Jens, Drei Mißverständnisse zum Thema »Shareholder Value«, in: Kumar, Brij N./Osterloh, M./Schreyögg, Georg, Unternehmensethik und die Transformation des Wettbewerbs: Shareholder Value, Globalisierung, Hyperwettbewerb, Festschrift für Horst Steinmann, Schäffer-Poeschel Verlag: Stuttgart 1999, S. 125-158.

Abbildung 1:   Durchgängigkeit von Führungs- und Vergütungssystemen

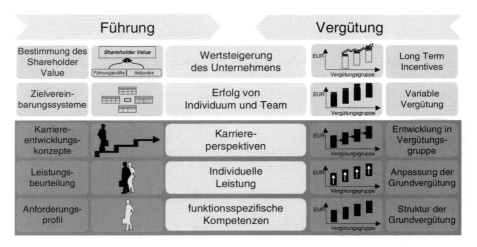

Quelle: Eigene Darstellung

1.7   Strategische Vergütung – Kontext

Der wertorientierte Managementprozess setzt an vier zu integrierenden Stellgrößen an, deren innere Logik und Verbindung im Prozess abgebildet wird. Letztendlich erfolgt die Integration der Stellgrößen Strategie, Finanzplanung & Budgetierung, Performance Messung & Reporting sowie die strategische Vergütung anhand dreier grundsätzlicher Fragestellungen, die integriert beantwortet werden müssen.[4]

1. Die strategische Fragestellung: Was sollen die Mitarbeiter explizit tun? Was sind die Vorgaben, Planungen und Budgets?
2. Das Performance Measurement: Wie werden das Verhalten und die Ergebnisse des Managements gemessen?
3. Die Vergütungsseite: Wie wird Zielerreichung belohnt?

Auch wenn es trivial erscheint, in der betrieblichen Wirklichkeit fallen diese Fragestellungen immer wieder auseinander. So werden die durch Strategieänderungen einhergehenden Verhaltensänderungen eingefordert und als erfolgskritisch angesehen. Gleichzeitig ist oftmals zu beobachten, dass die erforderlichen Verhaltensänderungen durch die bestehenden Messsysteme nicht erfasst werden und sich auch aus diesem Grunde nicht als Bemessungsgrundlage in der Vergütung von Management und Mitarbeitern wiederfinden. Ein sauber aufgestelltes wertorientiertes Vergü-

---

4   Vgl. grundlegend Williamson, Oliver E., The New Institutional Economics: Taking Stock, Looking Ahead, Journal of Economic Literature, 28(3), September 2000, S. 595 ff.

tungssystem sichert die Integration dieser Fragestellungen und damit den Implementierungserfolg und die Exekution von neuen Strategien.

Abbildung 2:   *Vergütung im Management Prozess*

Quelle: Eigene Darstellung

1.8   *Die Abstimmung der wertorientierten Führungs- und Vergütungsebenen*

Entscheidend für den Erfolg eines wertorientierten Führungs- und Vergütungssystems ist die Interaktion der verschiedenen Instrumente und Prozesse.
Auf der Gesamtunternehmensebene (Corporate Level) sind die Erwartungen der Eigentümer zu identifizieren und im Rahmen der Investor Relations an die Eigentümer zurückzuspiegeln. Aus der Unternehmensstrategie werden die Ziele abgeleitet und mit den Messgrößen in Einklang gebracht. Diese Messgrößen werden mit den operativen Prozessen abgestimmt und entsprechenden Vergütungsinstrumenten zugeordnet (vgl. Abbildung 3).
Die Abbildung weist vier Ziele eines abgestimmten Vergütungssystems aus: Vorrangiges Ziel ist die Orientierung an den Eigentümerinteressen, daneben sollen Innovation, Kosteneffizienz und Sicherheit für das Management und Mitarbeiter priorisiert werden.
So erfolgt im Beispiel der Abbildung 3 auf der Ebene des Gesamtunternehmens eine Incentivierung mittels Long Term Incentives wie z.B. Aktienoptionen.[5] Langfristige

---

5   Vgl. Ellig, Bruce R., The Complete Guide to Executive Compensation, New York, 2002.

Unternehmensziele werden mit langfristigen Vergütungszielen unterstützt. Gleichzeitig wirkt Innovation langfristig auf den Unternehmenswert ein und wird in der Regel durch einen

Abbildung 3:   Steuerungsebenen und abgestimmte Vergütungsinstrumente

	Shareholder Value-orientiert	innovativ	kosten-effizient	Sicherheit für Arbeitnehmer	Vergütungsinstrumente
	●	●	●	○	**Long Term Incentives**
	●	●	◐	○	Mid Term **Variable Vergütung** Short Term
	◐	◐	◐	◐	
	○	○	◐	●	**Grund-vergütung**
	○	○	◐	●	**Neben-leistungen**

Quelle: Eigene Darstellung

langfristigen Maßnahmenkatalog unterstützt. Langfristige Maßnahmen verlangen Vergütungsinstrumente mit entsprechender Fristigkeit. Gleichzeitig sind Long Term Incentives Instrumente, die prinzipiell kostengünstig ausgestaltet werden können, da sie nur im Erfolgsfall auszahlen.

Für die Realisierung der Chancen eines integrierten wertorientierten Führungs- und Vergütungssystems sind Barrieren zu überwinden. Im folgenden Abschnitt werden die typischen Barrieren bei der Implementierung eines wertorientierten Führungssystems aufgezeigt. Dieser Diskussion folgen im Anschluss geeignete Barrierenüberwinder, die sich aus der Implementierungspraxis als Lösungsansätze als geeignet erwiesen haben.

1.9   *Barrieren*

In der Praxis ist folgende Skizzierung der Implementierungssituation nicht untypisch:

Es ist kaum der Fall, dass die Prozesse zur wertorientierten Vergütung zum wertorientierten Performance Management aufeinander abgestimmt sind, dies gilt sowohl in Bezug auf die gewählte Methode als auch für den genutzten Kontext. Hierbei wird die Wertorientierung mehr als Messsystem denn als Managementmethode verstanden. Selbst wenn die Wertorientierung als Managementtool begriffen wird, fehlt eine Anknüpfung an die Incentivierung der Führungskräfte. Bei der Frage der Konkretisierung der vergütungs-relevanten Bemessungsgrundlagen mangelt es an einem einheitlichen Verständnis, was denn ein Werttreiber sein könnte und welchen Personen eine Beeinflussbarkeit dieser Größen zuzuordnen ist.

Zur erfolgreichen Implementierung ist die Identifikation von Barrieren unumgänglich:

Neunzig Prozent des Erfolgs einer Strategieimplementierung basieren auf der frühzeitigen Identifizierung und Eliminierung von Barrieren. Diese Barrieren können alle Bemühungen zur Wertorientierung zunichte machen – insbesondere wenn das Top-Management sich nicht hinreichend in die Prozesse einbinden lässt. Daher werden im Folgenden wesentliche Barrieren identifiziert und anschließend strukturiert.

1.9.1 Managementverhalten

Wertorientierte Managementprozesse können auf Angstreaktionen respektive Unsicherheit und auf Misstrauen seitens des involvierten Managements stoßen. Die mentalen Blockaden führen zu einer passiven Ausrichtung des Verhaltens und verhindern die Chancen der Implementierung; insbesondere ein aktives wertorientiertes Durchleuchten der angestammten Prozesse, welches zu einem besseren Verstehen der eigenen Prozesswelt und der selbstgesteuerten Implementierung von Verbesserungen führen sollte.

1.9.2 Vergütung

Eine zentrale Barriere ist die Sicherung der «line of sight» im Vergütungssystem. Die Bemessungsgrundlagen der Vergütung sollten sich auf Größen beziehen, die innerhalb des jeweiligen Einflussbereiches stehen. Der Sicherung der »line of sight« kommt eine zentrale Bedeutung zu.[6]

1.9.2.1 Die Abstimmung des Rechnungswesens

Ein weiteres Problem ist der Zuschnitt des Rechnungswesens. Nicht immer ist gewährleistet, das die Abbildungen und Abgrenzungen des Zahlenwerks auch etwas mit den Abgrenzungen der einzelnen strategischen Einheiten zu tun haben. Dies kann eine Steuerung mittels der Messgröße von Anfang an ad absurdum führen. Daher ist das Rechenwerk an die vom Markt erzwungenen operativen Strukturen anzupassen, erst dann wird eine operative Steuerung durch die Messgröße möglich.

---

6   Vgl. Hall, Brian J., Incentive Strategy Within Organizations, Harvard Business School, Boston, 2002.

1.9.2.2   *Die Beeinflussbarkeit der Steuerungsgrößen durch den Einzelnen*

Wird beispielsweise lediglich eine allgemeine Konzern-Kennzahl ausgewiesen und
für die operative Unternehmensführung genutzt, muss sichergestellt sein, dass diese
auch merklich durch den Einzelnen zu beeinflussen ist. Ohne die Wirkung von un-
ternehmerischen Entscheidungen auf die Messgrößen kann keine Steuerung erfolgen. Hat folglich die einzelne operative Einheit kaum eine Beeinflussungsmöglich-
keit auf die Kennzahl, kann kaum eine Steuerung erfolgen.

1.9.2.3   *Die Komplexität von Steuerungsgrößen*

Steuerungsgrößen sind nur dann erfolgreich, wenn sie von den zu steuernden Führungskräften auch vollständig verstanden werden. Mit steigender Komplexität –
etwa durch kaum nachvollziehbare Aktivierungen etwa vom F&E Aufwand – sinkt
die Operationalisierbarkeit einer Steuerungsgröße, die Steuerungsgröße erscheint
willkürlich. Erfolgreiche Steuerungsgrößen sind einfach und klar. Die gewählte
Kennzahl wird dann eine erfolgreiche Steuerungsgröße, wenn die Implementierung
durch Schulungen begleitet und vollständig dokumentiert wird.

1.9.2.4   *Die Periodenfristigkeit der Vergütung*

Die generelle Frage jeder zieladäquaten Incentivierung ist die, ab welchem Zeitpunkt Leistungen beurteilt werden können und ab wann sie sich in der Vergütung
widerspiegeln sollen. Bei unterschiedlichen operativen Strategien ist darauf zu achten, dass zu frühzeitige Messungen Schäden anrichten können. Wird zum Beispiel
eine langfristig angelegte Steuerungsgröße von Periode zu Periode bemessen und
incentiviert, dann kann eine langfristige Strategie verhindert werden. Die Führungskräfte fokussieren auf kurzfristige Kennzahlenveränderungen und vernachlässigen
Chancen, die zwar heute keine Verbesserungen der Massgröße produzieren, allerdings später überproportional. Insofern ist bei der Auswahl des konkreten Kennzah-
len-Vergütungsmodells auch auf das Wachstumspotential abzustellen.

1.9.2.5   *Das Sicherstellen der Kooperationsfähigkeit und »line of sight« durch das*
            Vergütungssystem

Bei der Bestimmung der einschlägigen Vergütungsparameter stellt sich die Frage
nach dem Berechtigtenkreis. Hierbei muss gewährleistet werden, dass das Themen-
feld »Abbildung der tatsächlichen Führungsstrukturen« auch bei der Definition des
Berechtigtenkreises berücksichtigt wird. Bei der Definition des Berechtigtenkreises
ist zu beachten, dass die Berechtigten tatsächlich Einfluss auf die Messgröße nehmen können und diese in der »line of sight« liegt. Analog zum Problemfeld »Silo-
denken« können die Anreize zur Kooperation völlig zum Erliegen kommen. Hand-
lungen, die eigene Kennzahl um beispielsweise 100 senken, aber gleichzeitig die

Messgröße der Anderen um 10.000 erhöhen, werden nicht incentiviert und erfolgen allenfalls selten.

2. Die variable Vergütungssystematik in Nonprofit Organisationen

Der Hauptunterschied in der Gestaltung von variablen Vergütungssystemen liegt in der unterschiedlichen Ausgangslage hinsichtlich der Corporate Governance Systeme. Der Begriff Corporate Governance wird in unterschiedlichen Ausprägungen und teilweise mit hoher Komplexität definiert. Für die vorliegende Zielrichtung erscheint folgende definitorische Fragestellung hinreichend: Wer hat was zu sagen, und wie sind die jeweiligen Anreize ausgeprägt?[7]

Nonprofit Organisationen schütten keine Gewinne aus. Dies ist die zentrale, bekannte wie globale Definition von Nonprofit Organisationen.[8] Entsprechend findet sich keine gewinnabhängige variable Vergütungssystematik auf der Top Management Ebene sowie auf der Ebene der Kontrollorgane (Aufsichtsräte, Beiräte etc.).

Dies führt ceteris paribus im Ergebnis zu einer weicheren Anreizintensität als in gewinnorientierten Unternehmen auf der Ebene des Top Managements und der Kontrollebenen. Hierbei stellt sich die Frage, warum dieser Sachverhalt einen Einfluss auf die Gestaltung von Führungs- und variablen Vergütungssystemen hat.

Variable Vergütungssysteme existieren nicht im leeren Raum, sondern sind Management Instrumente, die Tag für Tag »mit Leben« erfüllt werden müssen, um ein Funktionieren zu ermöglichen. Für die Ausgestaltung ist es daher wesentlich, dass sie auf den bestehenden Führungsstrukturen aufsetzen, um letztendlich ihre Wirksamkeit zu erreichen. Anders ausgedrückt, es gibt nicht das variable Vergütungssystem für alle Unternehmen – egal ob Nonprofit oder Forprofit – welches nur eingesetzt werden muss, damit die Ziele der Organisation (Satzungszweck) quasi automatisch erreicht werden.

2.1 Top-Down Anreizintensitäten

Variable Vergütungssysteme funktionieren nur dann, wenn sie optimal in die bestehenden Managementsysteme eingebettet sind. Hierbei spielt die Ausgestaltung der Anreize der Top Ebenen eine wesentliche Rolle.[9] Insofern wird bei funktionierenden Vergütungssystemen die Treppe von oben nach unten gekehrt und sichergestellt, dass bei der Kaskadierung der Vergütungssystematik eine schlüssige Gesamtvergütungslogik über die wesentlichen Hierarchieebenen aufgebaut wird.

---

7   Vgl. Schmidt, Reinhard, H., Corporate Governance: The Role of other Constituencies, in: Pezard, A./Thiveaud, J.M., (Hrsg.), Workable Corporate Governance: Cross Border Perspectives, Paris 1997, S. 61 ff.

8   Vgl. Hansmann, Henry B., The Role of Nonprofit Enterprise, Yale Law Journal; 89(5), April 1980, S. 835 ff.

9   Vgl. Maßmann, Jens, Nonprofits: Analyse, Entwicklung und Rechtspolitik, Frankfurt am Main, 2003.

Abbildung 4:   Anreizintensitäten und Steuerungsebenen in gewinnorientierten Unternehmen

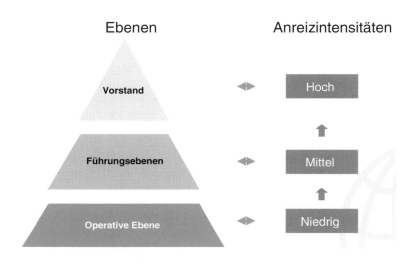

Quelle: Eigene Darstellung

Wie bereits erwähnt, sind variable Vergütungssysteme Management-Instrumente, die erfolgskritische Verhaltensweisen belohnen sollen. Hierfür ist es notwendig, dass diese erfolgskritischen Verhaltensweisen auch gemessen und prinzipiell messbar ausgestaltet werden. Dies wiederum basiert auf der Voraussetzung, dass die strategische Fragestellung, welche Verhaltensweisen sind überhaupt erfolgskritisch und wünschenswert, eindeutig geklärt ist.

2.2   *Messbarkeit und Vergütung in Nonprofit Organisationen*

Gerade für Nonprofit Organisationen ergeben sich hier in der Praxis im Vergleich zu Forprofit Organisationen größere Schwierigkeiten. Im Ergebnis erweist sich eine andere Vorgehensweise als erfolgreich. Nonprofit Organisationen sind gerade in Feldern und Aufgabenstellung aktiv, in denen die Messbarkeit der Leistung auf besondere Schwierigkeiten stößt. Als exemplarische Beispiele seien lediglich »aufopfernde, liebevolle Pflege« und »Vermittlung von grundlegenden Werten und Einstellungen« angeführt. Hier wird sofort deutlich, dass dies etwas anderes ist, als 100 Euro mehr Gewinn zu erzielen. Gleichzeitig misst sich der Erfolg von Nonprofit Organisationen gerade an diesen schwer messbaren Qualitätsdimensionen.
Diese Qualitätsdimension bei der Leistungserstellung – eben das Liebevolle bei der Pflege eines Kranken – stellt die besondere Herausforderung bei der Gestaltung eines variablen Vergütungssystems für Nonprofit Organisationen dar.

Gewinnorientierte Unternehmen lösen dieses Qualitätsproblem bei schwer messbaren Tätigkeiten anders. Die Gefahr bei schwer messbaren Tätigkeiten in Verbindung mit variablen Vergütungssystemen ist immer, dass diese in Zukunft unterbleiben. Ein Beispiel im Forprofit Kontext wäre etwa, wie gut ein komplexes Produkt von einem Vertriebsmitarbeiter dem Kunden wirklich erklärt wird. Üblicherweise konzentrieren sich die Mitarbeiter auf Aktivitäten, die belohnt werden. Hierbei sind die Aktivitäten besonders attraktiv, die sichere finanzielle Ergebnisse generieren, etwa »mehr« verkaufen. Im Ergebnis verdrängen leicht messbare Aktivitäten schwer messbare.[10] Oftmals kommt es aber für den langfristigen finanziellen Erfolg eines Unternehmens darauf an, dass beide Arten von Aktivitäten – schwer wie leicht messbare – zusammen mit Engagement ausgeführt werden.

Was nun tun? Eine verbreitete Lösungsmöglichkeit dieser Vergütungsproblematik ist die Folgende: Es wird kurzfristig (Vergütungsperiode 1 Jahr) nicht variabel vergütet, sondern allenfalls mit längerfristigen Vergütungsinstrumenten gearbeitet. Die längerfristigen Vergütungsinstrumente haben den Vorteil, dass auf lange Sicht vieles, wenn nicht fast alles, messbar wird.

2.3 Arbeitsorganisation und Vergütung

Die fehlende kurzfristige variable Vergütung birgt allerdings das Risiko der mangelnden Leistung des Mitarbeiters. Diese betriebliche Hauptgefahr wird durch die Arbeitsorganisation und Definition des Arbeitsplatzes (Job Design) aufgefangen. Bei allen schwer messbaren betrieblichen Tätigkeiten wird sichergestellt, dass während der Arbeitszeit »gearbeitet« wird. Dies geschieht im wesentlichen dadurch, dass andere Zeitverwendungsmöglichkeiten abgeschnitten und Grenzen gesetzt werden. Dies wird im modernen amerikanischen Schrifttum als »boundary management« bezeichnet.[11] Letztendlich wird definitiv sichergestellt, dass während der Arbeitszeit beispielsweise diese Mitarbeiter nicht im Internet surfen oder Privatgespräche im Übermaß geführt werden. Diese Aufzählung ließe sich beliebig fortsetzen. Hierin mag auch einer der wesentlichen Gründe liegen, dass Telearbeitsplätze nur für leicht messbare Tätigkeiten angeboten werden und sich aber für andere Tätigkeiten niemals haben durchsetzen können.

Diese schwer messbaren Job-Designs funktionieren nur, wenn es Anreize gibt, die notwendigen Grenzen des Mitarbeiters auch zu setzen und im Ergebnis zu managen. Insofern zeigt es sich, dass mit der Qualitätsrevolution der letzten zwei Dekaden variable Akkordsysteme auf den Produktionsebenen abgelöst wurden und auf den Top Ebenen zunehmend variabler und leistungsabhängiger vergütet wird.

---

10 Vgl. Holmström, Bengt/Milgrom; Paul, Multitask Principal-Agent Analyses: Incentive Contracts, Asset Ownership, and Job Design, The Journal of Law, Economics & Organization, 7, Spring 1991, S. 24-52.
11 Vgl. Holmström, Bengt/Milgrom; Paul R., The Firm as an Incentive System, American Economic Review, 1994, 84, S. 972-991.

Abbildung 5:   Executive Compensation in gewinnorientierten Unternehmen im Trend

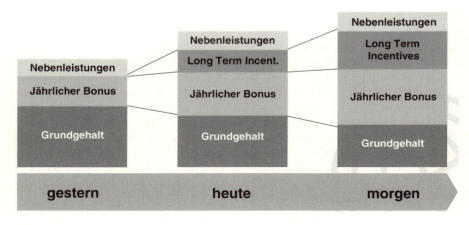

Quelle: Eigene Darstellung

Nonprofit Organisationen verfügen im Regelfall nicht über stark incentivierte Füh-rungskräfte, von denen ein aktives »Grenzen setzen« erwartet werden kann. Dieses wird durch die Gewinnausschüttungssperre und das Gebot der Selbstlosigkeit nach §§ 51-68 AO wirksam verhindert. Daher bietet sich bei Nonprofit Organisationen folgende Anpassung an.

In den USA ist es Nonprofit Organisationen mittlerweile gestattet gewinnabhängig variabel zu vergüten und damit Gewinne auszuschütten. Die variable Gewinnvergü-tung ist allerdings nur für die operativen Ebenen zulässig.[12] Diese Entwicklung der variablen Vergütung für die operativen Ebenen kommt nicht von ungefähr, da ge-rade hier große Potentiale gehoben werden können.

Für Nonprofit Organisationen bietet sich hierbei an, die Arbeitsorganisation so zu gestalten, dass dem Primat der Messbarkeit Rechnung getragen wird. Dies bedeutet, dass im Ergebnis komplexe Job Designs aufgespalten werden. Insofern ergibt sich für eine Nonprofit Organisation ein umgekehrter Trend im »Job Design«, ihre Ar-beitsorganisation wird tayloristischer und die jeweiligen Arbeitsplätze einfacher. Dies sichert eine leichtere Implementierung von variablen Vergütungssystemen. Solche angepassten variablen Vergütungssysteme können auch von weniger incen-tivierten Führungskräften beherrscht und erfolgreich genutzt werden.[13]

---

12 Vgl. IRS Revenue Procedure 83-36.
13 Vgl. Maßmann, Jens, Nonprofits: Analyse, Entwicklung und Rechtspolitik, Frankfurt am Main, 2003.

Abbildung 6: *Mögliche Anreizintensitäten in Nonprofit Organisationen*

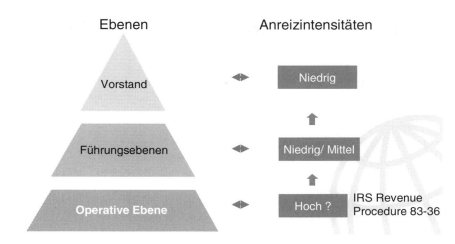

Quelle: Eigene Darstellung

Zusammenfassend zeigt sich, das variable Vergütungssysteme nur dann erfolgreich sind, wenn sie auf den jeweiligen Kontext der Organisation angepasst sind. Gleichzeitig ist diese strategische Stimmigkeit eine Quelle außergewöhnlichen Erfolgs. Dies gilt insbesondere für die Maßnahmen des Human Resource Managements (HR-Management). Der folgende Ausblick macht diesbezüglich Mut und fasst einige Ergebnisse zusammen.

3. *Ausblick*

Neuere empirische Untersuchen lassen alte strategische Mythen verblassen.[14] So erweist sich etwa die Hypothese, dass die Branchenstruktur für die Profitabilität entscheidend ist, als empirisch wenig gestützt. So kommt eine jüngere Untersuchung, die 1800 US-Unternehmen umfasste, zu dem Schluss, dass zwischen dem Branchenwachstum und der Shareholder Value Generierung kein messbarer Zusammenhang besteht. Die Untersuchung umfasste eine 10 Jahresperiode, alle Unternehmen waren an der US-Stockexchange gelistet und verfügten über eine Marktkapitalisierung von mindestens $ 500 Mio.
Bei der Analyse der strategischen Faktoren, die einen messbaren Erfolg generieren, zeigt sich empirisch die außergewöhnlich klare Evidenz, dass das Human Resource

---

14 Vgl. Friedmann, Brian S./Hatch, James A./Walker, David M., Mehr-Wert durch Mitarbeiter: Wie sich Human Capital gewinnen, steigern und halten lässt, Neuwied, Kriftel, 1999.

Management einen beachtenswerten Beitrag leisten kann und oftmals die einzige Variable ist, die – in empirischen Untersuchungen – überhaupt signifikant ist. So zeigt sich, dass die Implementierung einer gegenseitigen Abstimmung der wesentlichen HR Aktivitäten nachhaltige Wertbeiträge zu liefern vermag. Bereits in einer Untersuchung von 702 Firmen aus dem Jahr 1994, die die Frage empirisch untersuchte, wie eine Abstimmung der HR Aktivitäten aufeinander wirkt, kam heraus, dass die Marktkapitalisierung nachhaltig gesteigert werden kann. Die zusätzliche Wertsteigerung betrug 14 %. Umgerechnet auf die Marktkapitalisierung pro Mitarbeiter, die ohne Abstimmungsmanagement US $ 300.000 betrug, ergab sich in absoluten Zahlen eine Steigerung von $ 41.000 pro Mitarbeiter.

Die Qualität der HR Maßnahmen ist auch für die Überlebenswahrscheinlichkeit von IPO's von zentraler Bedeutung. Die Überlebenswahrscheinlichkeit für 5 Jahre nach dem IPO erhöht sich von 45 % auf 87 %, wenn die HR Aktivitäten von überdurchschnittlicher Qualität sind im Vergleich zu unterdurchschnittlicher Qualität. Die Qualitätsbewertung erfolgte anhand eines Samples von 140 Unternehmen, deren Qualität anhand der Abweichung vom Mittelwert bestimmt wurden. Überdurchschnittlich bedeutete eine Standardabweichung besser als der Mittelwert unterdurchschnittlich bedeutet in Entsprechung eine Standardabweichung unterhalb des Mittelwerts.

Selbst in der Stahlindustrie lassen sich eindrucksvolle Produktivitätssteigerungen von über 10 % feststellen, sollte man doch annehmen, dass in dieser alten Branche nicht mehr viel zu optimieren ist. So stieg die in der Stahlbranche extrem kritische Verfügbarkeit der Produktionsanlagen von 87 % auf 98 % Verfügbarkeit durch eine Abstimmung der HR Aktivitäten. Die Abstimmung erfolgte nach dem »high commitment« HR Modell, welches eine geschlossene logische Konsistenz aufweist.

Literatur

Aghion, Philippe/Tirole Jean, Formal and Real Authority in Organizations, Journal of Policial Economy, 105 (1) 1997, S. 1-29.

Anthony, Robert N./Young, David W., Management Control in Nonprofit Organizations, 5th Edition, Irwin: Burr Ridge, Boston, Sydney, 1994.

Ellig, Bruce R., The Complete Guide to Executive Compensation, New York, 2002.

Friedmann, Brian S./Hatch, James A./Walker, David M., Mehr-Wert durch Mitarbeiter: Wie sich Human Capital gewinnen, steigern und halten lässt, Neuwied, Kriftel, 1999.

Hall, Brian J., Incentive Strategy Within Organizations, Harvard Business School, Boston, 2002.

Hansmann, Henry, The Ownership of Enterprise, Harvard University Press, Cambridge, 1996.

Hansmann, Henry B., The Role of Nonprofit Enterprise, Yale Law Journal; 89(5), April 1980, S. 835 ff.

Hart, Oliver, Firms, Contracts and Financial Structure, Clarendon Lecture in Economics, Oxford University Press, 1995.

Holmström, Bengt/Milgrom, Paul R., The Firm as an Incentive System, American Economic Review, 1994, 84, S. 972-991.

– Multitask Principal-Agent Analyses: Incentive Contracts, Asset Ownership, and Job Design, The Journal of Law, Economics & Organization, 7, Spring 1991, S. 24-52.

Lazear, Edward, P., Personnel Economics, The MIT Press: Cambridge, MA, 1995.

Maßmann, Jens, Nonprofits: Analyse, Entwicklung und Rechtspolitik, Frankfurt am Main, 2003.

Maßmann, Jens/Schmidt, Reinhard H., Recht, internationale Unternehmensstrategien und Standortwettbewerb, in: Schenk, Karl-Ernst/Schmidtchen, Dieter/Streit, Manfred, E./ Vanberg, Victor, Jahrbuch für Neue Politische Ökonomie, 18. Band, Globalisierung und Rechtsordnung: Zur Neuen Institutionenökonomik internationaler Transaktionen, Mohr Siebeck: Tübingen 1999, S. 169-204.

Milgrom, Paul R./Roberts, John, Economics, Organization, and Management, Prentice-Hall, Englewood Cliffs, NJ, 1992.

Pfeffer, Jeffrey, The Human Equation: Building Profits by Putting People First, Harvard Business School Press, Boston, MA 1998.

Schmidt, Reinhard, H./Maßmann, Jens, Drei Mißverständnisse zum Thema »Shareholder Value«, in: Kumar, Brij N./Osterloh, M./Schreyögg, Georg, Unternehmensethik und die Transformation des Wettbewerbs: Shareholder-Value, Globalisierung, Hyperwettbewerb, Festschrift für Horst Steinmann, Schäffer-Poeschel Verlag: Stuttgart 1999, S.125-158.

Schmidt, Reinhard, H., Corporate Governance: The Role of other Constituencies, in: Pezard, A./Thiveaud, J.M., (Hrsg.), Workable Corporate Governance: Cross Border Perspectives, Paris 1997, S. 61-74.

Williamson, Oliver E., The New Institutional Economics: Taking Stock, Looking Ahead, Journal of Economic Literature, 28(3), September 2000, S. 595-613.

Vortrag beim 3. Kongress der Sozialwirtschaft

Gliederung

Einleitung
Akutelles Vergütungsfeld
HR-Umfeld
Kontrastierung Nonprofit/Forprofit
Bemessungsgrundlagen
Führungssystem & Durchgängigkeit
Ableitung von KPI's
Variable Vergütung – Parameter
Ansprechpartner

Einleitung

- Das Vergütungsumfeld der Non-Profit Organisationen ändert sich dramatisch
- Moderne Vergütungsansätze von „For-Profit Unternehmen" sind nur bedingt anwendbar
- Geeignete Vergütungsmodelle für Non-Profit Organisationen betonen stärker die qualitativen Bemessungsgrundlagen (Balanced Scorecard Systematik)
- Der Fokus richtet sich auf die Abstimmung der Performance Management Systeme mit der Vergütungssystematik
- Die komplementäre Ausrichtung der einzelnen HR-Hebel / Maßnahmen ist für den Implementierungserfolg entscheident

1   Human Capital

Was sind Nonprofit Organisationen?

Die globale Definition

Organisationen mit einer Nondistribution Constraint

2　Human Capital

Umsatzrentabilität NPO vs. Fortune 500

Rang	Umsatzrentabilität ausgewählter Fortune 500 Branchen der USA	%
1	Pharmaindustrie	18,5
2	Geschäftsbanken	13,3
3	Telekommunikation	11,9
4	Verlagshäuser	11,8
5	Allfinanz	10,1
6	Getränkeindustrie	9,9
7	Eisenbahnen	9,2
8	**501 c (3) Nonprofit Organisationen**	**8,9**
9	Versicherungen: P & C	8,6
10	Körperpflege/Kosmetik	8,0
11	Versicherungen: Gesundheit und Leben	7,2
12	Wertpapiere	7,1
13	Chemie	6,8
14	Versorger: Gas und Elektrizität	6,8
15	Baumaterialien Glas	6,3
16	Metallprodukte	6,3
17	Hotels, Kasinos	6,1
18	Metalle	5,8

3　Human Capital

Umsatzrentabilität NPO vs. Fortune 500

19	Fluggesellschaften	5,5
20	Computer, Büroausstattung	5,2
21	Raumfahrt	4,9
22	Computer/ Datendienstleistungen	4,7
23	Nahrungsmittel Dienstleistungen	4,2
24	Nahrungsmittel	3,9
25	Post, Paketdienste	3,8
26	Automobile und Teile	3,8
27	Elektronik, Elektronische Geräte	3,4
28	Industriegüter/ Landwirtschaftsbedarf	3,1
29	Handelsketten	3,1
30	Computerzubehör	2,9
31	Ölraffinerien	2,7
32	Fachmärkte	2,1
33	Lebensmittelgeschäfte und Drogerien	1,9
34	Ingenieurwesen und Konstruktion	1,7
35	Holz und Papierprodukte	1,7
36	Pipelines	1,5
37	Gesundheitswesen	1,3
38	Großhandel	1,0
39	Unterhaltung	0,5

4 Human Capital

Aktuelles Vergütungsumfeld

Executive Compensation im Trend

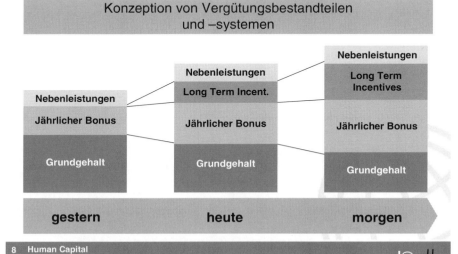

Konzeption von Vergütungsbestandteilen und –systemen

Nebenleistungen — Long Term Incentives — Jährlicher Bonus — Grundgehalt

gestern — heute — morgen

8 Human Capital

Klassifizierung von gegenwärtigen Beteiligungs- und Equitymodellen

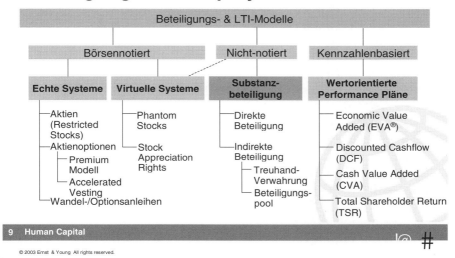

Schematische Darstellung – Strategische Gesamtvergütungssysteme

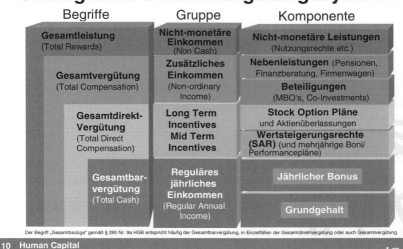

Der Begriff „Gesamtbezüge" gemäß § 285 Nr. 9a HGB entspricht häufig der Gesamtbarvergütung, in Einzelfällen der Gesamtdirektvergütung oder auch Gesamtvergütung

Strategische Gesamtvergütungssysteme

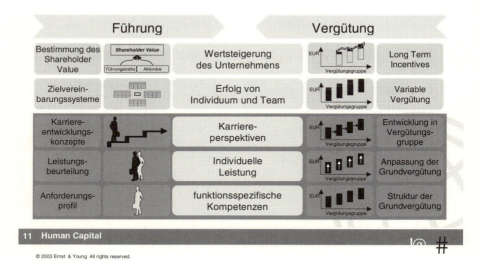

HR-Umfeld

Alignment der HR-Aktivitäten

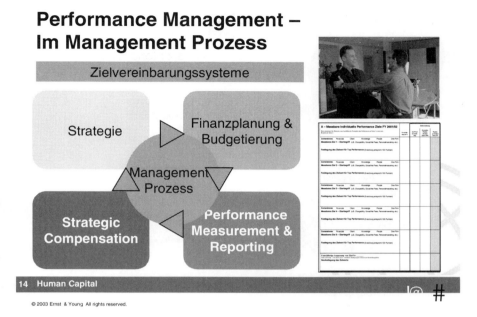

Performance Management –
Im Management Prozess

Zielvereinbarungssysteme

Strategie

Finanzplanung &
Budgetierung

Management
Prozess

Strategic
Compensation

Performance
Measurement &
Reporting

14 Human Capital

Kontrastierung Forprofit vs. Nonprofit

Marketing- Vertrauen bei asymmetrischer
Information in die Produktqualität

Ökonomische Legitimationsbasis

• Theoretische Grundlage: Equal Compensation Principle (Holmström/Milgrom)
• Balance bei mehreren Aktivitäten
• Eine Aktivität nicht messbar, andere prinzipiell schon
• Gefahr der Verzerrung bei Anreizentlohnung

Nonprofit Organisation verhindert mittels Non-Distribution Constraint
(Gewinnausschüttungssperre) Anreizentlohnung

Frage: Welche Anreizsysteme (Profit oder Nonprofit) sind bei
asymmetrischer Informationsverteilung vorteilhaft?

16 Human Capital

Profit Anreizintensitäten

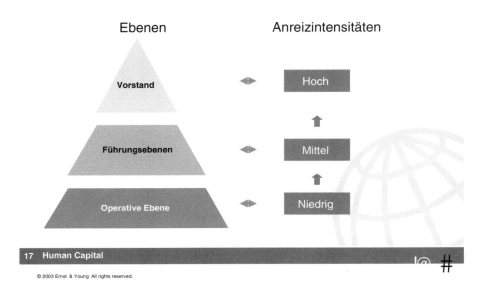

Nonprofit Anreizintensitäten
(Nondistribution Constraint)

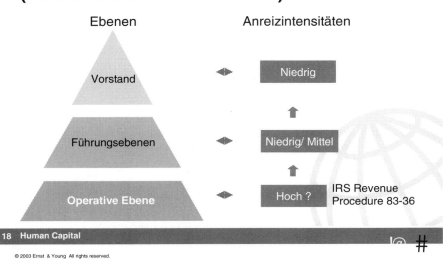

Ergebnis: Konsequenzen für das Job Design (Herstellung von Messbarkeit)

Dimension	Forprofit	Nonprofit
Hohe Anreize Leitungsebene	✔	✘
Definition und Durchsetzung von Grenzen / Sanktionen	✔	✘

Qualität versus Menge ?

Ausprägung:	Massenproduktion: Fließbänder, Effizienz, Spezialisierung und Skalenerträge	Moderne Produktionssysteme: Flexibilität, Innovation, Schnelligkeit, Verbundvorteile und Produktqualität
1) Kapitalausstattung	Spezifisch	Flexibel
2) Vertikale Integration	Hoch	Niedrig
3) Produktionslosgrößen	Lange Produktläufe, große Lose	Kurze Produktläufe, kleine Lose
4) Produktwechsel	Selten	Häufig
5) Produktentwicklung	Sequentiell	Funktionsübergreifend
6) Operativer Fokus	Statische Optimierung	Permanente Verbesserung
7) Täglicher Fokus	Produktionsmenge	Betonung der Produktqualität
8) Lagerhaltung	Hohe Kapazität	Niedrig
9) Zulieferbeziehung	Kurzfristig, jährliche Ausschreibung	Langfristig, auf Kompetenz basierend
10) Arbeitsplatzbeschreibung	Enge Arbeitsplatzdefinition	Weit, mit übergreifendem Training

Qualität versus Menge?

Ausprägung:	Massenproduktion: Fließbänder, Effizienz, Spezialisierung und Skalenerträge:	Moderne Produktionssysteme: Flexibilität, Innovation, Schnelligkeit, Verbundvorteile und Produktqualität
11) Arbeitnehmerfähigkeiten	Niedrig oder hoch spezialisiert	Breite Arbeitsplatzdefinition
12) Arbeitnehmerbewertung	Kontrollinstrument	Entwicklungsbetonung
13) Vergütung	Variable Akkordsysteme	Auf Fähigkeiten basierend
14) Arbeitnehmerfokus	Technische Fähigkeiten	Teamfähigkeit
15) Beziehung zu Arbeitnehmern	Niedrige Bindung	Hohe Selbstbindung
16) Arbeitsorganisation	Konfrontation	Kooperativ, Teams
17) Entscheidungsprozesse	Zentral und hierarchisch	Lokale Information, Selbstorganisation
18) Kommunikationsebene	Vertikal	Primär horizontal
19) Zielmärkte	Massenmärkte, Kostenführerschaft	Differenzierungsstrategie
20) Kundenbeziehungen	Begrenzt und indirekt	Enge Kommunikation, Bestellfertigung

21   Human Capital

Trends Nonprofit-Vergütung

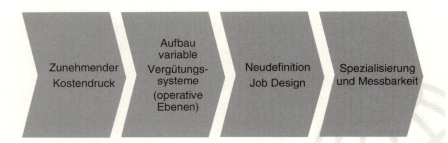

Zunehmender Kostendruck

Aufbau variable Vergütungs-systeme (operative Ebenen)

Neudefinition Job Design

Spezialisierung und Messbarkeit

22   Human Capital

Herleitung von Bemessungsgrundlagen der variablen Vergütung

Typische Zielsetzung der Balanced Scorecard (BSC)

- Sicherung der satzungsgemäßen Organisationsentwicklung

- Implementierung und Operationalisierung der Strategie in allen Organisationsbereichen

- Konsequente Synchronisation der strategischen mit der operativen Planung

- Erhöhung der Transparenz der Organisationsstrategie bei den Mitarbeitern auf der operativen Ebene

24 Human Capital

Konzeptionelle Ausrichtung der Balanced Scorecard

- Scorecards beantworten folgende Fragen:
  - Was sind die wichtigsten Treiber des Organisationserfolges gemessen an der Strategieerreichung und der maximale Satzungserfüllung?
  - Was sind die angestrebten Leistungsniveaus (Levels of Performance)?
  - Was sind die aktuellen Leistungsniveaus?
- Scorecards zeigen die aktuellen Werte der Leistungs-meßgrößen. Zur effektiven Steuerung sollten nur die Key Performance Indikatoren integriert werden
- Scorecard Design ist der Prozess der Identifikation von KPIs für die jeweilige organisatorische Ebene. Aus der Vielzahl poten-tieller Meßgrößen sind die wenigen strategisch bedeutenden herauszufiltern und in die Scorecard zu integrieren

25 Human Capital

Durchgängigkeit des Führungssystems

Stimmigkeit und Durchgängigkeit in Führungssystemen

Fehlende Ausrichtung

Divergierende Ziele

Abgekoppelte Organisations-führung

Das falsche Ziel

Wertorientierte Strategie + Variable Vergütung + Balanced Scorecard = Werte schaffen

27   Human Capital

Komponenten erfolgreicher Performance Management Systeme - Stimmigkeit entscheidet

Strategie		Werte Messen		Scorecard Design		Variable Vergütung		Performance Management Systeme		Abbildung Organisations-modell		Werte schaffen
✗	+	✔	+	✔	+	✔	+	✔	+	✔	=	Auf die Plätze, los, fertig!
✔	+	✗	+	✔	+	✔	+	✔	+	✔	=	Papiergewinne
✔	+	✔	+	✗	+	✔	+	✔	+	✔	=	"Was wird erwartet?"
✔	+	✔	+	✔	+	✗	+	✔	+	✔	=	"Wen kümmerts?"
✔	+	✔	+	✔	+	✔	+	✗	+	✔	=	Schöne Bilder
✔	+	✔	+	✔	+	✔	+	✔	+	✗	=	Mangelnde Fundierung
✔	+	✔	+	✔	+	✔	+	✔	+	✔	=	

28   Human Capital

Aufbau der 4 Felder Balanced Scorecard (BSC)

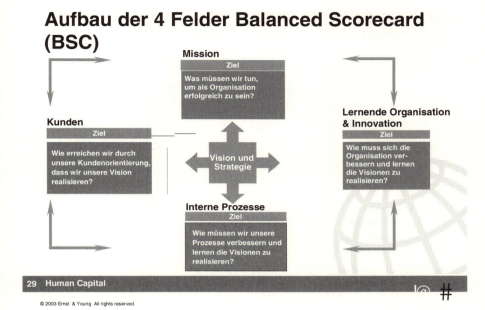

Mission

Ziel

Was müssen wir tun, um als Organisation erfolgreich zu sein?

Kunden

Ziel

Wie erreichen wir durch unsere Kundenorientierung, dass wir unsere Vision realisieren?

Vision und Strategie

Lernende Organisation & Innovation

Ziel

Wie muss sich die Organisation verbessern und lernen die Visionen zu realisieren?

Interne Prozesse

Ziel

Wie müssen wir unsere Prozesse verbessern und lernen die Visionen zu realisieren?

29 Human Capital

Kaskadierung der BSC - Sicherung der vertikalen Durchgängigkeit der Balanced Scorecard

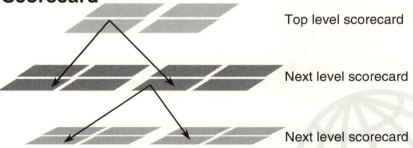

Top level scorecard

Next level scorecard

Next level scorecard

• Die BSC soll die Struktur der Organisation widerspiegeln. Deshalb werden Strategien und Ziele auf die operative Ebene heruntergesprochen

30 Human Capital

Abbildung der Wertschöpfungskette und Sicherung der horizontalen Durchgängigkeit der Balanced Scorecard

Ableitung von Key Performance Indikatoren (Beispiel Forprofit)

Ableitung strategischer Erfolgsfaktoren

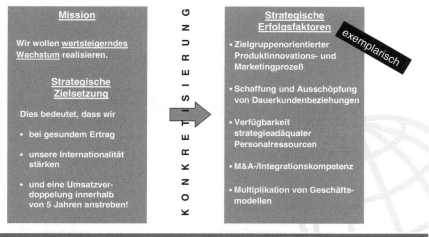

Die Werttreiber werden aus dem Unternehmenswertmodell und den strategischen Erfolgsfaktoren abgeleitet

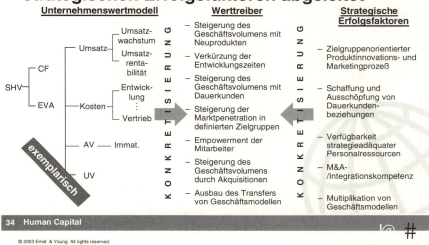

Performance Management fokussiert auf Prozesse anstelle von Funktionen

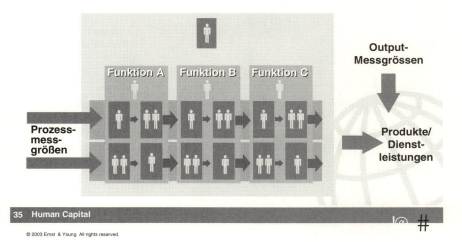

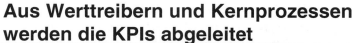

Aus Werttreibern und Kernprozessen werden die KPIs abgeleitet

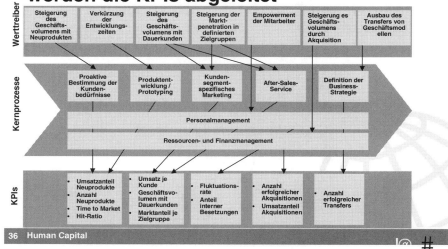

Die KPI's werden in die BSC übernommen

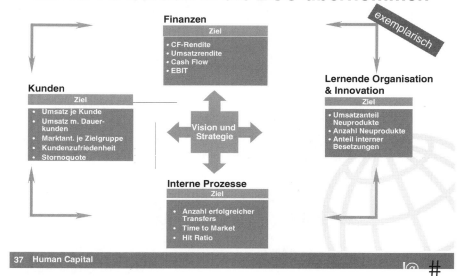

Variable Vergütung – Parameter

Variable Vergütung – Parameter

exemplarisch

Parameter	Design Menue		
• Incentive Fenster	○ Volle Sharing Struktur	○ Partielle Sharing Struktur	⊠ Traditionell
• Incentive Zeithorizont	○ Jährlich mit Banking	⊠ Jährlich	○ Long-Term
• Finanzierung	⊠ Zusätzliches Funding	○ Anteil der künftigen Performance	○ Anteil der gegenwärtigen Vergütung
• Incentive Banking	○ Volles Banking	○ Partielles Banking	⊠ Kein
• Planteilnehmer	○ Alle	⊠ Ausgewählte Mitarbeiter	○ Führungskräfte
• Gewichtung Bemessungsgrundlg.	○ Optimale Beeinflussbarkeit	⊠ Strategische Mischung aus kollektiven und singulären Zielen	○ Kollektive Ziele
• Target Setting	○ Umfeldkonform	○ Konstante Steigerung	⊠ Individuell
• Payout Form	○ Cash	⊠ Cash und Deferred	○ Wandlung in Deferred

39 Human Capital

Incentive Fenster

Traditionelle Incentive Struktur

- Incentive Möglichkeit für vorgegebene Performance Niveaus
- Capped upside Potential
- Null Incentive unterhalb Hürde

Diskussion:

- Vermeidung von Windfall profits
- Sichert minimale Unternehmensperformance bevor Incentives ausgezahlt werden
- Kann als unfair empfunden werden
- Versuchung zum Gaming des Systems
- Verlangt keinen Banking Mechanismus

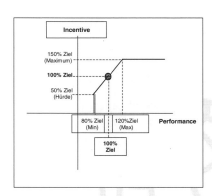

40 Human Capital

Finanzierungsmöglichkeiten

Gewichtung der Bemessungsgrundlagen

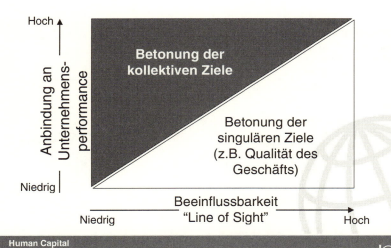

IX. Möglichkeiten leistungsorientierter Vergütung im Krankenhausbereich

Ulrich Bosch

Sana Kliniken-Gesellschaft mbH

Gliederung des Vortrages

(1) Kurzvorstellung des Referenten und des Sana Kliniken-Verbundes

(2) Vorherrschende Tarifverträge im Krankenhaus-Bereich

(3) Nachteile des BAT

(4) Vorteile einer leistungsorientierten Vergütung

(5) Möglichkeiten im Rahmen des BAT

(6) Sonstige Möglichkeiten für eine leistungsorientierte Vergütung

(7) Vergütung für besondere Mitarbeiter-Gruppen

(8) Zusammenfassung

1. Kurzvorstellung des Referenten und der Sana

Dipl.-Kfm. Ulrich Bosch

1972 - 1976	**Unternehmensberater**
1976 - 1978	**Dezernent Finanzen und Verwaltungsdirektor der Universitätskliniken Köln**
1978 - 1985	**Leiter des Eigenbetriebes Städtische Kliniken Köln**
1985 - 1990	**Vorstandsvorsitzender eines Krankenhaus-verbundes mit 21 Häusern in Österreich**
1990 - 1992	**Geschäftsführer einer privaten Klinik-Betreiber-gesellschaft**
Seit 1993	**Geschäftsführer der Sana Kliniken-Gesellschaft mbH in München**

1. Kurzvorstellung des Referenten und der Sana

Sana Kliniken-Gesellschaft mbH

Gründung:	**11. März 1976**
Firmensitz:	**München**
Gesellschafter:	**30 private Krankenversicherungs-unternehmen**
Der Verbund umfaßt zur Zeit	**- 61 Krankenhäuser an 50 Standorten mit 15.500 Betten und ca. 493.000 Patienten pro Jahr**
	- 20 Altenheime und sonstige Einrichtungen mit 2.000 Betten/Plätzen
	- 8 Dienstleistungsgesellschaften
	- ca. 23.530 Mitarbeiter

1. Kurzvorstellung des Referenten und der Sana

Unternehmensziel	**Sicherung einer optimalen Patienten-versorgung zu volkswirtschaftlich vertretbaren Kosten** **Gewinnerzielung ist kein primäres Ziel**
Unternehmenszweck	**Betreiben von eigenen Kliniken** (zur Zeit 21 Kliniken und 2 Altenheime im Eigentum der Sana) **Führen von Kliniken im Auftrag per Managementvertrag** (zur Zeit Managementverträge für 40 Kliniken und 18 Altenheime und sonstige Einrichtungen)

1. Kurzvorstellung des Referenten und der Sana

(1)   Schwerpunkte der Sana sind:

- Akutkrankenhäuser
- Fachkliniken für Herz-/Kreislauferkrankungen und für Erkrankungen des Bewegungsapparates

(2)   „Gelebte" Kooperationen innerhalb des Sana-Verbundes:

- Zwischen Akutkrankenhäusern und Reha-Einrichtungen

- Zwischen Akutkrankenhäusern und Alteneinrichtungen

2. Vorherrschende Tarifverträge im Krankenhaus-Bereich (1)

- Von den 2.003 allgemeinen Krankenhäusern waren im Jahr 2000
  - 744 oder 37,1% in öffentlicher Trägerschaft
  - 813 oder 40,6 % in freigemeinnütziger Trägerschaft
  - 446 oder 22,3 % in privater Trägerschaft

- Im Jahr 2000 waren im Krankenhaus-Bereich 834.585 Vollkräfte beschäftigt, davon
  - 108.696 oder 13,0% Ärzte
  - 414.668 oder 49,7 % Pflegekräfte (einschließlich Funktionsdienst)
  - 144.671 oder 17,4 % Medizinisch-technischer Dienst
  - 91.025 oder 10,9% Wirtschafts- und Versorgungsdienst
  - 57.331 oder 6,8 % Verwaltungsdienst
  - 18.194 oder 2,2 % sonstiges Personal

2. Vorherrschende Tarifverträge im Krankenhaus-Bereich (2)

Vorherrschende Tarifverträge:

- Häuser in öffentlicher Trägerschaft: Bundesangestellten-Tarifvertrag (BAT)

- Häuser in freigemeinnütziger Trägerschaft:
  - Mit wenigen Ausnahmen (z.B. Nordelbische evangelische Kirche) keine Tarifverträge im klassischen Sinn
  - Auf der Basis von allgemeinen Arbeitsvertragsrichtlinien (z.B. katholische Kirche: „Grundordnung des kirchlichen Dienstes im Rahmen kirchlicher Arbeitsverhältnisse" und evangelische Kirche: „Kirchliche Arbeitsvertragsordnung"): Regelung der Rechte und Pflichten per individuellem Arbeitsvertrag zwischen Arbeitgeber und Arbeitnehmer

- Häuser in privater Trägerschaft: „Mix" von Tarifverträgen, teilweise auch Träger-individuelle Tarifverträge (Haustarifverträge)

2. Vorherrschende Tarifverträge im Krankenhaus-Bereich (3)

Situation im Sana-Verbund

Analog zu bundesdeutscher Regelung: Kein einheitlicher Tarifvertrag

3. Nachteile des BAT (1)

Oft geäußerte Kritikpunkte am BAT sind vor allem:

• Keine leistungsbezogene Vergütung möglich

• Lebensalter-Stufensystem und Aufrücken nach Lebensalter
  ⇒ ungleiche Bezahlung bei gleicher Leistung und nicht leistungsorientierte
  „Beförderung" als Konsequenz ?

• Ortszuschlagssystem

• Zahl der unterstellten Mitarbeiter entscheidet über die Einstufung
  ⇒ unnötig aufgeblähten Abteilungen als Konsequenz ?

• Vergütung des Familienstandes
  ⇒ Benachteiligung junger leistungsfähiger Kräfte als Konsequenz ?

3. Nachteile des BAT (2)

sana

* Bindung an die Zusatzversorgung

* Nur eingeschränkte Befristungsmöglichkeit
  ⇒ Verminderte Chancen für flexible Einstellungen

* Keine marktkonforme Bezahlung in einzelnen Bereichen, zum Beispiel
  20-25% höhere Personalkosten beim Wirtschafts- und Versorgungsdienst
  im Vergleich mit anderen Tarifverträgen (z.B. NGG)

Fazit: Bei 65-75% Anteil Personalkosten wird der finanzielle Spielraum für
Krankenhäuser immer enger. Der BAT ist in vielen Bereichen nicht
mehr zeitgemäß bzw. für Krankenhäuser im Wettbewerb nicht ideal
geeignet

11

4. Vorteile einer leistungsorientierten Vergütung

sana

Vorteile:
* Fördert die Leistungsträger des Krankenhauses finanziell
* Paßt sich an Leistungsveränderung des Krankenhauses an
* Gibt zusätzliche Motivationskomponenten

Nachteil:
* Keine Alters- oder Sozialkomponenten

12

5. Möglichkeiten im Rahmen des BAT

- Schwerpunkt eines der nachfolgenden Referate

- Beispiele hierfür:
  - Eingruppierung in eine höhere Altersstufe
  - Gewährung einer Überstunden-Pauschale
  - Gewährung von Leistungszulagen

- Die Umsetzung wird teilweise durch die Mitbestimmungsrechte erschwert

6. Sonstige Möglichkeiten für eine leistungsorientierte Vergütung

a) Nebenbeschäftigungs-Möglichkeiten

- Der Arbeitgeber kann seinen Arbeitnehmern Möglichkeiten für Neben-beschäftigungen einräumen beziehungsweise genehmigen

- Möglich ist hier zum Beispiel:
  - Erlaubnis einer fachgebundenen Nebentätigkeit (z.B. als Sachverständiger, Mitglied in Fachgremien)

  - Erlaubnis, Vorträge zu halten

  - Abschluß eines 325-Euro-Vertrages zwischen dem Arbeitgeber und dem Arbeitnehmer.
    Voraussetzung: Es muß eine zweite Gesellschaft vorhanden sein

6. Sonstige Möglichkeiten für eine leistungsorientierte Vergütung

b) Haustarifvertrag (1)

Der **individuelle Charakter** ist ein wesentlicher Erfolgsfaktor für einen Haustarifvertrag:

- Ein Haustarifvertrag sollte grundsätzlich die individuellen Gegebenheiten des einzelnen Krankenhauses berücksichtigen

- Ein Haustarifvertrag wird im Rahmen eines individuellen Verhandlungsprozesses „vor Ort" erstellt und bietet den beteiligten Parteien somit die Möglichkeit, lokale Belange direkt einfließen zu lassen

- Durch die Beachtung der individuellen Gegebenheiten unterscheidet sich ein Haustarifvertrag positiv von einem Flächentarifvertrag wie dem BAT, der tendenziell dazu neigt, „alle über einen Kamm zu scheren"

6. Sonstige Möglichkeiten für eine leistungsorientierte Vergütung

b) Haustarifvertrag (2)

- Ein Haustarifvertrag sollte innovative Komponenten enthalten, die eine Weiterentwicklung gegenüber den bisherigen Standard-Tarifregelungen (vor allem BAT) darstellen

- Solche innovativen Komponenten eines Haustarifvertrages können beispielsweise sein:

  - Betriebliche Altersversorgung über Direktversicherung
  - Erfolgsbeteiligung für die Mitarbeiter
  - Pool-Vergütung für die Mitarbeiter: Die Mitarbeiter erhalten aus einem festgelegten Pool von Stellen bei Nichtausschöpfung eine anteilsmäßige Erhöhung ihrer Vergütung für die Mehrleistung
  - Flexibilisierung: Errichtung von Arbeitszeit-Konten für die Mitarbeiter
  - Leistungsbezogene Komponenten

6. Sonstige Möglichkeiten für eine leistungsorientierte Vergütung

c) Dienstleistungs-Tochtergesellschaften

- Im Dienstleistungsbereich ist die Fremdvergabe an externe Dienstleister bereits mehr oder weniger flächendeckend realisiert

- Eine Alternative / Weiterentwicklung zu diesem klassischen Outsourcing ist die **Gründung einer oder mehrerer Dienstleistungs-Tochtergesellschaft(en) durch den Krankenhaus-Träger** in folgender Form:
  - Krankenhaus-Träger: 51% oder mehr der Gesellschaftsanteile an der Dienstleistungsgesellschaft
  - Externer Dienstleister: Maximal 49% der Gesellschaftsanteile an der Dienstleistungsgesellschaft

- **Vorteile dieser Lösung:**
  - **Wegfall des BAT und Anwendung des Branchen-Tarifvertrages (z.B. NGG)**
  - Weiterhin maßgeblicher Einfluß auf Qualität und Preis der erbrachten Dienstleistungen (Krankenhaus-Träger ist Mehrheitsgesellschafter)
  - Mehrwertsteuer-Organschaft

6. Sonstige Möglichkeiten für eine leistungsorientierte Vergütung

d) Personal-Servicegesellschaft

- Gründung einer Personal-Servicegesellschaft durch den Krankenhaus-Träger:
  - Möglichkeit 1: Krankenhaus-Träger als alleiniger Gesellschafter
  - Möglichkeit 2: Krankenhaus-Träger als Mehrheitsgesellschafter und Fachgesellschafter (z.B. Personalleasing-Firma) als Minderheitsgesellschafter

- Die Mitarbeiter wechseln vom Krankenhaus-Träger zur Personal-Servicegesellschaft. Arbeitgeber ist dann die Personal-Servicegesellschaft

- Die Personal-Servicegesellschaft stellt dem Krankenhaus auf Basis einer Personalüberlassung die Mitarbeiter zur Verfügung

- **Vorteil dieser Lösung: Die Personal-Servicegesellschaft ist nicht an den BAT gebunden und kann den Mitarbeitern eine leistungsorientierte Vergütung gewähren, die über dem BAT liegt**

- Durch die attraktive Vergütung über BAT können vor allem in Berufsgruppen mit derzeitigem Personalmangel (z.B. Funktionsdienst) Mitarbeiter gewonnen werden

7. Vergütung für besondere Mitarbeiter-Gruppen

a) Chefarztverträge (1)

Einige Gedanken zu Thema „innovativer Chefarzt-Vertrag":

- Wie jeder moderne Manager sollte auch ein Chefarzt mittels Zielvorgaben geführt werden

- Diese Zielvorgaben sollten von beiden Partnern (Chefarzt und Geschäftsführung) unterschrieben werden

- Das Erreichen oder Überschreiten der Zielvorgaben sollte sich für den Chefarzt monetär positiv auswirken

7. Vergütung für besondere Mitarbeiter-Gruppen

a) Chefarztverträge (2)

- Die **Zielvorgaben** können beispielsweise folgende Bereiche umfassen:
  - Leistungsziele (Anzahl Operationen, erwartete Verweildauer, Anteil Privatpatienten)
  - Qualitätsziele (Mitarbeiter- und Patientenbefragungen, Verbesserung des Wertes der EFQM-Selbstbewertung, Beteiligung an der Entwicklung von Behandlungspfaden)
  - Wirtschaftliche Ziele (Chefarzt als Kostenverantwortlicher für seinen Fachbereich, Einhaltung oder Unterschreitung des Budgets für medizinischen Sachbedarf, Einhaltung des Stellenplanes und der Personalkosten inklusive Überstunden und Bereitschaftsdienste)
  - Übergeordnete Ziele (Beteiligung an interdisziplinären Aufgaben, wirtschaftliches Gesamtergebnis des Hauses, Beteiligung an nichtärztlichen Fortbildungsmaßnahmen)

7. Vergütung für besondere Mitarbeiter-Gruppen

a) Chefarztverträge (3)

**Beispiel für ein Chefarzt-Vergütungsmodell
einer deutschen Universitätsklinik**

Grundvergütung:	30 - 50%
Tantieme:	40 - 50%

- orientiert sich zu 60% am Gesamtergebnis des Kranken-hauses und zu 40% am Ergebnis der jeweiligen Klinik
- Tantieme ist freiwillig und kündbar
- Keine Privatliquidation, keine Ermächtigung

Vorträge etc.:	5 - 10%

7. Vergütung für besondere Mitarbeiter-Gruppen

b) EDV-Personal

- EDV-Fachkräfte sind nach wie vor gesuchte Spezialisten

- BAT kann mit Privatwirtschaft nicht konkurrieren

- Zwei mögliche Alternativen sind:
  a) **Outsourcing der EDV** an einen externen Dienstleister (vor allem für kleinere und mittlere Häuser zu empfehlen)
  b) **Gründung einer eigenen Tochterfirma für EDV** mit dem Krankenhaus-Träger als Mehrheitsgesellschafter (vor allem für größere Häuser zu empfehlen)

8. Zusammenfassung

- In vielen Krankenhäusern „herrscht" nach wie vor der BAT

- Der BAT bietet nur wenige Möglichkeiten für eine leistungsorientierte Vergütung

- Aufgrund der aktuellen Situation im Krankenhaus-Bereich („Quasi-Nullrunde" bei den Einnahmen für 2003, Einführung der DRG) haben die meisten Krankenhäuser einen akuten Handlungszwang zur Kostenoptimierung

- Da 60-70% der Kosten in einem Krankenhaus Personalkosten sind, schlägt die Steigerung voll auf das Gesamtergebnis des Krankenhauses durch

- Mögliche Wege für eine leistungsorientierte Vergütung sind:
  - Haustarifvertrag
  - Dienstleistungs-Tochtergesellschaft(en)
  - Personal-Servicegesellschaft
  - Chefarztverträge auf der Basis von Zielvorgaben

Vielen Dank
für Ihre Aufmerksamkeit !

X. Leistungsbezogene Entgeltsysteme als ein Instrument leistungsorientierten Personalmanagements: Entwicklung und Implementation in heilpädagogischen Einrichtungen

Friedhelm Knorr

Gliederung

1. Ziele
2. Projektinhalt
3. Ausgangslage
4. Elemente des Leistungsentgeltes
5. Durchführung der Leistungsbeurteilung
6. Evaluation
7. Fazit

Leistungsbezogenes Entgeltsystem
Ein Beispiel aus der Praxis

Das Thema Leistungsanreize spielt innerhalb und außerhalb von Einrichtungen der freien Wohlfahrtsverbände eine immer wichtigere Rolle. Das System des Bundesangestelltentarifs (BAT) und daran orientierter Entgeltsysteme wird zunehmend als leistungshemmend, demotivierend und schlichtweg zu teuer empfunden. Der Bundesangestelltentarif hat sich der Besoldung und dem Dienstrecht der Beamten immer mehr angeglichen. Der Sicherungsaspekt wird dabei gegenüber dem Leistungsaspekt deutlich übergewichtet.

Das Thema Leistungsanreize darf in diesem Zusammenhang nicht zu einer verkürzten Sichtweise führen, bei der von vorn herein nur einseitig das mögliche Einsparungspotential bei den Personalausgaben gesehen wird. Das neue Entgeltssystem soll vielmehr eine gewisse Flexibilität bei der Bezahlung erlauben, wenn es darum geht, Minderleistung zu sanktionieren und besondere Leistungen zu honorieren. Leistungsbezogene Entgeltsysteme sind Teil einer Unternehmenskultur, in der messbare Leistungen der Mitarbeiter die gemeinsame Arbeits- und Entgeltbasis für den Arbeitgeber und Arbeitnehmer bilden. Sie sind Bestandteil eines leistungsorientierten Personalmanagements, in dem das Entgeltsystem nur einen Teilbereich des gesamten Personalmanagements bildet. Nur durch die Beachtung aller Elemente des

Personalmanagements ergibt sich ein sinnvolles Managementsystem, in dem tatsächlich erwünschte Leistungen und erwünschtes Verhalten honoriert werden kann.

Elemente des
Personalmanagements

Prof. Dr. F. Knorr

Praxisbeispiele aus der Privatwirtschaft zeigen, dass hohe Mitarbeiterleistungen, qualitativ wertvolle Dienstleistungen und eine überdurchschnittliche Mitarbeitermotivation durch entsprechende leistungsbezogene Anreizsysteme erreicht werden können. Hier wird von Rewardmanagement als einem integralen Bestandteil des Personalmanagements gesprochen, dessen Funktionen im folgenden Schaubild stichwortartig festgehalten sind.

Organisationstheoretisch lassen sich die bekannten Modelle auf das bekannte Management by Objectives zurückführen. Dies sind Modelle der sogenannten rationalen Organisationssteuerung, die unterstellen, dass die gemeinsame »Vernunft« von Arbeitgebern und Arbeitnehmern Organisationen effizient und effektiv gestalten können. Die Betonung liegt auf können, nicht müssen!!

Wie im Spannungsfeld von Arbeitnehmer- und Arbeitgeberinteressen ein erfolgreiches Modell leistungsbezogener Entgeltsysteme implementiert und dokumentiert werden konnte, zeigt der Fall der Interessengemeinschaft für Heilpädagogik und individuelle Sprachförderung e. V. in Ingolstadt mit über 50 Mitarbeitern. Aufgabe des Vereins ist es, behinderte und von Behinderung bedrohte Kinder, insbesondere

Management by Objectives

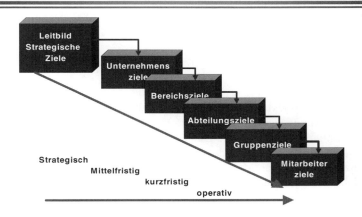

Prof. Dr. F. Knorr

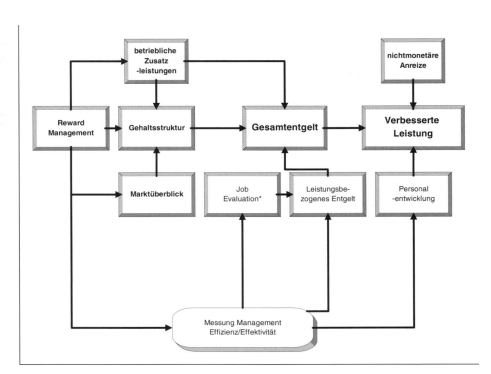

bei Sprachbehinderungen, in ihrer Entwicklung zu fördern und zu therapieren, sowie deren Eltern zu unterstützen (§ 2 der Satzung der Interessengemeinschaft). Die Einführung eines leistungsbezogenen Entgeltsystems erfolgte im Rahmen einer Unternehmensberatung in den Jahren 2001 bis Anfang 2002. Daran schloss sich eine Evaluation des Umsetzungserfolges Anfang diesen Jahres an.

1. *Ziele*

Ziel des Beratungsprojektes war die Einführung eines leistungsbezogenen Entgeltsystems für das Heilpädagogische Zentrum Haus Miteinander, Ingolstadt. Das derzeit übliche Entgeltsystem war dem Bundesangestelltentarif (BAT) entlehnt.
Im Mittelpunkt der Umgestaltung des Entgeltsystems stand der effiziente und effektive Einsatz der Mitarbeiter. Messbare Leistung, Motivation und finanzieller Anreiz spielten dabei eine zentrale Rolle. Leistungsbezogene Entgeltsysteme sollten hier einen eigenständigen Beitrag leisten.
Das neue Entgeltsystem sollte weiterhin eine gewisse Flexibilität bei der Entgeltgestaltung erlauben. Das leistungsbezogene Entgeltsysteme sollte Teil einer neuen Unternehmenskultur werden, in der messbare Leistungen der Mitarbeiter die gemeinsame Arbeits- und Entgeltbasis für den Arbeitgeber und Arbeitnehmer bilden.
Der Beratungsprojektinhalt bezog sich auf die konzeptionelle Entwicklung leistungsbezogener Entgeltsysteme innerhalb eines zu entwickelnden Personalmanagementsystems.
Die Entwicklung dieser Konzepte bezog sich auf alle Einrichtungen des Heilpädagogischen Zentrums Haus Miteinander, Ingolstadt.

2. *Projektinhalt*

Das Projekt umfasste folgende Inhalte:

- Ist-Aufnahme des derzeitigen Entgeltsystems
- Bewertung des Ist-Zustandes
- Entwicklung eines Grobkonzeptes Personalmanagement und leistungsbezogenes Entgeltsystem
- Auswertung einer Mitarbeiterbefragung, »Was ist Leistung?«
- Erstellung eines Konzeptes Personalmanagement und leistungsbezogenes Entgeltsystem
- Erstellung eines Handbuches Personalmanagement für Führungskräfte und Mitarbeiter
- Erstellung eines Abschlußberichtes

Die Personalbeurteilung wurde in einem kleinen Handbuch »Handbuch des Personalmanagements« dargestellt, das die einzelnen Elemente des Personalmanagements darstellt und das Beurteilungswesen als Teil eines umfassenden Personalmanagementsystems darstellt.
Folgende Themen werden u.a. in diesem Handbuch abgearbeitet und systematisch dargestellt:
1. Leitlinien für die Zusammenarbeit
2. Zielsetzung der Mitarbeiterbeurteilung
3. Elemente der Personalbeurteilung
4. Elemente des lestungsbezogenen Entgeltsystems
5. Aufbau des Personalbeurteilungssystems
6. Beurteilungsverfahren
7. Durchführung der Beurteilung
8. Beurteilungsmerkmale
9. Typische Beurteilungsfehler
10. Anhang

Jeder Mitarbeiter erhält nach Dienstantritt ein Exemplar dieses Handbuches, in dem alle relevanten Themenfelder kurz und prägnant dargestellt werden.

3. *Ausgangslage*

Folgende Spezifikationen von Seiten des Auftraggebers galt es zu berücksichtigen:

(a) Festlegung eines neuen Einstellungsgehalt
(b) Festlegung eines neuen Grundgehaltes und einer Ausgleichzahlung im Rahmen des BAT nach Fortfall des Ortszuschlages und der allgemeinen Zulage
(c) Festlegung von 2-jährig möglichen Leistungszulagen
(d) Festlegung von individuellen Prämien für außerordentliche Leistungen, jährlich zu zahlen
(e) Entwicklung eines Personalbeurteilungskonzeptes als Grundlage für die Leistungsbeurteilung

Dabei galt zu berücksichtigen:
1. Bei Einführung des neuen Entgeltsystems Anfang des Jahres 2002 entschieden die Mitarbeiter und Mitarbeiterinnen, ob sie im alten Entgeltsystem verbleiben oder in das leistungsbezogene Entgeltsystem wechseln möchten. Über 90 % der Mitarbeiter entschieden sich für einen Wechsel in das neue Entgeltsystem Für die Mitarbeiter, die im alten Entgeltsystem verbleiben wollten, gilt der Bestandsschutz.

2. Einmal gewährte Leistungszulagen können nicht wieder rückgängig gemacht werden.
3. Das maximal erreichbare Entgelt soll das maximal erzielbare Einkommen des BAT nicht überschreiten.
4. Die Boni werden als solche ausdrücklich formuliert und es leitet sich hieraus kein Anspruch auf eine betriebliche Übung ab.
5. Ähnlich dem BAT, aber für alle Mitarbeiter einheitlich, sollen insgesamt 10 Leistungsstufen eingeführt werden.
    • Regeleinstellung: Die Eingangsleistungsstufe wird nach Fähigkeit, Eignung, beruflicher Qualifikation und Berufserfahrung festgelegt.
6. Die Leistungsbeurteilung endet mit dem vollendeten 53. Lebensjahr. Danach kann die weitere Leistungsbeurteilung auf freiwilliger Basis fortgeführt werden. Entscheidet sich der Mitarbeiter gegen eine weitere Leistungsbeurteilung, wird das zu dem genannten Zeitpunkt Entgelt weiter gezahlt und zukünftig nur noch um die tariflichen Gehaltserhöhungen herauf gestuft.
7. Die Übernahme der tariflichen Gehaltssteigerungen im Bereich des BAT sollen beibehalten werden, um unnötigen Verhandlungsaufwand bei den jährlichen Tarifverhandlungen zu vermeiden und die Kostenstrukturen auch langfristig in einer gewissen Nähe zu den Kostenentwicklungen im BAT-Bereich zu halten.
8. Für diejenigen Mitarbeiter, die besonders herausragende Leistungen über einen längeren Zeitraum zeigen, besteht die Möglichkeit, eine Leistungsstufe zu überspringen. Das Überspringen einer Leitungsstufe ist insgesamt zweimal zulässig. Grundlage für die Zahlung ist die jährliche Mitarbeiterbeurteilung. Diese Entscheidung wird jeweils von der Leitung des Hauses Miteinander in Abstimmung mit dem geschäftsführenden Vorstand getroffen.
9. Für diejenigen Mitarbeiter, die besonders herausragende Leistungen über einen längeren Zeitraum zeigen, besteht die Möglichkeit, eine einmalige Prämie in Höhe von maximal 2 % des Jahresbruttoeinkommens zu erzielen, wie bereits dargestellt wurde. Grundlage für die Zahlung ist die jährliche Mitarbeiterbeurteilung. Diese Entscheidung wird jeweils von der Leitung des Hauses Miteinander in Abstimmung mit dem geschäftsführenden Vorstand getroffen.

4. *Elemente des Leistungsentgeltes*

Die wesentlichen Komponenten eines Leistungsentgeltes sind wie folgt benannt:
1. Tarifgehalt
2. Leistungsorientierte Eingruppierung
3. Individueller Leistungsbonus

Voraussetzung eines jeden leistungsbezogenen Entgeltsystems ist ein entsprechendes Beurteilungssystem.

Der Begriff leistungsbezogene Personalbeurteilung sollte im Beratungsprojekt verstanden werden als Oberbegriff für alle Beurteilungssysteme, die sich mit der Beurteilung von:
1. Leistungsverhalten
2. und sozialem Verhalten
befassen.

Weiter differenziert beinhalten sie folgende Ausformungen der beiden genannten Dimensionen für das Haus Miteinander:
1. Fach- und Methodenkompetenz.
2. Persönliche Kompetenz im Sinne von Charaktereigenschaften.
3. Sozialverhalten.
4. Ökonomisches Verhalten.
5. Führungsverhalten (falls Personalverantwortung übertragen wurde).

Die Leistungsbeurteilung wird nach Einführung eines leistungsbezogenen Entgeltsystems im Haus Miteinander seit dem Jahr 2002 in regelmäßigen Abständen jährlich schriftlich und formgebunden durchgeführt.
Durch Offenheit in der Beurteilung und eine entsprechende Transparenz der Mitarbeiterbeurteilung soll die notwendige Objektivität bei der Personalbeurteilung gewährleistet werden. Dies dient dazu, dass der Mitarbeiter personelle Entscheidungen nachvollziehen und akzeptieren kann. Sie ist damit ein wichtiges Instrument der Personalführung. Die Beurteilung erfolgt nach klar definierten und messbaren Aufgaben des Hauses Miteinander. Die einzelnen Aufgaben werden differenziert auf einer entsprechenden Skala dargestellt. Beurteilungsfehler sollen durch diese Systematik möglichst weitgehend ausgeschlossen werden. Die Personalbeurteilung stellt damit einen integralen Bestandteil des Personalmanagements dar.
Die Mitarbeiterbeurteilung dient dabei folgenden Zwecken:
1. Motivation der Mitarbeiter.
2. Gerechter Beurteilungsmaßstab für alle Mitarbeiter.
3. Förderung und Entwicklung des Mitarbeiters.
4. Anforderungsgerechte Besetzung der Stellen im Haus Miteinander.
5. Zielerreichung von stellen-, abteilungs- und organisationsweiten Zielen.
6. Eingruppierung in eine höhere Leistungsgruppe die alle zwei Jahre möglich ist.
7. Bestimmung einer Prämie für herausragende Leistungen einzelner Mitarbeiter, die jährlich gezahlt wird.

Durch Beratungs- und Fördergespräche werden individuelle Stärken und Schwächen der verschiedenen Dimensionen der Leistungsbeurteilung definiert und an gemeinsamen Lösungsmöglichkeiten bei individuellen Schwächen gearbeitet.
Der Mitarbeiter erhält durch die Beratungs- und Fördergespräche Informationen, in welchem Maß er den Anforderungen in den verschieden Dimensionen der Lei-

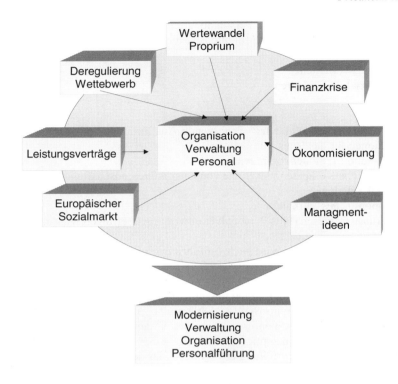

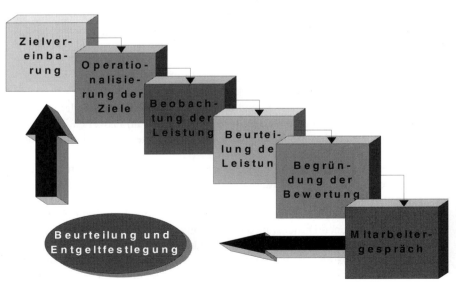

stungsbeurteilung entspricht. Dem Mitarbeiter werden individuelle Stärken und Schwächen bewusst, er kann aktiv an der Möglichkeit, beruflich gefördert zu werden, teilnehmen und sie mitgestalten. Für den Mitarbeiter wird ersichtlich, warum er auf Grund welcher Fähigkeiten eine bestimmte Stelle bekleidet, und welche weiteren berufliche Perspektiven sich im Haus Miteinander bieten.

Die Beurteilungsmerkmale werden in einer fünfstufigen Skala dargestellt. Der Mittelwert entspricht den erwarteten Leistungen und dem erwarteten Verhalten des Mitarbeiters. Nach entsprechender Einarbeitungszeit wird diese Leistung vom einzelnen Mitarbeiter auf Dauer erwartet, wenn nicht äußere Gründe, die der Mitarbeiter nicht zu vertreten hat, eintreffen, diese Leistung unmöglich machen. Die Leistungsbeurteilung ist in ihrer skalenmäßigen Einteilung abstrakt gehalten. Die Leitung des Hauses Miteinander hat in eigenem Ermessen zu beurteilen, wie die individuelle Beurteilung in seinem Verantwortungsbereich gestaltet werden soll.

Die Beurteilungsskala gliedern sich wie folgt:

Beurteilungsskala	
Übertrifft ständig die an Ihn gestellten Anforderungen.	Leistungen und Verhalten liegen dauernd deutlich über den Erwartungen. Auch stellenübergreifende und besonders schwierige Anforderungen werden erfüllt. Der Mitarbeiter ist auf Dauer unterfordert.
Übertrifft häufig die an ihn gestellten Anforderungen	Leistung und Verhalten liegen häufig über den Erwartungen. Der Mitarbeiter ist zum Teil unterfordert.
Erfüllt regelmäßig die an Ihn gestellten Anforderungen.	Leistung und Verhalten erfüllen die Ansprüche der Stelle. Der Mitarbeiter ist für die Stelle längerfristig geeignet.
Erfüllt nicht immer die an ihn gestellten Anforderungen.	Leistung und Verhalten entsprechen nicht immer den Erwartungen. Der Mitarbeiter benötigt zeitweise Hilfestellung und Unterstützung.
Erfüllt nicht die an ihn gestellten Anforderungen.	Leistung und Verhalten entsprechen nicht den Erwartungen. Der Mitarbeiter ist trotz Unterstützung und Hilfestellung nicht für die Stelle geeignet.

Insgesamt gab es für Mitarbeiter ohne Führungsverantwortung zehn Beurteilungsdimensionen, für Mitarbeiter mit Führungsverantwortung vierzehn Beurteilungsdimensionen.

Folgende Beurteilungsmerkmale wurden vorgeschlagen und auch umgesetzt:

- Beurteilungsmerkmal Fachwissen und Fachkönnen
- Beurteilungsmerkmal Einteilung der Arbeit
- Beurteilungsmerkmal Selbständigkeit und Entscheidungsfähigkeit
- Beurteilungsmerkmal Belastbarkeit
- Beurteilungsmerkmal Flexibilität
- Beurteilungsmerkmal Initiative
- Beurteilungsmerkmal Informationsverhalten
- Beurteilungsmerkmal Konfliktbewältigung
- Beurteilungsmerkmal Kostenbewußtes Handeln
- Beurteilungsmerkmal Planen und Organisieren
- Beurteilungsmerkmal Zielsetzung (nur für Führungskräfte)
- Beurteilungsmerkmal Verhandlungsgeschick und Überzeugungskraft
  (nur für Führungskräfte)
- Beurteilungsmerkmal Delegieren (nur für Führungskräfte)
- Beurteilungsmerkmal Motivieren (nur für Führungskräfte)

Für die Beurteilung werden Punkte vergeben in einer Skala von 5 übertrifft die an ihn gestellten Anforderungen bis 1 erfüllt nicht die an ihn gestellten Anforderungen. Für die Eingruppierung in eine höhere Leistungsstufe sind mindestens im Schnitt 3 Punkte pro Beurteilungsmerkmal nötig.

Ein weiteres Element in diesem leistungsbezogenen Entgeltsystems ist der Bonus. Für die Zahlung eines Bonus für herausragende Leistungen wird bei 10 Beurteilungsmerkmalen wie folgt gegliedert:

---

1 % Bonus für eine Gesamtpunktpunktzahl von 33
2 % Bonus für eine Gesamtpunktpunktzahl von 36

Für die Zahlung eines Bonus herausragende Leistungen wird bei 14 Beurteilungsmerkmalen wie folgt gegliedert:

---

1 % Bonus für eine Gesamtpunktpunktzahl von 46
2 % Bonus für eine Gesamtpunktpunktzahl von mehr als 50

---

5. *Durchführung der Leistungsbeurteilung*

Grundsätzlich gilt, dass alle Mitarbeiter des Hauses beurteilt werden, Ausnahmen bilden Aushilfskräfte, Auszubildende und Praktikanten.

Mitarbeiter, die das 53 Lebensjahr vollendet haben, können auf eigenen Wunsch von der Beurteilung ausgenommen werden.

Die Beurteilung des Mitarbeiters findet jährlich statt. Beurteilungen aus besonderem Grund sind hiervon unberührt.

Folgende Grundsätze sind bei der Durchführung der Beurteilung zu beachten:

• Die Beurteilung richtet sich ausschließlich nach den Arbeitsanforderungen der Stelle, die der Mitarbeiter bekleidet.

• Der Vorgesetzte muss in der Lage sein, seinen Mitarbeiter mit Hilfe des Beurteilungsschemas »gerecht« zu beurteilen und zu objektiven Aussagen über Leistung und Verhalten in den einzelnen Beurteilungsdimensionen des Mitarbeiters gelangen.

• Der Vorgesetzte soll möglichst frei von persönlichen Sympathien oder Antipathien sein. Er soll durch die Kenntnisse der typischen Beurteilungsfehler in der Lage sein, diese weitgehend auszuschließen.

• Das Beurteilungsgespräch muss die Beurteilung für den Mitarbeiter klar, verständlich und nachvollziehbar erscheinen lassen. Zukünftige Motivation und zukünftige Leistungsbereitschaft hängen in hohem Maß von der Beurteilung ab.

Das Beurteilungsgespräch gliedert sich im zeitlichen Verlauf in drei Teile:
1. Rückblickende Leistungs- und Verhaltensbeurteilung des Mitarbeiters.
2. Zukünftige Leistungs- und Verhaltensvereinbarung des Mitarbeiters.
3. Zukünftige Entwicklungsmöglichkeiten des Mitarbeiters.

6. Evaluation

Das neue Entgeltsystem wurde Anfang des Jahres 2002 eingeführt. Nach Abschluss der eigentlichen Beratungstätigkeit wurde vereinbart, nach einem Jahr den Erfolg der Umstrukturierung zu evaluieren Nach gut einem Jahr im Regelbetrieb wurde die Institution Anfang des Jahres 2003 schriftlich befragt, welche Erfahrungen das Haus mit dem neuen leistungsbezogenen Entgeltsystem gemacht habe. Hier Auszüge aus dem gemeinsamen Antwortschreiben des 1. Vorsitzenden des Vereins und der Einrichtungsleiterin.

A. *Wie beurteilten die Mitarbeiter vor einem Jahr dieses System, wie sehen sie es aktuell?*

Jüngere Mitarbeiter zeigten bei der Präsentation des neuen Entgeltsystems große Begeisterung, ältere Mitarbeiter waren eher verunsichert und brachten ihre Skepsis zum Ausdruck. Nach einem Jahr im Regelbetrieb sind die Mitarbeiter mit dem neuen Entgeltsystem zufrieden, die anfänglich vorhandenen Ängste sind ausgeräumt worden.

Von den Mitarbeitern, die seit Januar 2002 bereits beschäftigt waren, haben ca. 90 % für das neue Entgeltsystem votiert. Die Mitarbeiter, die sich freiwillig dafür entschieden hatten, können sich mit dem Entlohnungssystem identifizieren, sie sehen es als motivierend an. Es wird nicht als konkurrenzfördernd betrachtet, sondern erscheint ihnen als ein wesentlicher Beitrag für echte kollegiale Zusammenarbeit. Die Mitarbeitergespräche für die Leistungsbeurteilung werden partnerschaftlich, vertrauensvoll fair und konstruktiv von Seiten der Mitarbeiter erlebt. Sie haben sich als institutionalisierte Möglichkeit zum Austausch gegenseitiger Erwartungshaltungen entwickelt. Nach den regelmäßig durchgeführten Gesprächen haben die Mitarbeiter ein klares Bild über ihre Leistungsbewertung und wissen, wo in Zukunft Verbesserungen angestrebt werden müssen. Die Stärken und Schwächen der Mitarbeiter können somit in aller Offenheit und größtmöglicher Objektivität genannt werden.

B.   *Welche Vorteile sehen die Geschäftsführung und die Führungsverantwortlichen?*

Die Leistungsbeurteilung ist transparent.
Das System führt zur Motivation der Mitarbeiter.
Das System trägt zu einer vertrauensvollen, ehrlichen und freundlichen Atmosphäre im Haus bei.
Mit dem System werden die Stärken der Mitarbeiter besser zur Geltung gebracht; die Menschen fühlen sich anerkannt und wertvoll.
Einfachere Umsetzung in der Entgeltabrechnung (Tabelle, keine umständlichen Berechnungen und Berücksichtigungen von Familienstand, Kinderzahl, Zulagen u.a.).

C.   *Wie beurteilen Sie Ihr Entgeltsystem hinsichtlich Personalbindung und Personalrekrutierung?*

Entgeltsystem ermöglicht Einstellung älterer und berufserfahrener Kollegen (z.B. fünf Mitarbeiter über dem 40. Lebensjahr wurden neu eingestellt).
Mitarbeiter nach Umschulungen haben eine neue Berufschance.
Keine Fluktuation seit 9/2002.
Praktikanten und Auszubildende möchten einen Arbeitsplatz im Haus.
Mitarbeiter entwickeln starke Identifikation mit der Einrichtung.

D.   *Wie beurteilen Sie Ihr Entgeltsystem hinsichtlich der Dienstleistungsqualität und Effizienzsteigerungen im Personalbereich?*

Die Leistungen des Hauses erfahren in der Region, bei Institutionen und Eltern positive Resonanz, die Kinder fühlen sich wohl im Haus.
Mitarbeiter zeigen sich bereit, neue Wege zu gehen und stehen neuen Entwicklungen offen gegenüber.

Allgemein gesagt: Die Leistungsbereitschaft und die Leistungsergebnisse waren noch nie so groß und gut wie heute.

Die Identifikation der Mitarbeiter zeigt sich auch in der Bereitschaft, zusätzliche Aufgaben zu übernehmen.

7. *Fazit*

Für das Haus Miteinander brachte ein leistungsbezogenes Beurteilungs- und Entgeltsystem folgende Nutzen.

1. Es stellt ein nützliches administratives Instrument für die Personalplanung, Personalentwicklung, Gehaltsfestlegung und andere Maßnahmen des Personalmanagements dar.

2. Es ist darüber hinaus ein ausgezeichnetes Führungsmittel für die Leitung des Hauses, das zur Verbesserung des Gruppenklimas und zu einer Steigerung der Mitarbeitermotivation beigetragen hat. Darüber hinaus steigerte es nachhaltig die Innovationsfreudigkeit, Leistungsbereitschaft und Leistungsergebnisse der Mitarbeiter.

3. Durch die Beurteilung kann ein möglichst vorurteilsfreies und objektives Bild der wesentlichen fachlichen Qualifikationen, Führungseigenschaften, Verhaltensweisen und Leistungsergebnissen eines Mitarbeiters gewonnen werden. Aufbauend auf diesen Erkenntnissen können daran anschließend die notwendigen Personalführungs- und Personalförderungsentscheidungen getroffen werden.

Es ist also ein Modell dem man nur viele Nachahmer wünschen kann.

XI. Der BAT und leistungsbezogene Entgeltbestandteile: Grenzen, Möglichkeiten, Anwendungen Praktische Erfahrungen aus der verbandlichen Wohlfahrtspflege

Karin Pötzsch

Leistungszulagen und Leistungsprämien stoßen auf zunehmende Akzeptanz bei Mitarbeitern und Vorgesetzten. Sie sind aber noch nicht in dem Umfang realisiert, wie das notwendig ist. In der Industrie oder in verkaufsbezogenen Betrieben, also überall dort, wo quantitative Vorgaben oder Ziele definiert, gemessen und überprüft werden können, haben Leistungszulagen, Leistungsprämien und Zielvereinbarungen bereits eine lange Tradition.

Aus verschiedenen Motivationstheorien (so unter anderem Maslow, Herzberg) wird teilweise die Schlussfolgerung gezogen, dass monetäre Anreize die Arbeitsmotivation nicht nur fördern, sondern auf die Leistungsbereitschaft der Mitarbeiter sogar demotivierend wirken können.

Die Wirkung hängt nicht unmaßgeblich davon ab, ob die abgeforderte Leistung als physisch oder psychisch belastend empfunden wird und entschädigenden Charakter trägt oder traditionelle Arbeitstugenden belohnt.

1. *Leistungsentgelte für Dienstleistungen im Geltungsbereich des Bundes-Angestelltentarifvertrages (BAT)*

Aufgrund der geänderten Rahmenbedingungen muss das Gesamtgefüge des bisherigen Belohnungssystems reformiert werden. Denn werden Leistungsanreize geschaffen und lediglich auf die bisher bestehenden, unveränderten Vergütungsstrukturen »aufgepfropft«, wird eine Motivation der Mitarbeiter nicht erfolgreich umsetzbar sein. Einer der in der betrieblichen Praxis von Trägern meist angewandten Tarifverträge ist der BAT.

Die Entgeltfindungsstrukturen dieses Tarifvertrages lassen vielfach keine gleichwertige Vergütung für gleichwertige Arbeit zu. Er ist nach dem Katalog- oder Lohngruppenverfahren strukturiert und ordnet unbestimmten Rechtsbegriffen Beispiele zu. Diese Einordnung nach Tätigkeitsmerkmalen erfolgt *summarisch*, d. h. alle Anforderungsarten der Tätigkeit werden addiert und danach in der Gesamtschau den entsprechenden Gruppen zugeordnet. Sie wird als geschlossene Einheit betrachtet.

Der BAT ist durch die Verwendung unterschiedlicher Kriterien, Nichtbewertung von Anforderungen, Doppel- oder Mehrfachbewertung bzw. das Aneinanderbinden und eine unverhältnismäßige Gewichtung von Kriterien in Verbindung mit vagen Formulierungen gekennzeichnet. Darüber hinaus entsteht eine verdeckte Gewichtung durch den Stufenaufbau, der an sich schon diskriminierungsverdächtig und damit möglicherweise rechtswidrig ist. Außerdem ordnet dieser Stufenaufbau bestimmte Arbeitsanforderungen jeweils einer oder mehreren Vergütungsgruppen zu, so dass anspruchsvollere Kriterien erst dann bewertet werden, wenn andere (vorherige) Kriterien bereits erfüllt sind. Insbesondere sind sowohl die Gruppenzuordnung, als auch die Entgeltfindung nicht transparent.

Die Nachteile eines summarischen Entgeltsystems bestehen in der Gefahr einer Schematisierung. Der Einfluss einzelner Anforderungsmerkmale wird leicht falsch eingeschätzt und damit ein falsches Ergebnis vermittelt. Die Ergebnisse sind untereinander auch noch schwer vergleichbar, weil die Bewertungsmaßstäbe im Einzelfall nicht feststehen bzw. nicht erkennbar wird, welche Anforderungen maßgebend sind. Da mehrere Faktoren gleichzeitig zu berücksichtigen sind, ist die Person, die diese Bewertungen vornehmen muss, aufgrund dessen überfordert. Eine Handhabung über mehrere Betriebsbereiche hinweg ist kaum möglich. Der scheinbare Vorteil einer relativ einfachen Handhabung, tritt dabei in den Hintergrund.

Neben den durch die Summarik strukturell vorprogrammierten Problemen krankt der BAT daran, dass tätigkeitsfremde Komponenten – wie z. B. familienbezogene Komponenten und Seniorität – in das Entgelt einfließen. Das horizontale Spannungsverhältnis innerhalb der Grundentgelttabellen beträgt von der Anfangs- bis zur Endstufe zwischen 24 v. H. und 56 v. H.

Außerdem werden einzelne Berufsgruppen begünstigt, weil hierfür gerade ein Engpass auf dem Arbeitsmarkt besteht oder bestand. Die daraufhin vorgenommene Verteilungsgerechtigkeit führt unweigerlich zur Beseitigung der Leistungsgerechtigkeit.

Als Folge der strukturellen Problematik, mangelhafter Abbildung der Betriebsstrukturen durch den BAT und fehlender Anreizsysteme kann die Scherenentwicklung zwischen Einnahmen und Ausgaben mit Hilfe eigener Steuerungsmechanismen nicht gestoppt werden. Die Steigerung der Personalkosten kann nur durch Personalabbau kompensiert werden. Wenn also die Sozialpartner, die Tarifverträge wie den BAT schließen, nicht auf veränderte Rahmenbedingungen reagieren, führt das in einer Marktwirtschaft zu längerer Arbeitslosigkeit. Verantwortlich und insoweit ursächlich für Arbeitslosigkeit bzw. den Anstieg von Arbeitslosen ist demzufolge derjenige, der anderen Menschen Bedingungen setzt, unter denen die zur Verfügung stehenden Möglichkeiten zur Vermeidung, Verringerung oder Beendigung von Arbeitslosigkeit nicht mehr eingesetzt werden können oder Anreize dafür schafft, das Mögliche und Nötige sogar noch zu unterlassen.

Tabelle: *Vergütungssteigerung aufgrund des Lebensalters in %*

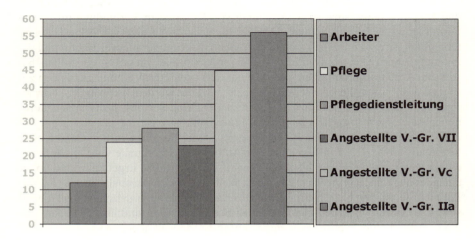

Nicht zuletzt sei noch erwähnt, dass der BAT den Kriterien für eine diskriminierungskritische Überprüfung von Tarifverträgen nach europäischem Recht ebenfalls nicht standhält. Kriterien für eine diskriminierungsfreie (re) Verfahrensgestaltung bei der Bewertung von Arbeitstätigkeiten lassen sich aus dem europäischen Recht herleiten (vgl. Regine Winter und Gertraude Krell, 1998):

1. Tarifverträge müssen durchschaubar sein, d. h. sie müssen objektive Kriterien enthalten, damit die vorgenommene Differenzierung nachvollziehbar und überprüfbar ist;
2. für alle Tätigkeiten sind einheitlicher Kriterien heranzuziehen;
3. einzelne Differenzierungskriterien sind diskriminierungsfrei auszulegen;
4. »die Art der zu verrichtenden Arbeit muss objektiv berücksichtigt« werden, also dem »Wesen der zu bewertenden Tätigkeit« Rechnung tragen.

Das Verfahren muss demnach

*   *einheitlich* sein, d. h. es sind einheitliche Maßstäbe für alle bei einem Arbeitgeber beschäftigten Mitarbeiter anzuwenden;
*   *analytisch* sein, d. h. jede Tätigkeit wird systematisch nach jedem im Verfahren enthaltenen Merkmal analysiert; es werden die gleichen Maßstäbe auf alle Tätigkeiten angewendet;
*   geeignet sein, »der *Art der Tätigkeit* bzw. dem *Wesen der zu bewertenden Tätigkeit*« Rechnung zu tragen.

Der Grundsatz des analytischen Entgeltfindungssystems besteht darin, dass eine grobe Stufung in Verbindung mit vielen Merkmalen zahlreiche Möglichkeiten der Bewertung bietet. Zunächst wird zwischen den Anforderungsarten differenziert. Bei Anforderungen muß die Frage nach dem Zeitanteil gestellt werden. Bei Belastungen ist zu hinterfragen, ob diese typisch sind. Auf diese Art und Weise entsteht ein Kriterienkatalog. Danach wird die Bewertung innerhalb einer Anforderungsart durch Punkte vorgenommen. Nach der Wichtung der Punktwerte, bei der relativ objektive Ergebnisse entstehen, erfolgt die sogenannte äußere Gewichtung durch die Zusammenfassung der Einzelbewertungen. Es entsteht der Arbeitswertpunkt. Dieser entspricht der Gesamtbeanspruchung. Die Bewertung ist nachprüfbar. Die Mitarbeiter können ihre Einordnung überprüfen, ohne andere Arbeitsplätze als Referenz kennen zu müssen. Unübersehbar bestehen die Vorteile der Analytik in der größeren Transparenz, der anforderungsgerechten Bewertung, der Anpassungsfähigkeit an veränderte Rahmenbedingungen, Aufgabenstellungen oder die Organisation. Das System ist weniger anfällig für Fehler. Allerdings ist es etwas aufwendiger bei der Arbeitsbewertung. In Ländern längerer Tradition in Sachen Entgeltgleichheit wird die Analytik empfohlen oder sogar rechtlich vorgeschrieben.

Das Heil besteht also nicht darin, den nicht mehr zeitgemäßen und leistungshemmenden Strukturen des BAT neue, zeitgemäße Komponenten hinzuzufügen. Das Systems wird dadurch nicht korrigiert, sondern die Schieflage möglicherweise noch verstärkt. Der status quo besteht in einer Fixierung und Addition von Besitzständen. Dem Haftungsprinzip zufolge haften die Mitarbeiter inzwischen wegen der Mengenanpassung für die Fixierungen durch den BAT.

Die Folgen einer Leistungsentlohnung ohne Reform der Grundentgeltstruktur und ohne Reorganisation der Arbeit sind Fehlsteuerungen und Disfunktionalität zwischen Entgeltstruktur und Arbeitsstruktur.

Dies gilt insbesondere für Non – Profit – Organisationen, wo die (Dienstleistungs-) Arbeit wesentlich von der Interaktion und »Beziehungsarbeit« mit dem Arbeitsobjekt Mensch abhängt. Vermutlich sind diese Erkenntnisse auch ein Beweggrund für die geplante Reform des Tarifrechts des öffentlichen Dienstes.

2. Leistungsbezogene Entgeltbestandteile

Arbeitsbedingungen und Entgeltstrukturen sind nicht das einzige, aber eines der wichtigsten Organisationsinstrumente, um die gewünschten und notwendigen Steuerungseffekte bei den Human- und Personalressourcen zu erreichen. Diese Herausforderung lässt sich bewältigen, indem die knappen Ressourcen durch organisatorische Maßnahmen genau dorthin gelenkt werden, wo die beste Wirkung für die Arbeits- und Dienstleistungsqualität einerseits und die Wirtschaftlichkeit andererseits erreicht werden können.

Dieser Reformprozess erfordert
- mehr Gerechtigkeit beim Entgelt für die geleistete Arbeit und impliziert ebenso
    o Anforderungsgerechtigkeit;
    o Leistungsgerechtigkeit;
    o Verhaltensgerechtigkeit;
    o Verteilungsgerechtigkeit;
    o Zielgerechtigkeit;
    o Sozialgerechtigkeit;
- einheitliche Entgeltstrukturen;
- Abschaffung des Entgelts für Seniorität;
- Abschaffung familienbezogener Entgeltbestandteile;
- ein transparentes, nachvollziehbares Entgeltfindungssystem;
- Einführung leistungsbezogener Entgeltelemente zur Förderung des ganzheit-lichen Arbeitsprozesses und Schaffung von Motivationsanreizen beispielsweise als Alternative zur bisherigen Entlohnung für familiäre Situationen;
- Reorganisation der Arbeit als flankierende Maßnahme.

Die immer wieder neu und kontrovers diskutierten leistungsbezogenen Entgelt-bestandteile stellen einen nicht unwesentlichen Aspekt bei der Problemlösung dar. Dabei sind unter anderem folgende Fragen zu beantworten:
Mit welchen Anreizsystemen sind Non-Profit-Organisationen steuerbar und eignen sich Leistungszulagen, Leistungsprämien sowie Zielvereinbarungen als Reformin-strument?
Wie ist die Akzeptanz bei Vertragspartnern, Betriebsräten, Mitarbeitern und Vorge-setzten gegenüber Bonus-Malus-Systemen?
Sollen Leistungsentgelte bereits erbrachte Leistungen honorieren und/oder sind auch Entgelte für erst in der Zukunft zu erwartende Leistungen sinnvoll und ge-rechtfertigt?
Mit welcher Mitarbeitergruppe, mit welchen Mechanismen und in welcher Höhe soll Leistung stimuliert werden?
Was ist zu tun, wenn beispielsweise ein bisher erfolgreicher Mitarbeiter nach einer (Hoch-)Leistungsphase und dem Erhalt des dafür vereinbarten Bonus
- sich trotz Motivation in einer Phase befindet, wo er keine Erfolge zu verzeichnen hat
- »sich auf dem Erreichten ausruht«
- demotiviert ist
- einfach »nur ein Leistungstief hat«
- sich derart verausgabte, dass er »ausgebrannt« ist?
usw.

Bei der Beantwortung dieser Fragen ist zunächst herauszuarbeiten, worin der Unter-schied zwischen der allgemeinen und der leistungsbezogenen Arbeitszufriedenheit besteht, d. h. die Maßnahmen, Methoden und Stimuli, die die leistungsbezogene Zufriedenheit der Mitarbeiter verbessern, sind herauszufiltern.

Die *allgemeine Arbeitszufriedenheit* besteht in einer positiven Grundstimmung im Sinne befriedigender Einbettung ins System, der Eignung für diese Tätigkeit, der ergonomischen Anpassung der Arbeit an den Menschen, der Organisation der Arbeit, befriedigender Beziehungen zu Vorgesetzten und Mitarbeitern, angemessener Bezahlung und den »richtigen« (Arbeits-)Leistungsvorgaben. In unterschiedlichem Maße spielt auch das Gefühl von Sicherheit, den Arbeitsplatz nicht zu verlieren, eine mehr oder minder große Rolle.

Die *leistungsbezogene Arbeitszufriedenheit* ist gekennzeichnet durch die Arbeitsmotivation im Sinne von Erfolgserlebnissen bei der Arbeit, die Faszination durch die Arbeitsaufgabe, den Freiheitsgrad bei der Arbeit, Dispositionsspielräume, Anerkennung, Aufstieg, Selbstbestätigung sowie Abwechslung (Belastungswechsel).

Das Motivationspotential von Mitarbeitern ist basierend auf Erfahrungswerten prozentual wie folgt gestaffelt:

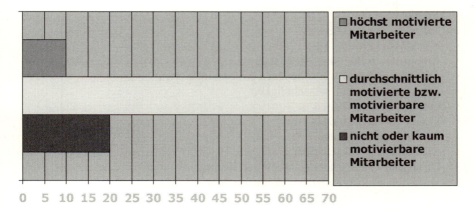

Darüber hinaus sind für die personenbezogene Dienstleistungsarbeit emotionale bzw. psycho-soziale Anforderungen charakteristisch. Diese sind in der analytischen Arbeitsbewertung einerseits und der Leistungsbewertung andererseits zu berücksichtigen.

Die Interaktion mit dem Arbeitsgegenstand Mensch erfolgt
1. körperlich – energetisch
2. geistig – informatorisch
3. mit Hilfe emotionaler bzw. sozialer Kompetenz.

Entsprechende und für die personenbezogene Dienstleistungsarbeit erforderliche Verhaltens- und Gefühlsnormen werden durch Anreizsysteme und Leitbilder geschaffen.

3. *Leistungskriterien versus Zielvereinbarungen*

Neben der grundsätzlichen Entscheidung pro oder contra Leistungszulagen gibt es bezüglich des Durchführungsweges weitere Optionen, wobei allerdings in jedem Fall die Finanzierung gewährleistet sein muss. Allgemein bekannt und am häufigsten verwandt sind:

Leistungsmerkmale wie z. B.:
* Arbeitsgüte
* Arbeitstempo
* Arbeitsmenge
* Arbeitsqualität
* Arbeitsquantität
* Arbeitssorgfalt

Verhaltensmerkmale wie z. B.:
* Zuverlässigkeit
* Arbeitsbereitschaft und Arbeitseinsatz
* Arbeitsverhalten in verschiedenen Arbeitssituationen
* Arbeitsplanung und Selbständigkeit
* Entscheidungsverhalten
* Verantwortungsbereitschaft
* Anwendung der Kenntnisse
* Ausdauer und Belastbarkeit
* Bereitschaft zur Zusammenarbeit und Kommunikation
* Verhalten zu Vorgesetzten und Mitarbeitern

Leistungsverhalten wie z.B.:
* Fachwissen
* Anwendung des Fachwissens
* Arbeitsplanung
* Wirtschaftliches Denken
* Arbeitssicherheit
* Fortbildungsinteresse

Sozialverhalten wie z. B.:
* Bereitschaft zur Zusammenarbeit
* Verhalten gegenüber Mitarbeitern, Vorgesetzten, Klienten
* Kontaktfähigkeit
* Verhandlungsfähigkeit

Fähigkeiten und Persönlichkeitseigenschaften wie z. B.:
* Urteilsfähigkeit
* Geistige Beweglichkeit, Denkvermögen und Gedächtnis
* Verantwortungsbereitschaft
* Belastbarkeit
* Ausdrucksfähigkeit
* Initiative
* Überzeugungskraft und Durchsetzungsfähigkeit
* Lernfähigkeit
* Pünktlichkeit
* Kreativität
* Ordnungssinn

Führungsmerkmale wie z. B.:
* Motivation der Mitarbeiter
* Pädagogisches Geschick
* Delegationsfähigkeit
* Bereitschaft zur Information
* Setzen gemeinsamer Ziele
* Führungsverhalten
* Förderung der Mitarbeiter
* Fachaufsicht und Kontrolle
* Verständnis und Eintreten für unterstellte Mitarbeiter
* Fähigkeiten zur Mitarbeiterbeurteilung und zum Mitarbeitereinsatz

Für zielbezogene Entgelte sind zunächst Zielgruppen und Messgrößen zu definieren. Entsprechende Ziele werden gemeinsam mit dem Mitarbeiter gefunden oder einseitig durch den Vorgesetzten festgelegt.

Eine *Zielvorgabe* ist demnach durch die autoritäre Festsetzung der Ziele charakterisiert.

Demgegenüber ist eine *Zielvereinbarung* die einvernehmliche Festlegung individueller quantitativer und qualitativer Leistungen durch die Arbeitsvertragsparteien, deren Grad der Zielerreichung die Höhe der variablen Entgeltbestandteile bestimmt. Alle Arten von quantitativ und qualitativ messbaren Ergebnissen (z. B. umsatz- und/oder ertragsorientierte Ziele) oder sogenannte »weiche Ziele« (z. B. Kundenzufriedenheit, Personalführungskompetenz usw.) können Gegenstand von Zielvereinbarungen sein.

Folgende Anforderungsgrundsätze an Ziele sind notwendig:
S = spezifisch
(konkret und eindeutig formuliert mit klarer Zuordnung
der Verantwortung)
M = messbar
(»objektiv« überprüfbar)
A = ausführbar
(bei entsprechender Anstrengung erreichbar)
R = relevant
(konsequent auf die Handlungsnotwendigkeiten des
Betriebes ausgerichtet)
T = terminiert
(klare Zeitvorgaben)

So kann *Leistungsentlohnung* zu einer individuellen oder kollektiven Einkommenssteigerung für einen Teil der Mitarbeiter führen. Sie kann damit ebenfalls zu größerer Einkommensgerechtigkeit beitragen, wenn
• die Mitarbeiter für *gleichwertige Arbeitsanforderungen,*
• *vergleichbare Funktionen und Erfahrungen,*
• *gleiche bzw. vergleichbare Leistungen,*
• vergleichbare qualitativ gute Arbeit
letztendlich *gleiches Entgelt* erhalten.

Keinesfalls darf der Vorgesetzte die Beurteilung als »Pflichtübung« durchführen oder die Beurteilung nur in eine Richtung verlaufen lassen. Leistungsbewertung ist keine Einweg-Kommunikation. Der Beurteilende muss ebenso Kritik an seinem Führungsverhalten zulassen. Die Beurteilung muss ausgewogen sein, Anerkennung für gute Leistungen und konstruktive Kritik beinhalten. Der Einsatz konkreter und klarer Kriterien ist entscheidend. Schädlich wäre auch eine ausschließlich vergangenheitsorientierte Beurteilung der Mitarbeiter, denn Beurteilungen sind eben keine Schulzeugnisse. Um der Gefahr der Typisierung und Katalogisierung zu entgehen, sollte die Beurteilung persönlich und doch nicht individuell erfolgen.
Übersicht der wesentlichen Vor- und Nachteile von Leistungsbeurteilungsverfahren:

Vorteile	Nachteile
Entlohnung nach Leistung ist gerechter	zusätzlicher Arbeitsaufwand
Offenlegung der Leistungsunterschiede	Spannungen können entstehen
Mitarbeiter können die Höhe ihres Gehaltes beeinflussen	Leistungsdruck kann zu Unzufriedenheit führen

Anerkennungsbedürfnis wird befriedigt	Höherer Aufwand durch Zulagenberechnung
Förderung zielorientierten Handelns	Höhere Kosten durch Schulungen
gutes Führungsinstrument	Gefahr von Verfahrensmängeln
Mitarbeitergespräche werden gefördert, verbessert, objektiviert	Erschwernis der Versetzung auf gleicher Ebene

Transparente und nicht diskriminierende Arbeitsbewertungs- und Entlohnungssysteme verweisen auf gute Managementpraktiken. Sie wirken sich positiv auf die Erreichung der Unternehmensziele aus, ermöglichen, die Arbeitsplätze zueinander neu in Beziehung zu setzen, sind eine gezielte Maßnahme der Organisationsentwicklung und liefern wichtige Informationen über Arbeitsinhalt und Bedarf an Personalentwicklung. Sie tragen zur Verbesserung der Arbeitsproduktivität und des Betriebsklimas bei.

4. Der Weg: Von der Idee über die Vereinbarung bis zur praktischen Anwendung

Die Probleme bei der Anwendung des summarischen Systems BAT einerseits und die fehlende Konformität mit europäischem Recht andererseits haben dazu geführt, dass bei der Suche nach Alternativen die Entscheidung zugunsten der Analytik ausgefallen ist. Transparenz, einheitliche Arbeitsbedingungen für Arbeiter und Angestellte, Rahmenvorgaben in Verbindung mit der Übertragung der konkreten Ausgestaltung auf die Betriebsparteien bietet die Chance individueller Regelungen für jeden Betrieb. Leistungsbezogene Vergütungsbestandteile (bis zu 100 Punkte bzw. 20 v. H. bezogen auf das Grundentgelt), Jahreszuwendung, Bonus für Berufserfahrung (bis zu 8 v. H. des Grundentgelts), die Möglichkeit, ein Arbeitszeitkonto zu führen, Jahreszuwendung, zusätzliche betriebliche Altersversorgung und eine Härtefallregelung sind Bestandteile des ablösenden Tarifvertrages. Arbeitsaufgaben sind gemäß dem neuen Tarifvertrag in 12 Entgeltgruppen eingestuft. Die Entgeltgruppen werden schrittweise ermittelt:

• Arbeitsbeschreibung
• Analyse der Funktionen (Anforderungen und Belastungen) nach folgenden Kriterien:
  o Können
  o Verantwortung
  o Selbständigkeit
  o Zusammenarbeit
  o Führung
  o Bewertung der Funktionen

Daraufhin erfolgt die Gewichtung der Kriterien durch Punktwerte.

Merkmal	maximaler Punktwert
Können	56
Verantwortung	10
Selbständigkeit	10
Zusammenarbeit	10
Führung	14
Gesamtpunktzahl:	**100**

Es folgt die Zuordnung der Entgeltgruppe anhand der Gesamtpunktzahl.

Entgeltgruppe 1:   12 bis 17 Punkte
Entgeltgruppe 2:   18 bis 23 Punkte
Entgeltgruppe 3:   24 bis 31 Punkte
Entgeltgruppe 4:   32 bis 39 Punkte
Entgeltgruppe 5:   40 bis 47 Punkte
Entgeltgruppe 6:   48 bis 55 Punkte
Entgeltgruppe 7:   56 bis 63 Punkte
Entgeltgruppe 8:   64 bis 71 Punkte
Entgeltgruppe 9:   72 bis 79 Punkte
Entgeltgruppe 10:   80 bis 87 Punkte
Entgeltgruppe 11:   88 bis 95 Punkte
Entgeltgruppe 12:   96 bis 100 Punkte

Die Leistung kann wahlweise durch Leistungsbeurteilung, durch Kennzahlenvergleich im Rahmen einer Vorgabe oder durch Feststellen der Zielerfüllung im Rahmen von Zielvereinbarungen ermittelt werden. Die Einführung einer dieser Methoden oder eine Kombination der Methoden sind zwischen den Betriebsparteien zu vereinbaren. Die Beurteilung der Leistung erfolgt durch den Arbeitgeber oder dessen Beauftragten im Gespräch mit dem Arbeitnehmer. Unstimmigkeiten werden paritätisch zunächst auf Betriebsebene geklärt. Sofern die Betriebsparteien kein anderes System vereinbart haben, wird das gestufte Verfahren aus dem Tarifvertrag angewandt.

Stufe A: Die Leistung entspricht der Bezugsleistung (0 Punkte)
Stufe B: Die Leistung liegt leicht über der Bezugsleistung (3 bis 25 Punkte)
Stufe C: Die Leistung liegt wesentlich über der Bezugsleistung (26 bis 50 Punkte)
Stufe D: Die Leistung übertrifft die Bezugsleistung in hohem Maße (51 bis 100 Punkte)

Ein Punktwert bringt das Ergebnis der Leistungsbeurteilung zum Ausdruck. Der Wert eines Punktes beträgt 0,2 v. H. des jeweiligen Grundentgeltbetrages bei maximal 100 erreichbaren Punkten (20 v. H.).

Bei Zweifel über die Eingruppierung eines Mitarbeiters in die Entgeltgruppe, bei nicht erfolgreichem Einspruch des Arbeitnehmers gegen seine Leistungsbeurteilung, nachdem eine paritätisch besetzte Kommission auf betrieblicher Ebene nicht erfolgreich schlichten konnte oder bei Nichtzustandekommen einer Vereinbarung über die Methoden der Leistungsermittlung tritt die tarifliche Schlichtung in Kraft. Die Tarifpartner klären am Verhandlungstisch diese strittigen Fragen.

5. Barrieren bei der Einführung und deren Überwindung

Bei der Einführung der neuen Tarifstruktur ist die rechtzeitige und wiederholte Kommunikation unumgänglich. Wird die Mitwirkung und Beteiligung der Mitarbeiter gewährleistet, die Notwendigkeit der Maßnahmen verdeutlicht, ausreichend Zeit und Gelegenheit für Gespräche eingeplant, in der Sprache der Empfänger geredet, nicht nur über Ergebnisse, sondern auch über Prozesse klar, konsequent kommuniziert, dann sind das günstige Voraussetzungen für geringe Widerstände bei der Implementierung neuer Strukturen. Eine zukunftsgerichtete Argumentation gehört ebenso dazu wie auch die Befriedigung des Sicherheitsbedürfnisses der Mitarbeiter. Offen und ehrlich ist zu definieren, was unverändert erhalten bleibt und welche Veränderungen erfolgen sollen.

Dennoch besteht die Möglichkeit, dass Widerstände und Barrieren aufgebaut werden, weil Veränderungen verunsichern, zum Verlust der Identifikation führen können, niemand gern sein Verhalten ändert, Veränderungen in Macht, Besitzstände, Selbstverständnis der Betroffenen eingreifen und vor allem auch bei Führungskräften zu Konfliktsituationen führen. Mitarbeiter müssen unpopuläre Entscheidungen vertreten und beim Wegrationalisieren des eigenen Arbeitsplatzes mithelfen.

An dieser Stelle sei an die »Grundgesetze« des Widerstandes nach Dr. Dieter Frey erinnert:

• es gibt keine substanzielle Veränderung ohne Widerstand;
• Widerstand enthält immer eine verschlüsselte Botschaft;
• Nichtbeachten von Widerstand führt zu Blockaden;
• auf Widerstand ist immer einzugehen.

Ob nun Barrieren bei der Einführung neuer Strukturen entstehen, liegt in der Hand des Managements, der Führungsmitarbeiter, der Vorgesetzten. Es gibt kein Verfahren, das vor Komplikationen schützt. Führung heißt, Mitarbeiter dazu zu bringen, sich für die Ziele des Unternehmens einzusetzen.

XII. Die zeitliche Organisation von Arbeit im Rahmen wirksamen Managements

Peter Grieger

Die Fragestellung

Ist es Aufgabe des Managements, sich um Fragen von Arbeitszeitmodellen und Arbeitseinsatzplanungen zu kümmern? Sollte das Management sich nicht besser für die Verbesserung der finanziellen Rahmenbedingungen einsetzen, für mehr Personal sorgen und Fragen der internen Organisation den Mitarbeitern überlassen, die für Dienstpläne und derartige Fragen verantwortlich sind? Sind nicht gerade die strategischen Fragestellungen die entscheidenden und Fragen um den Themenkomplex Arbeitszeit eher von zweitrangiger Natur?

Gegenfrage: Wo kann Management mit vertretbarem Aufwand welche Wirkungen erzielen? Kann über das mühevolle und aufwändige Bohren harter dicker Bretter im Gemeineigentum (z.B. mehr Personal) der Blick für ebenfalls unbearbeitete, weniger harte und dicke Bretter im eigenen Haus verloren gehen?

Die **zentrale Frage** von Arbeitszeitsystemen folgt eher der Perspektive der Gegenfrage: *Ist die Arbeit so organisiert, dass die immer knappe Ressource Zeit sparsam und bedarfsgerecht einsetzt wird?* Sind die arbeitsorganisatorischen Voraussetzungen so gestaltet, dass mit dem zur Verfügung stehenden Arbeitszeitbudget die Arbeitsaufgaben möglichst optimal erledigt werden können?

Organisation der Arbeit als Managementaufgabe

Alle Organisationen und Unternehmen müssen ihre jeweiligen Lösungen für die oben aufgeworfenen Fragen finden. Für sozialwirtschaftliche Unternehmen kann ihre Bedeutung gar nicht hoch genug eingeschätzt werden. Ihr zentraler Geschäftsauftrag ist darin zu sehen, soziale, pädagogischen oder pflegerische Dienstleistungen zu erbringen. Managementaufgabe ist es, die Arbeit so zu organisieren, dass der zentrale Geschäftsauftrag (Kunde) im Zentrum der Aufmerksamkeit steht und von dort nicht wieder verschwindet. Engagement, Motivation und in gewisser Hinsicht Zufriedenheit von Mitarbeitern sind für interaktionsgebundene Dienstleistungen von besonders großer Bedeutung. Wenn die erschreckenden Ergebnisse von Untersuchungen zu Engagement und Motivation von Mitarbeitern auch nur von der Tendenz her richtig sein sollten (z.B. Gallup GmbH Deutschland 2002, Fortune – Studie 2003), so liegt auf der Hand, dass für immer persönlich zu erbringende soziale

Dienstleistungen die arbeitsorganisatorischen Rahmenbedingungen besonderer Aufmerksamkeit des Managements bedürfen.

Gewinnung und Bindung qualifizierter Mitarbeiter durch attraktive Arbeitszeitrahmenbedingungen

Zunehmend setzt sich die Erkenntnis durch, dass »Tschakka-Tschakka« basierte Motivationsanstrengungen nur kurzfristige Euphorie erzeugen aber keine dauerhafte (nachhaltigen) Basis für motiviertes und engagiertes Arbeiten darstellen können. Motivierung von Mitarbeitern wird häufig als besonders wichtige Fähigkeit von Führungskräften betrachtet. Aus der unbestrittenen Tatsache, dass viele Mitarbeiter durch ihre Arbeit demotiviert sind, wurde geschlossen, dass Mitarbeiter aktiv motiviert werden können. Wenn dies richtig ist, tut sich ein nahezu unerschöpflicher Markt an Motivationsinstrumenten auf, die tatsächlich in den letzten Jahren über die Managementszene hereingebrochen sind. Es erweist sich aber, dass Motivation und Engagement nicht »instrumentell hergestellt« werden können, sondern sich auf der Basis stimmiger Rahmenbedingungen der jeweils konkreten Arbeit ergeben. Im sozialen Dienstleistungsbereich mit sehr großem Frauenanteil sind deshalb intelligente Arbeitszeitregelungen besonders wichtig. Sie müssen prinzipiell familienfreundlich sein und rund um die Uhr 8760 Stunden im Jahr Leistungsbereitschaft abdecken. Flexibilität, Zeitsouveränität und Gestaltungsspielräume sind in stationären Einrichtungen mit einer permanenten Leistungsverpflichtung in Einklang zu bringen.

Die richtigen Mitarbeiter zur richtigen Zeit am richtigen Arbeitsplatz

Die hohe Kunst des Personalmanagements ist darin zu sehen, die richtigen MitarbeiterInnen (leistungswillig und zugleich leistungsfähig) zu finden, sie zeitlich und inhaltlich richtig einzusetzen, damit sie erfolgreich Leistungen erbringen können und die Arbeitsplätze auf die Stärken der MitarbeiterInnen zu zu schneiden.
Gut funktionierende Arbeitszeitregelungen und robuste Arbeitseinsatzplanungen allein garantieren sicher noch nicht engagierte und motivierte MitarbeiterInnen. Die Chance, solche zu finden und zu halten, dürften sich aber so erheblich besser darstellen.

Intelligente Instrumente intelligent einsetzen

Nur wenige Managementinstrumente passen ohne Modifikation auf alle konkreten sozialwirtschaftlichen Unternehmen. Mit einer z.T. mühevollen Anpassung auf die konkreten eigenen Bedingungen sollte gerechnet werden. Aus den grundsätzlichen

Konstruktionsprinzipien, der konkreten Ausgestaltung und auch aus »Details des Wie etwas gemacht wird« kann aber jede sozialwirtschaftliche Unternehmung von gut funktionierenden Modellen und Instrumenten viel lernen. Im Rahmen dieses Forums werden laufende »Modelle« präsentiert, die als erprobt gelten können. Gemeinsamkeiten der Beispiele sind u.a. in der Arbeit mit individuellen Arbeitszeitkonten zu sehen. In definierten Rahmenbedingungen, wie z.B. der Mindestbesetzung eines Wohn/Pflegebereichs u.ä., haben die Mitarbeiter die Möglichkeit, entsprechend ihren individuellen Bedürfnissen zu arbeiten. Wenn es auch bei vielen verantwortlichen Leitungskräften Skepsis hervorrufen wird, es funktioniert in den Organisationen und Betrieben, die sich über die notwendigen Spielregeln verständigen und die Umstellung auf das neue Arbeitszeitsystem als Organisationsentwicklungsprozess verstehen und entsprechend planen.

Gegenwärtig wird das Konzept der Vertrauensarbeitszeit ausgiebig diskutiert. Hierbei wird u.a. vollständig auf die Arbeitszeiterfassung verzichtet. Ob sich dies dauerhaft als tragfähig erweisen wird, muss abgewartet werden.

Für sozialwirtschaftliche Unternehmen mit Bereitschaftszeiten dürfte sich aus der sich abzeichnende europäische Rechtsprechung unmittelbarer Handlungsbedarf ergeben. In erster Linie sollte das Thema intelligenter Arbeitszeitmodelle als Bestandteil einer umfassenden Managementkonzeption betrachtet werden. Gute Ergebnisse stellen sich dauerhaft nur im Kontext stimmiger Rahmenbedingungen ein.

XIII. Das Modell flexibler Vertrauensarbeitszeit der Franziskusheim gGmbH – Stärkung der Arbeitszeitökonomie und Erhöhen der Arbeitszeitsouveränität

Alfons Nickels

In Absatz 3 der Präambel der Mitarbeitervertretungsordnung steht unter anderem:

>»Weil die MitarbeiterInnen Dienst in der Kirche mitgestalten und mitverantworten sollen sie auch aktiv an der Gestaltung und Entscheidungen über die sie betreffenden Angelegenheiten mitwirken . . . Dies erfordert von Dienstgebern und MitarbeiterInnen die Bereitschaft zu gemeinsam getragener Verantwortung und vertrauensvoller Zusammenarbeit.«

In Zeiten größer werdender Konkurrenz, in Zeiten kleiner werdender finanzieller und damit verbundener personeller Ressourcen sind nicht nur neue betriebswirtschaftliche Steuerungsinstrumente gefragt sondern zumindest genauso wichtig sind neue Konzepte und die Bündelung aller Fachkompetenz.

Und wer heute immer noch glaubt und so arbeitet, als sei die Kompetenz einzig und allein auf der Chefetage zu finden, wird Schiffbruch erleiden.

Mit einem Schmunzeln behaupte ich, dass bei der Franziskusheim gGmbH auch auf der Leitungsebene Fachkompetenz vorhanden ist, aber ohne die Kompetenz der einzelnen Mitarbeiter und deren Bereitschaft und die Möglichkeit sich aktiv an der Entwicklung zu beteiligen, würde in unserem Betrieb sehr viel an Innovation verloren gehen, würde in weiten Bereichen wahrscheinlich immer noch auf veraltete Strukturen gesetzt und ein Arbeitszeitmodell wäre auch nicht im Ansatz umsetzbar gewesen.

Es ist sicher nicht möglich unser Arbeitszeitmodell der flexiblen Vertrauensarbeitsarbeitszeit in wenigen Zeilen vorzustellen, was man vorstellen kann sind die Grundsäulen auf denen dieses Modell basiert, die Überlegungen die für die Umsetzung Pate standen und die Auswirkungen die es auf unseren Betrieb hatte.

Liebe Kolleginnen, die Welt und hier auch und gerade die Arbeitswelt hat sich in den letzen 10 bis 15 Jahren dramatisch verändert.

Die Zahl der alleinerziehenden MitarbeiterInnen mit ganz speziellen Bedürfnissen bezogen auf Arbeits- und Freizeit ist enorm gestiegen, die Zahl der berufstätigen Mütter mit Kindern hat sich erhöht und sind wir doch mal ehrlich, die Hauptlast der spezifischen Probleme bleibt doch auch heute noch trotz Emanzipation bei den Müttern liegen.

Freizeit hat heute einen erheblich höheren Stellenwert für die Mitarbeiter als noch vor Jahren.

Nicht zuletzt haben immer höhere Ansprüche an die sozialen Dienste, ich nenne nur das neue Heimgesetz und das Pflegequalitätssicherungsgesetz bei leeren Kassen dazu geführt, dass wir zunehmend nach innovativen Ideen suchen, Synergieeffekte ausnutzen und unsere MitarbeiterInnen effektiver einsetzen müssen.

Aus diesen Überlegungen heraus haben wir unseren Arbeitstag daraufhin untersucht wann wir Hoch- und wann wir im Tagesablauf Niedriglastzeiten haben.

Es hat sich sehr schnell gezeigt, dass es Unfug ist über eine ganze Schicht hinweg die gleiche Qualifikation vorzuhalten und die gleiche Anzahl von MitarbeiterInnen, unabhängig davon wie hoch der Arbeitsanfall ist.

Nach intensiven Gesprächen mit unserer MAV und einer Erprobungsphase über 9 Monate in einem Wohnbereich mit 14 MitarbeiterInnen haben wir dann ab dem 1. Januar 2000 im gesamten Betrieb die flexible Vertrauensarbeitszeit eingeführt.

Hatten die Mitarbeitervertretung des Franziskusheimes und die Geschäftsleitung im ersten Moment die Einfügung der Anlage V b in die AVR noch als einen revolutionären Schritt der Freiburger Kommission begrüßt und gedacht, dass hier die Zeichen der Zeit und die Notwendigkeiten einer flexiblen Arbeitszeitgestaltung für alle Beteiligten erkannt worden sei, so stellten wir aber ebenso fest, dass man offensichtlich in § 1 schon wieder Angst vor der eigenen Courage bekommen hatte. Und zwar durch die Begrenzung der Möglichkeiten bis zum 31. 12. 2001.

Bedenkt man welch sensiblen Bereich man mit der Einführung der flexiblen Arbeitszeit berührt, welche Vorbereitungen und Beteiligungen erforderlich sind, welche Ängste und Unsicherheiten es bei allen Beteiligten (Arbeitgeber und Arbeitnehmer) zu beseitigen gilt und wie lange es dauert, bis man sich vom Kopf her von alten und über Jahrzehnte geübten Denkmodellen verabschiedet hat, dann musste eigentlich klar sein, dass der vorgegebene Befristungsrahmen nur zur Verhinderung und nicht zur Ermutigung dienen konnte.

Ein neues Arbeitszeitmodell, und da waren sich Mitarbeitervertretung und Geschäftsleitung einig, durfte nicht eine Spielwiese auf Zeit sein, sondern musste eine von allen Beteiligten entwickelte und getragene, mit einer hohen Akzeptanz umgesetzte verlässliche Grundlage zur Erreichung eines gemeinsamen Zieles sein.

Jedem Beteiligten war klar, dass die Umsetzung eines solchen Projektes Jahrzehnte lang bestehende Strukturen und Denkweisen verändern würde und sich dahingehend nur mit eines hohen Akzeptanz aller Beteiligten bewerkstelligen und sich auf keinen Fall in der Geltungsdauer entsprechen Anlage V b der AVR § 1 bis zum 31.12.2001 begrenzen ließe, sondern langfristig und verlässig angelegt musste.

Aus diesem Grund haben wir bereits 1999 diese Begrenzung des Arbeitszeitmodells überlesen und dieses Modell in der Dienstvereinbarung als unbefristet angelegt.

Die Presse schrieb nach der Innovationspreisverleihung in Berlin für dieses Projekt: Die MitarbeiterInnen des Franziskusheimes in Geilenkirchen kommen wann Sie wollen.
Diese Presseaussage ist nicht vollständig. Unsere MitarbeiterInnen kommen und gehen wann sie wollen.
Die einzige Einschränkung ist die, dass die zu Hoch – und Niedriglast festgelegten Mindestbesetzungen nach Qualifikation und Anzahl von Köpfen nicht unterschritten wird.
Die MitarbeiterInnen haben die Möglichkeit bis zu 115 Stunden im Plus und auch im Minusbereich zu arbeiten ohne Rücksprache nehmen zu müssen.
Abgerechnet wird dieses Konto erst beim Ausscheiden des Mitarbeiters aus dem Betrieb oder beim Antritt eines Erziehungsurlaubs.

Wir nennen unser Arbeitszeitmodell heute flexible Vertrauensarbeitszeit, Vertrauensarbeitszeit, weil in diesem Wort das enthalten ist, was unabdingbare Voraussetzung für die Realisierung eines solchen Modells ist: Vertrauen in den Mitarbeiter, Vertrauen in seine Kompetenz und seine Fähigkeit mit seiner Freizeit und seiner Arbeitszeit verantwortungsbewusst umzugehen.
Die Dienstplangestaltung erfolgt mittels EDV technischer Unterstützung, weil dies für die Mitarbeiter einfacher, genauer, leichter nachvollziehbarer und transparenter ist.

Projektziele

*Eine »**höhere Orientierung der Arbeitszeiten an externen und internen Kunden**« war einer der Ecksteine, die zu Beginn gesetzt und als unbedingt erforderlich angesehen wurden.*
Hier sollte über eine höhere Flexibilität eine Ausrichtung an den Bedürfnissen der Kunden erfolgen.
Gegenüber dem internen Kunden zeigen sich starre Arbeitszeitregelungen als ein Gemisch aus sogenannten Sachzwängen und <u>*Organisationsdefiziten.*</u>

*Die »**stärkere Ausrichtung der Personalbesetzung am schwankenden Arbeitsanfall**« war ein weiterer Richtpunkt.*
Hier zeigt es sich als besonders unökonomisch, daß unabhängig vom Arbeitsanfall und der Qualität der zu erbringenden Arbeit, von Schichtbeginn bis Schichtende mit gleicher Qualität und gleicher Quantität gearbeitet wurde.
Zu Niedriglastzeiten wurden teure examinierte MitarbeiterInnen mit hoher Qualifikation für pflegefremde Tätigkeiten und für Arbeiten eingesetzt, die von erheblich billigeren Hilfskräften erbracht werden konnten.
Eine kontinuierliche Unterforderung führt zur Arbeitsplatzunzufriedenheit.

Die »bessere Berücksichtigung von Mitarbeiterinteressen, die Förderung der Eigenverantwortung und die Erhöhung der Flexibilität in der täglichen Arbeit im Rahmen der betrieblichen Möglichkeiten« waren gemeinsam angestrebte Ziele.

Das geänderte Freizeitverhalten der Mitarbeiter, andere Formen des Zusammenlebens, die steigende Zahl alleinerziehendender Mütter, die Notwendigkeit, dass vermehrt beide Partner in der Familie zum Unterhalt durch Berufstätigkeit beitragen müssen etc. führten in den letzten Jahren zu erheblich veränderten Ansprüchen und Bedürfnissen, bezüglich der Arbeitszeiten von Mitarbeitern.

Starre, sich in regelmäßigem Rhythmus wiederholende Schichtpläne führen zu Konflikten im Privatbereich, die sich in erheblichem Maße auf die Arbeitsplatzzufriedenheit und die Arbeitsleistung auswirken.

Unter Berücksichtigung einer Mindestbesetzung, bezogen auf die Anzahl der Mitarbeiter und deren Qualifikation, sollte die Möglichkeit eröffnet werden, eigenverantwortlich darüber zu entscheiden, ob eine generelle Anwesenheit erforderlich sei und wenn ja, zu welcher Zeit.

Arbeitszeiten mit hohem Arbeitsanfall und solche mit niedrigem Arbeitsanfall mussten mit hoher Beteiligung aller Mitarbeiter über eine Strukturierung des Arbeitstages festgelegt werden.

Die »Förderung des Teamprozesses« wurde bei der Festlegung der Ziele als positiver Nebeneffekt erwartet.

Die Arbeitsgruppe Vertrauensarbeitszeit des Franziskusheimes entschied sich für das Modell des Ampelkontos, das erstmalig 1990 bei der Bremer Landesbank eingesetzt wurde, allerdings wurde mittlerweile auf die Gelbphase verzichtet und die MitarbeiterInnen können bis zu 115 Stunden im Plus- und Minusbereich arbeiten ohne Rücksprache nehmen zu müssen.

Heute 3½ Jahre nach Umsetzung unserer flexiblen Vertrauensarbeitszeit, stellt sich diese aus der Sicht der Bewohner wie folgt dar:

Zu Hochlastzeiten sind 30 % mehr Mitarbeiter als in der Vergangenheit eingesetzt, wodurch bewohnerorientierter gearbeitet und Hilfe zur Selbsthilfe gegeben wird. Der Mitarbeiter betreut den Bewohner heute so, dass dieser seine Ressourcen ausschöpfen kann.

Die nun in der Regel von zwei Mitarbeitern durchgeführte Grundpflege ist für den Bewohner schonender.

Die Wochenend und Feiertagsarbeit wird gestärkt.

Die Bewohner werden dann gepflegt, wenn sie es möchten, und nicht dann wenn der Dienstplan es vorgibt.

In Folge des Arbeitszeitmodelles wird effizienter gearbeitet, so dass zeitliche Ressourcen verfügbar werden. Die Nutzung bringt den Bewohnern direkt einen Mehrwert, da die Mitarbeiter in der Pflege Zeit für zusätzliche Aufgaben im Bereich der sozialen Betreuung haben.

Bezogen auf unsere Mitarbeiter zeigt sich, dass die Mitarbeiter insbesondere im Pflegebereich, durch die höhere Besetzung zu Hochlastzeiten, insbesondere bei der Grundpflege physisch und psychisch deutlich entlastet werden.

Die Mitarbeiter sind zufriedener nach eigener Aussage
weil sie Zeit für die Bewohner haben.
wegen der größeren Eigenverantwortung,
der positiv erlebten Teamarbeit,
der positiven Rückmeldungen von BewohnerInnen und deren
Angehörigen
und der besseren Möglichkeit, familiäre Bedürfnisse,
Freizeitgestaltung und Arbeitszeit miteinander zu verbinden.

Sie sind motivierter, weil sie im hohen Maße selbst über ihre Arbeitszeit entscheiden können und frustrierende Leerlaufzeiten nicht mehr vorkommen.
Unzufriedenheiten über den fertigen Dienstplan treten nicht mehr auf.
Über die Notwendigkeit sich im Team über die individuellen Arbeitszeiten abzustimmen, kamen unsere Mitarbeiter verstärkt ins Gespräch.

Aus der Sicht des Arbeitgebers stellt sich die Situation wie folgt dar:
Vorgesetzte werden durch die weitgehend selbstgesteuerte Dienstplanung entlastet und können sich in erheblich höherem Maße um ihre eigentlichen Aufgaben zum Beispiel im Controlling Bereich kümmern.
Es fallen im Franziskusheim keine Kurzzeitfehlzeiten für Arztbesuche mehr an und der Krankenstand hat sich bei knapp unter drei % bereinigte Ausfallzeit durch Erkrankung in den letzten drei Jahren stabilisiert.
Die Mitarbeiter identifizieren sich in erheblich höherem Maße mit ihrem Betrieb, bedingt dadurch, dass sie während des Projektes viel über den eigenen Betrieb erfahren haben.
Die Personalfluktuation reduzierte sich auf annähernd Null, wodurch die Fluktuationskosten sich dementsprechend reduzierten.
In der Außenwirkung zeigt sich, dass Angehörige registrieren, dass zu Hochlastzeit erheblich mehr Personal anwesend ist und damit sehr viel ruhiger gearbeitet werden kann.
Mit einem Fachkräfteanteil von über 60 % ist der Pflegenotstand im Franziskusheim Geilenkirchen nicht angekommen.
Sehr viele exam. Fachkräfte bewerben sich gezielt mit Hinweis auf unser Arbeitszeitmodell.
Das Franziskusheim Geilenkirchen hat in den letzten Jahren keine einzige Stellenanzeige schalten müssen.
Die in der Ausgangssituation offene Frage, ob über die flexible Arbeitszeit zusätzliche Arbeitsplätze geschaffen werden können, muss für den Projektbetrieb verneint werden.

Wenn die vorhandene Arbeitszeit besser verteilt wird, bedeutet dies eine Rationalisierung der Prozesse.

Dabei wird die Gesamtarbeitszeit tendenziell weniger, da Leerzeiten reduziert werden und die Mitarbeiter dennoch mit vollem Einsatz arbeiten.

Schnittstellen durch Fremdkontrollen fallen weg, da die Mitarbeiter mehr Eigenverantwortung für den Arbeitsprozess und die Arbeitsqualität tragen. Dadurch führen sie in der Regel ihre Arbeit in kürzerer Zeit durch.

Es bewahrheitete sich die These, dass mehr Eigenverantwortung zu weniger »Zeitverschwendung« für MitarbeiterInnen und Vorgesetzte führt.

Bleibt die Zahl der Mitarbeiter gleich, dann müssen sich die Aufgaben ausweiten. Im Projektbetrieb werden diese Zeitressourcen für Betreuungsaufgaben genutzt und kommen damit dem Bewohner direkt zu gute.

Hier sage ich aber auch, *»Mitarbeitervertretung sei wachsam«,* denn ich habe in den letzten Jahren in den Augen vieler Kollegen die Dollarzeichen gesehen und immer wieder erlebt, dass im Zusammenhang mit flexibler Arbeitszeit Personalabbau und geteilte Schichten die einzig erstrebenswerte Option waren.

Beides stand bei uns nie zur Diskussion.

Unser Arbeitszeitmodell muss als das gesehen werden, was es tatsächlich ist, ein Teil unseres Personalentwicklungskonzeptes und dieses Personalentwicklungskonzept das über Jahre angelegt ist, ist wiederum nur ein kleiner Teil unseres Qualitätsmanagements. Die Einbindung unserer Mitarbeitervertretung zu einem sehr frühen Zeitpunkt und deren Unvoreingenommenheit wirkte sich ebenso positiv aus wie die Beteiligung aller Mitarbeiter schon in der Entwicklungsphase. Ein von oben diktiertes Arbeitszeimodell wird immer scheitern. Wichtig war, dass hier den Mitarbeitern bereits im Vorfeld angesichts des als massiv empfundenen Eingriffs in die bisherige Arbeitszeit die Ängste genommen wurden und das Angebot gemacht wurde jederzeit Veränderungen die von Mitarbeitern als sinnvoll erkannt wurden aufzunehmen.

Eben erst diese Veränderungen während des Projektverlaufes haben das Ursprungsmodelles zum Erfolgsmodel gemacht. Wesentlich war auch die Tatsache, dass keine starren Vorgaben in der Entwicklungsphase gemacht wurden, sondern das Projekt maßvoll begleitet und gesteuert wurde. Hilfestellung wurde angeboten, aber gleichzeitig wurden Freiräume zum experimentieren gelassen.

Bezogen auf die Mitarbeitervertretung war die Vorbereitungsphase (3 Monate) ausreichend ausgelegt, bezogen auf die Projektphase war der zuerst angesetzte Zeitrahmen mit 6 Monaten (erweitert auf 9 Monate) zu kurz.

Unterschätzt wurde die Tatsache, daß über jahrzehnte gepflegte Gewohnheiten (elf Tage a' 7 Stunden arbeiten/3 Tage frei) in den Köpfen der Mitarbeiter fest verankert sind und ein Umdenkungsprozess nur langsam in Gang gebracht werden kann.

Es hat sich gezeigt, dass ein konkretes Beispiel, demonstriert am tatsächlichen Dienstplan mehr bewirken, als noch so schöne theoretische Modelle.

Entscheidend dafür, dass die Mitarbeiter sich offen und ohne Vorurteile auf das Projekt einließen und sich beteiligten, war die gleich zu Beginn getätigte Festlegung darauf, dass eine spätere Umsetzung nur über eine Dienstvereinbarung mit der Mitarbeitervertretung und auch dann nur bei breiter Zustimmung aller Mitarbeiter erfolgen würde.

Die Tatsache, dass den Mitarbeitern kein feststehendes und unveränderbares Konzept vorgelegt wurde, sondern Ausgestaltungsmöglichkeiten gegeben sind, wirkte sich positiv aus und hatte erheblichen Einfluss bei der Umsetzung der Mobilzeit auf den Gesamtbetrieb.

Es hat sich gezeigt, dass Begleitung und behutsame Steuerung auch, und wahrscheinlich wirkungsvoller, zu dem gewünschten Effekt der überzeugten Umsetzung eines Modells durch Verstehen und Verinnerlichen führt, als Dienstanweisungen und Druck.

Gerade in der zweiten Hälfte des Projektes wurden ausreichend Freiräume zum Experimentieren gelassen, bei gleichzeitiger Sicherstellung, durch zeit- und praxisnahe Begleitung, dass keine Rahmenbedingungen verletzt wurden.

Eine Projektleitung, die selber nicht von ihrem Projekt überzeugt ist, wird nie eine Begeisterung bei Mitarbeitern hervorrufen können. Diese Begeisterung für die Idee, vermittelt von der Mitarbeitervertretung und der Geschäftsleitung trugen in erheblichem Maße zur recht komplikationslosen Einführung unserer Vertrauensarbeitszeit bei.

Die Vertrauensarbeitszeit des Franziskusheimes ist nicht mehr rückkehrbar und wenn wir zum 1. Oktober mit einer weiteren Einrichtung ans »Netz« gehen so steht heute schon fest, dass die Mitarbeiter auch dort nach dem gleichen Modell arbeiten werden.

Wir können Sie nur ermutigen einen vergleichbaren Weg zu gehen, denn es lohnt sich für alle Beteiligten, Bewohner, Mitarbeiter und Dienstgeber.

150

XIV. Dynamisierte Personaleinsatzplanung in Einrichtungen der Behindertenhilfe

Volker Schirmer

These 1: Die Umsetzung des § 93 a, Abs. 2 BSHG führt zu hilfe-
bedarfsabhängigen Personalschlüsseln.

*Ausgangspunkt der gesamten Thematik ist die – inzwischen nicht mehr ganz neue –
Fassung des § 93 a:*

> *§ 93 a Absatz 2 BSHG, Satz 3:*
> *Die Maßnahmenpauschale wird nach Gruppen für Hilfeempfänger mit vergleichbarem
> Hilfebedarf kalkuliert.*

*Mit dieser Formulierung haben alle Beteiligten – unabhängig, ob Kostenträger
oder Einrichtungsträger – erhebliche Probleme. Natürlich auch in Bayern. Ich
möchte Ihnen einiges berichten über die Bayerischen Problem – Lösungsversuche
und die daraus erst entstehenden Schwierigkeiten im Alltag:
Zur Umsetzung des § 93 BSHG gibt es in Bayern ein Modellprojekt für Einrichtungen, die Wohnen für geistig und/oder körperlich behinderte Menschen anbieten:
Diese Einrichtungen in Bayern haben im Rahmen dieses Modellprojekts neue
Leistung- und Vergütungsvereinbarungen mit den überörtlichen Sozialhilfeträgern
(in Bayern die Bezirke) abgeschlossen. Die Umsetzung erfolgt nach dem Metzler –
System und zieht einige Folgerungen nach sich, die die Einrichtungen vor völlig
neue Herausforderungen stellen.*

Zunächst einige *Definitionen von Begriffen*, die im Zusammenhang mit der Neufor-
mulierung des § 93 a stehen und zum Verständnis der Thematik erforderlich sind:

Einrichtungstypen/Leistungstypen/Hilfebedarfsgruppen

In *Einrichtungstypen* werden Einrichtungen zusammengefasst die ein gleiches oder
zumindest vergleichbares Leistungsangebot für Menschen mir Beeinträchtigungen
anbieten.
Wenn man den Satz »*Die Maßnahmenpauschale wird nach Gruppen für Hilfeempfänger mit vergleichbarem Hilfebedarf kalkuliert*« genau liest, wird ersichtlich, dass
darin bestimmte Gruppen von Einrichtungen nicht vorkommen. Es geht nicht um

die Einrichtungen sondern um die behinderten Menschen. Diese sollen zu der Kalkulation der Maßnahmepauschale zu Gruppen zusammengefasst werden.

In Bayern hat man dies zwar erst sehr spät erkannt aber immerhin kam die Erleuchtung doch noch. So wurde zurückgerudert und das ganze System verändert. Es wurde ein neues Ordnungssystem erarbeitet, dessen zentrale Begriffe *Leistungstypen und Hilfebedarfsgruppen* sind.

Bildung von »Leistungstypen«:
Die Leistungstypen sollen auf der Grundlage der Hilfe im Rahmen des BSHG die wesentlichen Zielgruppen (Personengruppen) erfassen und die für sie erforderlichen Leistungen voneinander abgrenzen. Die *Leistungstypen* bilden *qualitativ unterschiedliche Leistungsangebote* ab. Für die Eingliederungshilfe für Behinderte werden *drei Differenzierungsvorgänge* absolviert:
* 1. Differenzierung: Alter
a) Leistungsangebote für Kinder, Jugendliche und junge Erwachsene
b) Leistungsangebote für Erwachsene
* 2. Differenzierung: zeitlicher Umfang des Angebotes
a) Vollstationäre Einrichtungen mit Angeboten für Tagesstruktur
b) Vollstationäre Einrichtungen ohne Angebote für Tagesstruktur
c) Teilstationäre Angebote zu Tagesstruktur
* 3. Differenzierung: nach Behinderungsarten
a) Angebote für körperlich behinderte Menschen
b) Angebote für geistig behinderte Menschen
c) Angebote für seelisch behinderte Menschen

Bei den Leistungstypen, bei denen diese qualitative dreifache Differenzierung wegen des unterschiedlichen *quantitativen* Hilfebedarfes nicht ausreicht, ist ein weiterer Schritt zur Bildung von Gruppen von Hilfeempfängern mit vergleichbarem Hilfebedarf vorzusehen.

Diese Unterscheidung nach *quantitativem Hilfebedarf* führt zu *Hilfebedarfsgruppen.*

Erhebung des Hilfebedarfs mit dem HMB – Verfahren (Metzler – System)
Die Erhebung dieses quantitativen Hilfebedarfs erfolgt im Rahmen des Modellprojekts in Bayern mit Hilfe des HMB – Verfahrens (Hilfe für Menschen mit Behinderung, Version 2/2000). Ziel dieses Verfahrens im Rahmen der Eingliederungshilfe nach dem BSHG ist die Bildung von Gruppen von Hilfeempfängern mit vergleichbarem Hilfebedarf, anders ausgedrückt: Hilfebedarfsgruppen. Der Hilfebedarf des einzelnen behinderten Menschen ist hiernach abhängig, sowohl von der Person mit all ihren Fähigkeiten und Einschränkungen als auch von der Lebenssituation.

Technische Umsetzung des HMB – Verfahrens:
Das HMB – Verfahren liefert Informationen über mehr oder weniger Hilfebedarf eines Menschen in sieben definierten Bedarfbereichen:

■ Alltägliche Lebensführung
■ Individuelle Basisversorgung
■ Gestaltung sozialer Bezüge
■ Teilnahme am kulturellen und gesellschaftlichen Leben
■ Kommunikation und Orientierung
■ Emotionale und psychische Entwicklung
■ Gesundheitsförderung und -erhaltung.

Die Information über den Hilfebedarf in diesen sieben Bereichen wird in Punktwerte transferiert, die Punktwerte werden addiert und in eine Rangreihenfolge gesetzt. Diese Rangreihenfolge von minimalem bis maximalem Hilfebedarf wird in fünf gleich große Abschnitte zerteilt, die dann die fünf Hilfebedarfsgruppen (HBG) ergeben, wobei bei dieser Setzung die Äquivalenzziffer gleich der HBG ist:

Hilfebedarfs-gruppe	Beschreibung	Punktwert	Äquivalenz-ziffer
1	(sehr geringer Hilfebedarf):	6 – 30	1
2	(geringer Hilfebedarf):	31 – 55	2
3	(mittlerer Hilfebedarf):	56 – 80	3
4	(hoher Hilfebedarf):	81 – 105	4
5	(sehr hoher Hilfebedarf):	106 – 132	5

Diese Vorgehensweise hat zentrale Probleme:
• Die Punktwerte geben keinerlei Anhalt dafür, wie viel Personaleinsatz hinter diesen Punktwerten steht. Dies bedeutet, dass sich aus der Einstufung in eine HBG nicht entnehmen oder berechnen lässt, wie viel Personal für die Erfüllung des Hilfebedarfs notwendig ist.
  Das HMB – Verfahren unterstellt, wenn man es unkritisch anwendet, dass ein Punktwert z. B in dem Bedarfsbereich »alltäglichen Lebensführung« den gleichen Personalbedarf erfordert wie ein identischer Punktwert im Bedarfsbereich »emotionale und psychische Entwicklung«. Dies ist rein spekulativ. Dennoch muss man sich mit der Thematik befassen, wenn man den § 93 a, Abs. 2 BSHG umsetzen will, denn hier steht:»Die Maßnahmepauschale wird nach Gruppen für Hilfeempfänger mit vergleichbarem Hilfebedarf kalkuliert«. Daraus ist zu entnehmen., dass man diese systemimmanente Problematik lösen muss.
• *Die Punktwerte des HMB – Verfahrens sind keine Zahlen,* obwohl sie so aussehen. Sie sagen etwas aus über mehr oder weniger Hilfebedarf, aber nichts über die tatsächliche Höhe des erforderlichen Personals zur Abdeckung bzw. Erfüllung des Hilfebedarfs.

Man kann mit ihnen eigentlich nicht rechnen, wie dies im Bayerischen Modellversuch durch die Einführung der *Äquivalenzziffern* aber getan wird. Dieses bei nahezu allen Messungen im Sozialbereich auftretende Problem ist unter dem Begriffe »Skalenproblematik« bekannt, auf das ich hier nicht näher eingehen möchte.

• Die Einführung der Äquivalenzziffern 1, 2, 3, 4 und 5 für die Hilfebedarfsgruppen 1 bis 5 bedeutet, dass in der HBG 2 doppelt so viel Personal zur Betreuung und Pflege der behinderten Menschen zur Verfügung steht wie in der HBG 1, in der HBG 3 dreimal so viel, in HBG 4 viermal und in HBG 5 fünfmal so viel wie in der HBG 1.

Um die Konsequenzen aus dieser Regelung zu erkennen, muss noch ein kleiner Ausflug in andere Teile des geänderten § 93 BSHG unternommen werden:

BSHG, § 93 Abs. 2
»Wird die Leistung von einer Einrichtung erbracht, ist der Träger der Sozialhilfe zur Übernahme der Vergütung für die Leistung nur verpflichtet, wenn mit dem Träger der Einrichtung oder seinem Verband eine Vereinbarung über:
1. *Inhalt, Umfang und Qualität der Leistung (Leistungsvereinbarung),*
2. *die Vergütung, die sich aus Pauschalen und Beträgen für einzelne Leistungsbereiche zusammensetzt (Vergütungsvereinbarung) und*
3. *die Prüfung der Wirtschaftlichkeit und Qualität der Leistungen (Prüfungsvereinbarung) besteht.«*

In der Neufassung des Paragraphen 93 wurde die Kalkulation und Vereinbarung der Pflegesätze völlig neu geregelt. Es wird nicht mehr nur eine Vereinbarung geschlossen, es gibt jetzt drei Vereinbarungen:

Besonders wichtig ist die *Leistungsvereinbarung.* In ihr wird die gesamte personelle, sächliche und räumliche Leistung der Einrichtung im Detail schriftlich geregelt, hier sind die festgelegten und einzuhaltenden Personalschlüssel pro Hilfeempfänger von entscheidender Bedeutung.

Auf die *Vergütungsvereinbarung* muss ich hier nicht näher eingehen.

In der *Prüfungsvereinbarung* werden die Bedingungen der Prüfungen geregelt, zu denen die Kostenträger berechtigt sind:

• *Qualitätsprüfungen* werden in der Zukunft regelmäßig in allen Einrichtungen stattfinden. Es soll dann vom Kostenträger kontrolliert werden, ob die in der Leistungsvereinbarung festgeschriebenen Leistungen auch tatsächlich erbracht wurden, hier insbesondere die oben schon erwähnten Personalschlüssel. Zeitweiliges Nichteinhalten des vereinbarten Personalschlüssels führt zu einer Rückzahlungsverpflichtung der nicht ausgegebenen Personalkosten an den Träger der Sozialhilfe.

• *Wirtschaftsprüfungen* finden in Bayern gemäß Rahmenvertrag nach § 93 d Abs. 2 BSHG in der Regel nur dann statt, wenn die Qualitätsprüfung nicht zufriedenstellend ausgefallen ist, z. B. der vereinbarte Personalschlüssel zeitweilig nicht eingehalten wurde.

§ 93 BSHG erfordert in seiner neuen Fassung also die kontinuierliche Einhaltung der Leistungsvereinbarung, wobei für den Kostenträger die Personalschlüssel von besonderer Bedeutung sind,

Hilfebedarfsabhängige Personalschlüssel pro Hilfebedarfsgruppe (HBG):

Im Bayerischen Modellprojekt ist auch beinhaltet, dass teilweise in der Leistungs-vereinbarung pro HBG ein konkreter Personalschlüssel festlegt wird. Diese Zuord-nung des Personalschlüssels pro Hilfeempfänger, je nach Hilfebedarfsgruppe hat er-hebliche Bedeutung sowohl für die personelle Gruppenbesetzung als auch für die konkrete Arbeit in der Gruppe. Selbstverständlich ist in einer Gruppe mit Menschen mit höheren HBG auch ein höherer Personaleinsatz notwendig, es ist ja mehr Hilfe-bedarf zu befriedigen, was ausschließlich über mehr Personal zu bewerkstelligen ist.

Nachfolgend eine Übersicht über zugeordnete Personalschlüssel einer realen Ein-richtung:

Tabelle 1:   Personalschlüssel und Stellenanteile pro HBG.

Leistungstyp	PS insgesamt	Personalschlüssel pro HBG, 1 zu				
A.2.2.2.	1 zu	HBG 1	HBG 2	HBG 3	HBG 4	HBG 5
vereinbarter Personal-schlüssel (PS)	2,80	7,06	3,53	2,36	1,76	1,41
Stellenanteil pro Hilfeempfänger	0,35	0,14	0,28	0,42	0,57	0,71

Ableitungen für die Praxis in den Einrichtungen:

Aus Tabelle 1 ist unschwer zu entnehmen, dass der Personaleinsatz in der Gruppe ganz erheblich von der Zusammensetzung der Gruppe nach HBG abhängt. Diese Abhängigkeit kommt um so mehr zum Tragen, je häufiger ein Wechsel von Bewoh-nern und damit möglicherweise von HBG und zugeordnetem Stellenanteil vor-kommt.

Für die im Beispiel aufgeführte Einrichtung kann ein Wechsel von zwei Bewohnern folgende Bedeutung haben, z. B.:
1. Wechsel: statt HBG 4 bisher, neu HBG 2→ Stellenreduzierung 0,28 Mitarbeiter
2. Wechsel: statt HBG 3 bisher, neu HBG 2→ Stellenreduzierung 0,14 Mitarbeiter
insgesamt also 0,42 Stellen.

Da ergibt sich die Frage, wie auf solche Situationen reagiert werden kann und muss.

Damit kommen wir zu These 2:

These 2:   Hilfebedarfabhängigen Personalschlüsseln kann mit dynamisierter Personaleinsatzplanung Rechnung getragen werden.

Die Zauberformel heißt: »Dynamisierte Personaleinsatzplanung«.

Was ist darunter zu verstehen? In der Theorie ist dies ganz einfach:
die zur Verfügung stehenden Personalanteile berechnen sich pro Heim oder Gruppe aus der Addition der Stellenanteile für alle in dieser Wohneinheit lebenden Hilfeempfänger.

Anhand der obigen Tabelle 1 ein Beispiel für eine kleines Wohnheim mit zwei Wohngruppen mit je 9 Bewohnern:

Tabelle 2:   Berechnung von Gruppenpersonal entsprechend der HBG

Bewohner pro HBG		Wohngruppe 1		Wohngruppe 2		Wohnheim (1 + 2)	
HBG	Stellenanteil	Bewohner	Stellen	Bewohner	Stellen	Bewohner	Stellen
1	0,14	0	0,00	0	0,00	0	0,00
2	0,28	2	0,56	1	0,28	3	0,84
3	0,42	5	2,10	4	1,68	9	3,78
4	0,57	2	1,14	4	2,28	6	3,42
5	0,71	0	0	0	0,00	0	0,00
Summe		9	3,80	9	4,24	18	8,04

Aus Tabelle 2 ist leicht zu entnehmen, wie sich die Personalbesetzung einer Gruppe aus der Zusammensetzung der HBG der in der Gruppe lebenden Bewohner in Zukunft berechnet.
Die zwangsläufig nächste Folgerung ist, dass die Personalberechnung bei Bewohnerwechsel überprüft und bei einer Änderung der HBG neu berechnet werden muss, d. h. das Personalbudget der Gruppe muss an die HBG angepasst, es muss dynamisiert werden.

Fazit:
1. *Das Personal, das einem Heim oder einer Gruppe zur Verfügung steht, ist nicht mehr konstant auf die Einrichtung bezogen.*
2. *Es ist abhängig von dem Hilfebedarf der in der Einrichtung lebenden, behinderten Menschen und somit Veränderungen unterworfen.*

Diese Tatsache ist für die Einrichtungen und das dort arbeitende Personal völlig neu und führt zu These 3.

These 3:   Die Einführung einer hilfebedarfsorientierten Personalplanung ist ein einschneidender Wandlungsprozess.

Die hilfebedarfsorientierte Personaleinsatzplanung gibt zumindest zwei völlig neue Betrachtungsebenen:
1. Bislang war die *personelle Besetzung* eines Heimes oder einer Gruppe *üblicherweise konstant*, d. h. solange nicht ein Mitarbeiterwechsel wegen Schwangerschaft, Kündigung oder Umbesetzung stattfand, war das Personal das ganze Jahr unverändert, der Dienstplan lief in aller Regel kontinuierlich, Überstunden fielen in Urlaubszeiten und beim Krankheiten an und wurden bei Vollbesetzung wieder abgefeiert. Der Umzug eines Bewohners spielte keine Rolle, Urlaubsheimfahrten oder Krankenhausaufenthalte schon gar nicht
   Nach der neuen Systematik ergibt sich *das zur Verfügung stehende Personal direkt aus dem Hilfebedarf der in der Einrichtung betreuten behinderten Menschen und ist somit einem stetigen Wandel unterworfen.*
   Die Einbeziehung von Bewohnerwechseln in die Dienstplangestaltung ergibt eine völlig neue, zusätzliche Dimension und verändert diese einschneidend.
2. Die personelle Besetzung wurde *gruppenübergreifend von einer höheren Führungsebene geplant und gesteuert.*
   Unter den neuen Bedingungen haben die Personen auf die Personalbesetzung einer Gruppe den entscheidenden Einfluss, die die Hilfebedarfsplanung machen. Laut Verwaltungsverordnung sind dies zwar die Verwaltungsbeamten durch die Erstellung des Kostenbescheides, in dem die Hilfebedarfgruppe zugeordnet werden muss.
   In der täglichen Praxis erstellen aber die Gruppenmitarbeiter direkt oder unter Anleitung eines Fachdienstes die Hilfebedarfplanung, aus der sich die Zuordnung zu einer Hilfebedarfgruppe unmittelbar ergibt.
   Dies bedeutet, dass nicht länger übergeordnete Strategen die personelle Besetzung einer Gruppe entscheidend beeinflussen sondern die pädagogischen Mitarbeiter, die direkt mit den Klienten arbeiten, höchstens also eine untere Führungsebene.

Dieser Wandel in einem, die Wirtschaftlichkeit einer Einrichtung entscheidend beeinflussenden Faktor ist tatsächlich eine neuer und einschneidender Prozess.

Das neue System ist dabei eigentlich ganz einfach:
Ein behinderter Mensch mit viel Hilfebedarf braucht zur Befriedigung dieses Hilfebedarfs viel Personal, hat jemand weniger Hilfebedarf ist sein Personalanspruch entsprechend geringer.

Oder noch einfacher übersetzt:
Viel Hilfe, sprich viel Personal kostet viel Geld, weniger Personaleinsatz kostet weniger Geld.
An diese, aus dem sonstigen Wirtschaftsleben evidente und schon lange bekannte Tatsache müssen wir uns im Sozialbereich erst gewöhnen.
Obwohl uns diese Thematik also aus unserem privaten Alltag hinlänglich bekannt ist, kann man nicht davon ausgehen, dass Analoges im Alltag der Arbeit im Sozialbereich ohne Widerstände vollzogen wird. Ohne intensive Begleitung führt dieser Wandlungsprozess in unkalkulierbare Risiken. Dies zieht These 4 nach sich:

These 4:   Um Widerständen vorzubeugen, muss dieser Wandlungsprozess durch Information, Schulung und Beteiligung der Betroffenen begleitet werden.

Es gibt viel Literatur über Verantwortung und Aufgaben des Managements bei der Begleitung von Wandlungsprozessen. Darauf will ich hier nicht näher eingehen, da:
1. andere Autoren das viel besser können als ich und
2. hier nicht Raum und Zeit ist für theoretische Abhandlungen.

Ich möchte Ihnen kurz darstellen, wie wir mit dieser Problematik in der Alltagspraxis umgegangen sind:
• *Sensibilisierung der Mitarbeiter für die neue Thematik durch umfassende Information:*
Der gesetzliche Hintergrund für die Neuerungen muss – leider – intensiv und häufig dargestellt werden. Viele Mitarbeiter interessieren sich für den »gesetzlichen, höchst theoretisch formulierten Kram« direkt nicht allzu sehr. Sie müssen ihn aber doch verstehen, um die Schlussfolgerungen daraus akzeptieren zu können. So kommt man nicht umhin, »Gebetsmühlen – artig« die aus dem Gesetzestext abzuleitenden Folgerungen darzustellen.

Es geht darum, dass die Mitarbeiter wirklich *verstandesmäßig* und emotional nachvollziehen, dass die Neuerungen nicht *»böser Wille« der Einrichtungsleitung* ist, die
wieder einmal sparen will und sich um die Folgen für die Mitarbeiter nicht küm-
mert.
*Es geht vielmehr darum, einen unumgänglichen Anpassungsprozess an gesetzliche
Neuerungen zu gestalten, der das Überleben der Einrichtung in schwierigen wirtschaftlichen Zeiten sicherstellt.*

- Wir bearbeiten die Thematik von dem *theoretischen Aufbau her in einem phäno-
  menologischen Kontext,* der *folgende Aspekte* umfasst:
  - *Jeder an dem Prozess Beteiligte muss frei sprechen können*
  - *Es muss genau hingeschaut werden.*
  - *Das Neue hat Vorrang bei Würdigung des Alten.*
  - *Die Lösung liegt gewöhnlich woanders als man glaubt*
    *Hier geht es darum, deutlich zu machen, dass es bisher nicht »schlecht« und
    in Zukunft »besser« gemacht« wird sondern darum, dass jetzt andere Bedin-
    gungen gegeben sind, die ein »anderes« Vorgehen erforderlich machen.*
  - *Die Aufmerksamkeit gilt dem Schwachen.*
    *Dies gilt in aller erster Linie für die in der Einrichtung lebenden behinderten
    Menschen aber auch für MitarbeiterInnen, die vielleicht nicht so flexibel
    sind.*
- *Die* **praktische Umsetzung** *erfolgt in ein Workshop, an dem alle betroffenen
  Mitarbeiter beteiligt sind und sich einbringen können und müssen. Hier gilt:
  »Wer sich im Workshop nicht einbringt, der hat nicht das Recht, sich nachher
  über die dort getroffenen Vereinbarungen zu beklagen.«
  Diese Workshops werden mit externen Referenten veranstaltet, um insbesondere
  hierarchische Probleme im Griff zu behalten.*
- *Bei der* **inhaltlichen Gestaltung** *geht es darum, die Bedingungen für eine Jahresplanung des Personaleinsatzes zu erarbeiten, in die alle relevanten Ereignisse – soweit sie absehbar sind – einkalkuliert werden.*

Vor diesem Hintergrund wird schnell und unmittelbar ersichtlich, das die Bedingungen zur Lösung der Problematik von der individuellen Situation vor Ort abhängig
sind. Damit sind wir bei These 5:

These 5: Lösungsmöglichkeiten sind auf der Basis der individueller Problemstellungen vor Ort zu suchen und zu finden.

Zur Analyse der Bedingungen zur Jahresplanung des Personaleinsatzes sind einerseits alle strukturellen Bedingungen einzubeziehen und anderseits dienstplanrelevanten Ereignisse des gesamten Jahres, hier einige Beispiele:

- *strukturelle Bedingungen:*
  - *Einrichtungsgröße, Gruppengröße*
  - *Notwendige Betreuungszeiten:*
    - *Werktage*
    - *Wochenende/Feiertage*
    - *Nachtdienst/Nachtbereitschaft*
- *Teamsitzungen/Supervision/Betreuungskonferenzen*
  - *Häufigkeit*
  - *Dauer*
  - *Beteiligung*
- *Urlaubsanspruch der betreuten, behinderten Menschen:*
  - *Betriebsurlaub der WfbM*
  - *Individualurlaub*
  - *Urlaubsfahrten:*
    - *Individuelle*
    - *Gruppenfahrten*
- *Arbeiten, die nicht im direkten Gruppendienst erledigt werden können.*
- *Brutto- oder Netto – Berechnung*
  (Diese Begriffe sind nicht wörtlich zu nehmen, sie wurden von uns nur zur leichteren Unterscheidung der beiden Berechnungsformen verwendet).

Diese Menge von Fragen werden im Workshop behandelt, diskutiert und in Form von Lösungsvorschlägen abgearbeitet, die dann natürlich einem Praxistest unterzogen werden müssen.

Es gibt auf den ersten Blick mindestens drei Regelungsstufen:
- *Brutto- Berechnung → excel – Datei*
- *Netto- Berechnung → excel – Datei*
- *Arbeitvertragliche Regelungen*

Ausgangspunkt ist dabei, dass das täglich eingesetzte Personal (Nettoberechnung der Jahresstundenzahl) nicht identisch ist mit dem per Arbeitsvertrag beschäftigten Personal (Bruttoberechnung der Jahres – Sollstunden). Bei der Nettoberechnung werden Krankheit, Urlaub, Besprechungen, Feiertage etc. bei der Erstellung des Dienstplans in anderer Art und Weise berücksichtigt.

Netto – Berechnung, umgerechnet auf einen Wochen – Dienstplan:
Aus der in Tabelle 2 dargestellten Berechnung des beschäftigten Personals ist der
tägliche Dienstplan zu entwickeln. Eine solche Umrechnung soll an folgendem Beispiel exemplarisch vorgenommen werden:

Tabelle 3:   Berechnung der täglichen Besetzung

	Gruppe 1	Gruppe 2	Wohnheim
Zahl der MitarbeiterInnen (MA)	3,80	4,24	8,04
MA – Stunden, pro Jahr	5.998,30	6.692,84	12.691,14
MA – Stunden, pro Woche	115,04	128,36	243,40
Nachtbereitschaft pro Woche	7,00	7,00	14
Tagdienst an WfbM – Tagen	5,47	5,47	9,21 + 1,73
Mindestbesetzung, Mo.bis Do.	27,62	27,62	55,24
Mindestbesetzung, Freitag	8,63	8,63	17,26
Mind.- Bes. Wo.-Ende/Feiertag/Url.	37,59	37,59	75,18
Summe Mindestbesetzungen	86,31	86,31	172,62
Mögl. Besetzung mit 2. MA in Stunden pro Woche	28,73	42,05	70,78

Erläuterungen zu Tabelle 3:
– *Zahl der MitarbeiterInnen (MA): ist aus Tabelle 2 entnommen.*
– *MA – Stunden, pro Jahr: Eine Vollzeit – Mitarbeiterin steht im Jahresdurch-
  schnitt 1578,5 Stunden zur Verfügung. Dieser Meinung ist jedenfalls der Ver-
  band der Bayerischen Bezirke.
  Geht man von der Richtigkeit dieser Behauptung aus, so stehen für das in
  Tabelle 2 beispielhaft aufgeführte Wohnheim die in Tabelle 3 dargestellten
  Dienstplan – Möglichkeiten zur Verfügung. Die Umrechnung der Jahres- auf
  Wochenstunden erfolgt mit einer Teilung durch 52,14 (52 Wochen plus ein Tag
  ergibt ein Jahr mit 365 Tagen).*
– *Nachtbereitschaft pro Woche: Täglich von 22:00 bis 06:00 Uhr, 8 Stunden mit
  25 Prozent Arbeitszeit verrechnet, die Nachtbereitschaft muss durch eine Fachkraft abgedeckt sein.*
– *Tagdienst an WfbM – Tagen: da bei der dargestellten HBGn – Zusammensetzung an sehr vielen Tagen im Jahr Bewohner nicht in die WfbM gehen, muss an
  einem Drittel aller Werkstattöffnungstage dennoch eine Mitarbeiterin im Haus
  sein.*
– *Mindestbesetzung: in den hier aufgeführten Zeiten muss mindestens eine Person
  in der Gruppe anwesend sein. Bei 225 Öffnungstagen der Werkstatt bedeutet
  dies folgende Mindestabdeckung:*

180 Tage fallen durchschnittlich auf Montag bis Donnerstag. An diesen Tagen muss die Gruppe von 06:00 bis 08:00 Uhr und von 16:00 bis 22:00 Uhr besetzt sein (1440 Stunden, geteilt durch 52,14 Wochen ergibt dies 27,62 Std./Woche pro Gruppe). Diese Mindestabdeckung muss in jeder Gruppe durch eine Fachkraft erfolgen.

Hinzu kommen an 1/3 der Tage – wie unter »Tagdienst« dargestellt – die Anwesenheit einer Mitarbeiterin in der Einrichtung: 60 Tage, von 08:00 bis 16:00 Uhr, ergibt 480 Stunden pro Jahr, 9,21 pro Woche.

45 Tage fallen durchschnittlich auf einen Freitag. An diesen Tagen muss die Gruppe von 06:00 bis 08:00 Uhr und von 14:00 bis 22:00 Uhr besetzt sein (450 Stunden, geteilt durch 52,14 Wochen ergibt dies 8,63 Std./Woche pro Gruppe). Diese Mindestabdeckung muss in jeder Gruppe durch eine Fachkraft erfolgen.

Hinzu kommen an 1/3 der Tage – wie oben dargestellt – die Anwesenheit einer Mitarbeiterin in der Einrichtung: 15 Tage, von 08:00 bis 14:00 Uhr, ergibt 90 Stunden pro Jahr, 1,73 pro Woche.

– *Mind. Wochenende/Feiertag/Urlaub: In einem normalen Jahr (nicht Schaltjahr) hat die WfbM an 140 Tage geschlossen. Daraus folgt logischerweise, dass die Wohneinrichtung den ganzen Tag besetzt sein muss, in dieser Zeile erfolgt die Berechnung der Mindestabdeckung durch eine Person pro Gruppe, wobei dies wiederum durch eine Fachkraft erfolgen muss.*

Berechnung: 140 x 14 (08:00 bis 22:00 Uhr) ergibt 1960 Stunden pro Jahr, woraus sich eine wöchentliche Besetzung von 37,59 Stunden ergibt.

– *Summe Mindestbesetzung: in dieser Zeile wird die gesamt Mindestabdeckung der Gruppe addiert, verbunden mit dem Ziel, eine mögliche Besetzung mit einer zweiten Mitarbeiterin zu erreichen, die dann aus einer Hilfskraft bestehen kann.*

– *Mögliche Besetzung mit 2. MA in Stunden pro Woche: dies sind die Stunden pro Woche, in denen durchschnittlich die Gruppe mit einer zweiten Person besetzt werden kann, um die sich aus dem festgestellten Hilfebedarf ergebenden individuellen Förderungen der einzelnen Bewohner auch tatsächlich durchführen zu können. Außerdem sind in dieser Zeit alle Arztbesuche, Festvorbereitung, Freizeitmaßnahmen etc. einzuberechnen.*

Bei dynamisierten Personalbudgets wird mit dieser möglichen Besetzung der Gruppe mit einem zweiten Mitarbeiter jongliert. An der Mindestbesetzung ist nicht zu rütteln, die muss schon aus haftungsrechtlichen Gründen immer gewährleistet sein. Wann immer sich in der Besetzung der Gruppe etwas ändert, sei es ein Bewohnerwechsel oder auch nur Urlaub oder Krankheit eines Bewohners (80 Prozent – Regel) muss mit dem Dienstplan darauf reagiert werden. Hier ist eine neue Flexibilität sowohl der MitarbeiterInnen als auch der Führungskräfte gefordert.

Brutto – Berechnung:
Bei der Bruttoberechnung wird nicht von vornherein ein durchschnittlicher Ansatz für Krankheitstage und Urlaub einberechnet. Ausgangspunkt ist hier die Jahresar-

beit – Sollstunden, die neben der Wochenarbeitszeit (38,5 Stunden) nur die Feiertage pro Jahr berücksichtig (siehe Berechnung).
Doppelbesetzung der Gruppe werden in Form eines »flexiblen Zwischendienstes« kalkuliert und von der tatsächlichen täglichen Situation in Abhängigkeit gebracht, d. h. Urlaub und Krankheit werden nicht theoretisch von vorn herein durchschnittlich einkalkuliert sondern aus der Realität direkt einbezogen.
Diese Berechnungsform kommt – aus unserer Sicht – allerdings in Abgleich mit einer Jahreskalkulation den tatsächlichen Gegebenheiten näher.
Die dritte Regelungsstufe sind die Arbeitsverträge selbst.
Siehe insbesondere die hervorragenden Praxisberichte der beiden Kollegen
Auch hier müssen flexiblere Möglichkeiten gesucht und gefunden werden. Eine gute Chance bieten sicherlich Jahrearbeitszeitkonten, deren genaue Bedingungen mit den MitarbeiterInnen und deren arbeitsrechtlichen Vertretungen vereinbart werden müssen. Dies gilt zumindest für dauerhaft und vollzeitbeschäftigte KollegInnen. Langfristig wird man aber auch nicht darum herumkommen, durch eine höhere Zahl von Aushilfskräften die notwendige Reaktionsmöglichkeit auf Veränderungen sicherzustellen.
Somit kommen wir zum Schluss und zu These 6:

These 6:   Erfolgreiche Problemlösungen stärken die Verantwortung vor Ort und verbessern bei gleichbleibender Qualität der pädagogischen Arbeit den wirtschaftlichen Erfolg.

Die in diesem Veränderungsprozess gemachten Erfahrungen lassen uns These 6 aufstellen, die wir vor dem Hintergrund der in den Workshops erarbeiteten Lösungen reflektieren möchten.
Gemeinsam erarbeitete Lösungsansätze haben einen wesentlich höheren Grad der Akzeptanz und damit an Umsetzungs – Wahrscheinlichkeit als von oben angeordnete Veränderungen.
Das theoretische Modell wird an die tatsächlichen Bedingungen vor Ort adaptiert. Somit kann eine erfolgreiche Problemlösung erreicht werden.
Durch die Beteiligung aller Mitarbeiter ist es eine eigene, individuelle Lösung, deren Ereichung der Erfolg aller Beteiligten ist. Dies führt zu entsprechender Motivation, was sich auch in der Qualität der pädagogischen Arbeit niederschlägt.
Der personelle Einsatz ist direkt an den Hilfebedarf gekoppelt.
Damit ist der wesentlichste Kostenfaktor in sozialen Einrichtungen – nämlich das Personal – einem kontinuierlichen Controlling unterzogen. Dies sichert die Wirtschaftlichkeit der Einrichtung.

→   *These 6 ist bestätigt!!*

XV. Brennpunkt: Arbeitszeitmanagement und Personalmanagement im Krankenhaus

Heribert Fastenmeier

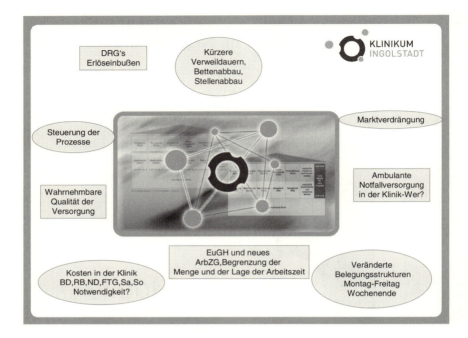

Neue Aufgaben für das Management

....im Personalmanagement, Prozessmanagement,

Service- und Dienstleistungsmanagement, Personalentwicklung,

Arbeitszeitmanagement . . .

Entwicklung der ärztlichen Arbeitszeitmodelle

Klinikaufgaben

- Verdichtung der Kernbereiche
- Vermeidung leerer Betten
- Schaffung interdisziplinärer / interprofessioneller Stationen
- Patientenorientierung – Behandlungspfade
- Schaffung von Reserven
  - Kurzlieger-Station
  - Überlauf-Station
  - Bettenmanagement
  - Entlassungsmanagement
- Serviceerweiterung und -verdichtung

Personalmanagement

- Zeitwirtschaftssystem Personaleinsatz-planung bzw. -steuerung (Fa. Atoss)
- Flexible vs. starre Personaleinsatz-planung /-steuerung
- Flexible Arbeitszeiten
  - Variabel
  - Gleitend
  - Mobil
- Zeitkonten
  - Motivierte Mitarbeiter
  - Prozessbeteiligte, informierte Mitarbeiter
- Längere, harmonisierte, flexibilisierte, interdisziplinäre Service- und Betriebszeiten für „Teams" aus ….
- Bedarfs- bzw. Interessenorientierte Arbeitszeiten

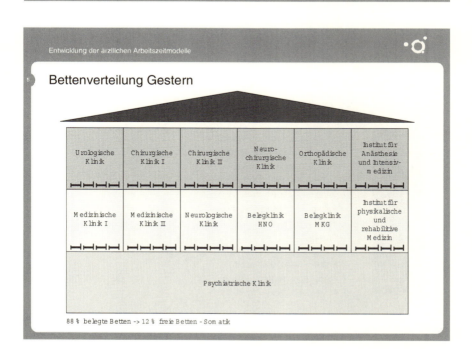

Entwicklung der ärztlichen Arbeitszeitmodelle

Bettenverteilung Gestern

Urologische Klinik	Chirurgische Klinik I	Chirurgische Klinik II	Neuro-chirurgische Klinik	Orthopädische Klinik	Institut für Anästhesie und Intensiv-medizin
Medizinische Klinik I	Medizinische Klinik II	Neurologische Klinik	Belegklinik HNO	Belegklinik MKG	Institut für physikalische und rehabilitive Medizin
Psychiatrische Klinik					

88 % belegte Betten -> 12 % freie Betten - Somatik

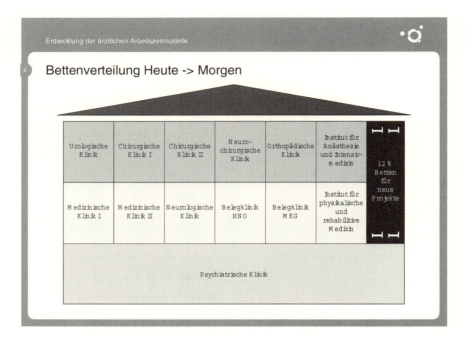

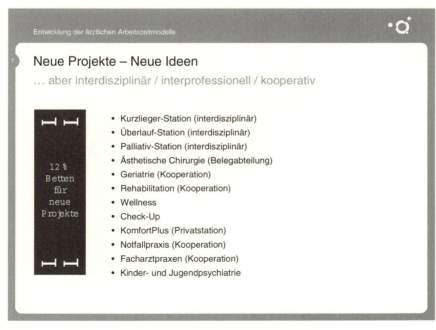

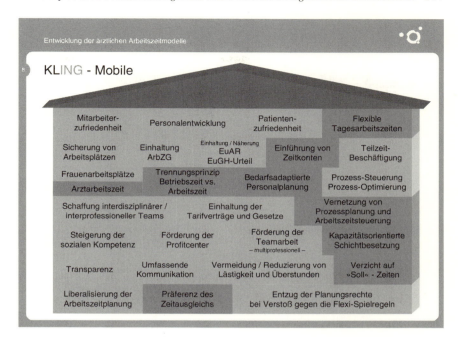

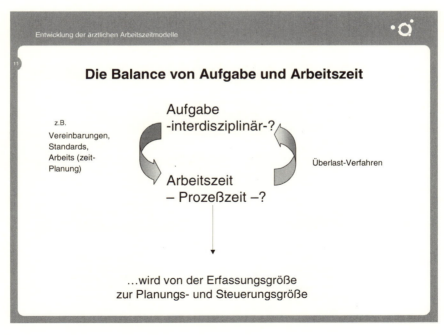

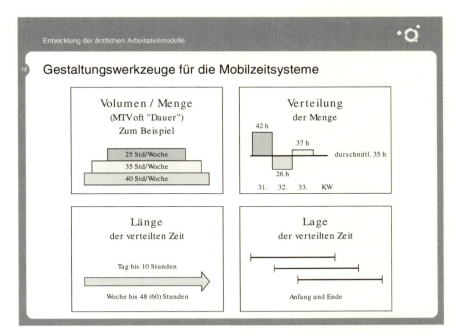

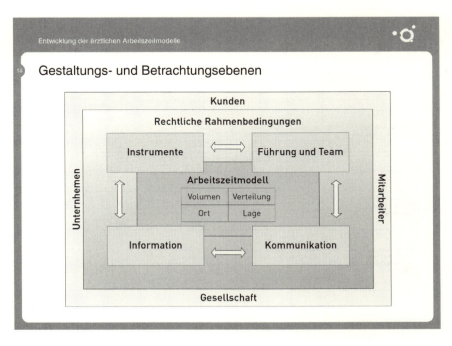

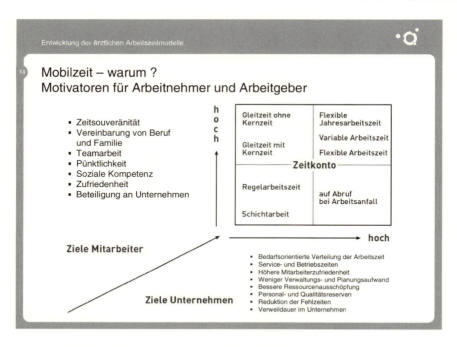

Mobilzeit – warum ?
Motivatoren für Arbeitnehmer und Arbeitgeber

- Zeitsouveränität
- Vereinbarung von Beruf und Familie
- Teamarbeit
- Pünktlichkeit
- Soziale Kompetenz
- Zufriedenheit
- Beteiligung an Unternehmen

h o c h

Gleitzeit ohne Kernzeit	Flexible Jahresarbeitszeit
Gleitzeit mit Kernzeit	Variable Arbeitszeit
	Flexible Arbeitszeit

Zeitkonto

| Regelarbeitszeit | auf Abruf bei Arbeitsanfall |
| Schichtarbeit | |

hoch

Ziele Mitarbeiter

Ziele Unternehmen

- Bedarfsorientierte Verteilung der Arbeitszeit
- Service- und Betriebszeiten
- Höhere Mitarbeiterzufriedenheit
- Weniger Verwaltungs- und Planungsaufwand
- Bessere Ressourcenausschöpfung
- Personal- und Qualitätsreserven
- Reduktion der Fehlzeiten
- Verweildauer im Unternehmen

Vergleich Änderungesvorschläge ArbZG

	Entwurf BReg	Entwurf CDU/CSU(ähnl. Ba-Wü)	Antrag Bayern (Deregulierung)
§ 3: tägl. Arbeitszeit wöchentl. Arbeitszeit	10 h, 8 h im Durchschnitt von 6 Monaten oder 24 Wochen = 48 h im Durchschnitt von 6 Monaten oder 24 Wochen	**Keine Regelung** (grds. 12 ¼ h möglich) **48 h im Durchschnitt von 4 Monaten oder 16 Wochen**	Erhöhung **von 10 auf 12 h**, 8 h im Durchschnitt von 6 Monaten oder 24 Wochen
§ 5: tägliche Ruhezeit	Grds. 11 h nach Beendigung der tägl. Arbeitszeit, in Krankenhäusern 10 h bei Ausgleich innerhalb 1 Monat	Grds. 11 h nach Beendigung der tägl. Arbeitszeit **in jedem 24-Stunden Zeitraum**, in Krankenhäusern 10 h bei Ausgleich innerhalb 1 Monat	
§ 6: Abs. 2 Satz 2: Nachtarbeit	Tarifl. Ermächtigung in § 7 Abs. 1 Nr. 4: Verlängerung über 10 h **mit Ausgleich**, wenn AB **oder BD** regelmäßig und in erhebl. Umfang	Verlängerung auf 10 h **oder 12¼ h (bei AB in erhebl. Umfang)**, wenn 8 h im Durchschnitt von 1 Monat oder 4 Wochen	
§ 7: Abweichung durch Tarifvertrag bzw. Betriebsvereinbarung Abs. 1 Nr. 1	a) Verlängerung der tägl. Arbeitszeit über 10 h **mit Ausgleich**, wenn AB **oder BD** regelmäßig und in erhebl. Umfang. b) Festlegung eines anderen Ausgleichszeitraums (höchstens 12 Monate, s. Abs.8)	a) streichen Festlegung eines anderen Ausgleichszeitraums (höchstens 12 Monate, s. Abs.8)	

Entwicklung der ärztlichen Arbeitszeitmodelle

Abs. 2a neu	Verlängerung der tägl. Arbeitszeit über 8 h **ohne Ausgleich**, wenn AB **oder BD** regelmäßig und in erhbl. Umfang und durch **bes. Regelungen** Gesundheitsschutz der AN sichergestellt wird	**Siehe Abs. 7 neu**	
Abs. 7 neu	Verlängerung der Arbeitszeit **ohne Ausgleich nur mit schriftl. Einwilligung des AN (Widerrufsrecht des AN mit Frist von 1 Monat)**	Verlängerung der wöchentl. Arbeitszeit **über 48 h ohne Ausgleich** unter folgenden **Voraussetzungen:** 1) Einwilligung des AN 2) AB oder BD regelmäßig und in erhebl. Umfang 3) Durch bes. Regelung wird Gesundheitsschutz der AN sichergestellt 4) Zustimmung des BR bzw. PR durch Betriebs- bzw. Dienstvereinbarung (Betriebe ohne BR bzw. PR: Zustimmung von2/3 der Beschäftigten)	
Abs. 8 neu	Bei Verlängerung der Arbeitszeit nach Abs. 1 Nr. 1 u. Nr. 4, Abs. 2 Nr. 2 bis oder Abs. 3 u 4: wöchentl. Arbeitszeit von 48h im Durchschnitt von **12 Monaten** (bei Abweichung nach Abs. 5 im Durchschnitt von 6 Monaten)	**Wie Entwurf BReg**	
Abs. 9 neu	Bei Verlängerung der tägl. Arbeitszeit über 12 h: Ruhezeit von mind. 11h in unmittelbaren Anschluss	**Keine entsprechende Regelung,** siehe § 5 Abs. 1	

Entwicklung der ärztlichen Arbeitszeitmodelle

§ 14 Abs. 3 neu	Wöchentliche Arbeitszeit von 48h im Durchschnitt von 6 Monaten	(wöchentl. Arbeitszeit in § 3 mit Ausgleichszeitraum 4 Monate)	
§ 15 Abs. 4 neu	Bei Ausnahmen nach Abs. 1 oder 2: wöchentl. Arbeitszeit von 48 h im Durchschnitt von 6 Monaten	**Abs. 1 Nr. 1 und 2 streichen,** i. ü. wie Entwurf BReg	
§ 16 Abs. 2	Führen eines Verzeichnisses der AN, die in Verlängerung gem. § 7 Abs. 7 eingewilligt haben	Aufzeichnungen der wöchentl. / täglichen Arbeitszeit, i. ü. wie Entwurf BReg	
§§ 25, 26: Übergangsregelungen für Tarifverträge	Streichen	Unverändert lassen	

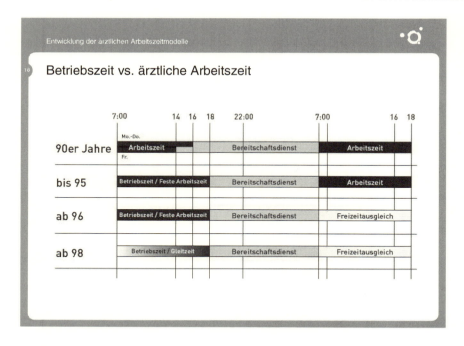

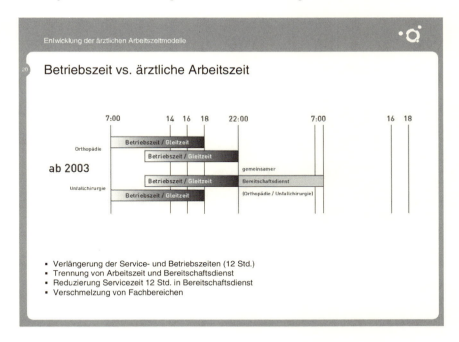

- Verlängerung der Service- und Betriebszeiten (12 Std.)
- Trennung von Arbeitszeit und Bereitschaftsdienst
- Reduzierung Servicezeit 12 Std. in Bereitschaftsdienst
- Verschmelzung von Fachbereichen

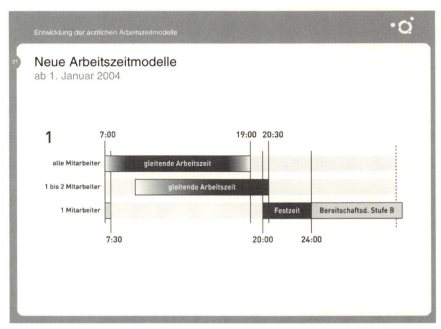

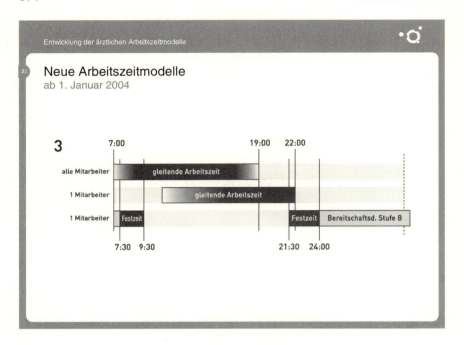

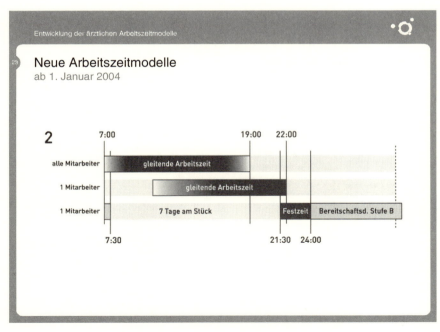

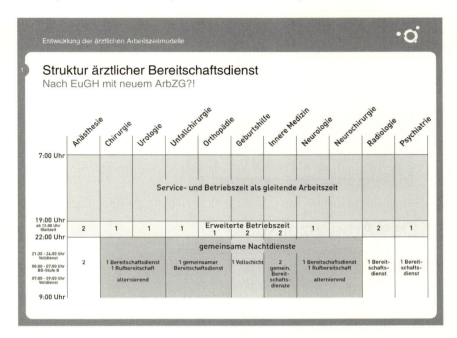

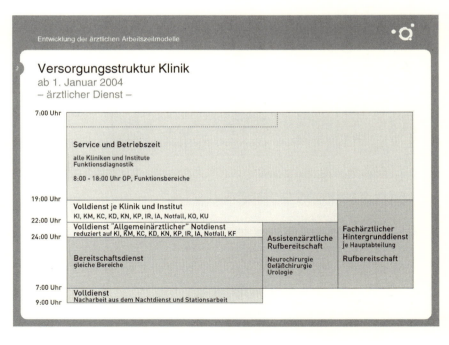

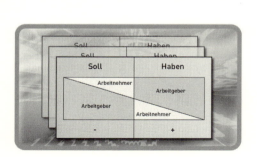

Das Arbeitszeitkonto

Zeitkonto, Flexibilität des Kontingents, Steuerung, Ampelkonto

---

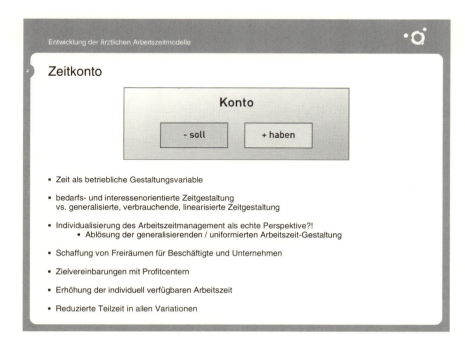

Entwicklung der ärztlichen Arbeitszeitmodelle

Zeitkonto

Konto

- soll | + haben

- Zeit als betriebliche Gestaltungsvariable

- bedarfs- und interessenorientierte Zeitgestaltung
  vs. generalisierte, verbrauchende, linearisierte Zeitgestaltung

- Individualisierung des Arbeitszeitmanagement als echte Perspektive?!
  - Ablösung der generalisierenden / uniformierten Arbeitszeit-Gestaltung

- Schaffung von Freiräumen für Beschäftigte und Unternehmen

- Zielvereinbarungen mit Profitcentern

- Erhöhung der individuell verfügbaren Arbeitszeit

- Reduzierte Teilzeit in allen Variationen

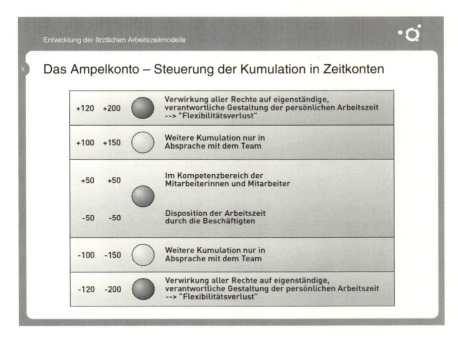

XVI. Advanced Leadership in der Sozialwirtschaft

Bernd Maelicke

Neue Herausforderungen

Die grundlegenden Herausforderungen an die Sozialwirtschaft in den nächsten Jahren und Jahrzehnten erfordern zwangsläufig veränderte Qualifikationen für die aktuellen und potentiellen Führungskräfte. Für diese eröffnen sich zugleich hervorragende Berufs- und Aufstiegsperspektiven durch das altersbedingte Ausscheiden eines Großteils der derzeitigen Führungskräfte und durch die weitere Expansion des Marktes sozialer Dienstleistungen.

Zusätzlich wächst auf dem vergleichsweise unterentwickelten Markt begleitender und unterstützender Professionen die Nachfrage nach Beratung, Training, Coaching und Fort- und Weiterbildung.

Vor dem Hintergrund erhöhter fachlicher Anforderungen (Marktentwicklung, Privatisierung, wirkungsorientierte Steuerung, New Public Management) an Fachkräfte sozialer Dienstleistungsorganisationen steigt auch der wissenschaftliche und berufsfeldorientierte Qualifikationsbedarf für Führungskräfte.

Eine Europäisierung und Internationalisierung der Sozialpolitik macht es insbesondere für Führungskräfte erforderlich, sich für grenzüberschreitende Entwicklungsarbeiten zu qualifizieren und ihre interkulturelle Kompetenz zu vergrößern.

Die derzeitigen Diskurse von Gender-Mainstreaming und Nachhaltigkeit in der Sozialwirtschaft begründen zudem die Notwendigkeit, Führungskräfte für das Anliegen sozialer und Geschlechter-Gerechtigkeit zu sensibilisieren sowie verstärkt Frauen für Führungspositionen zu qualifizieren.

Letztlich gibt es auf dem Gebiet der Sozialwirtschaft weiterhin einen großen Nachholbedarf an Forschung und Entwicklung (FuE), um die Produkte der sozialen Dienstleistungen ständig weiter zu entwickeln und zu qualifizieren.

Die politischen Rahmenbedingungen in Deutschland und in Europa verändern sich für die Anbieter wie für die Konsumenten sozialer Dienstleistungen so rapide, dass nicht genügend Zeit und Ruhe für eine strategische Planung und Gestaltung des erforderlichen Unternehmenswandels verbleibt.

Flexibilität und Mobilität werden so zu strategischen Erfolgsfaktoren von SWO. Auch eine Rückbesinnung auf Kern-Kompetenzen ist eine ebenfalls wichtige Erfolgsstrategie. Konzentration der Kräfte auf die Arbeitsfelder, bei denen das Unternehmen besser ist als die Konkurrenz – auch dies sorgt für Überlebens- und Konkurrenzfähigkeit.

Für Führungskräfte bedeuten diese veränderten Rahmenbedingungen und neuen Herausforderungen, dass sie sich auf eine schnellere und wirtschaftlichere Bewältigung einer zunehmenden Vielfalt sich rasch ändernder Aufgaben einzustellen haben. Dies hat Konsequenzen für die Planung und Realisierung von Innovationen im Unternehmen, für die Unternehmenskultur und für die Anforderungsprofile an das Personal auf allen Ebenen inklusive des Managements.

Das Prinzipienmodell der Führung von Dieter Frey

Dieter Frey, dessen Führungsprinzipien bereits auf S. 27 ff. dargestellt wurden, hat auf die herausragende Bedeutung der »weichen« Faktoren Menschenwürde, Wertschätzung, Offenheit und Authentizität hingewiesen als Voraussetzung eines Klimas des Vertrauens, das besonders in der Sozialwirtschaft eine hohe Relevanz besitzt. Dieses wiederum ist Grundlage für Spitzenleistungen auch in dieser Branche.

Auf der Suche nach Spitzenleistungen mit menschlichem Antlitz: Excellence und Vertrauen

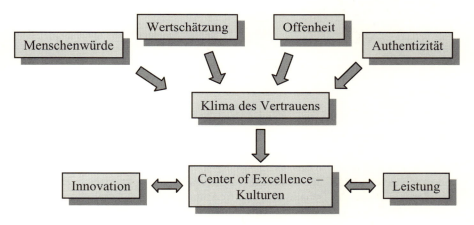

Quelle: Dieter Frey, 2003

Unternehmerischer Erfolg ist für Frey abhängig von drei Faktoren
– Professionalität/Sensitivität in der Unternehmensführung
– Professionalität/Sensitivität in der Mitarbeiterführung
– Kenntnis über Methoden und Instrumente des Führens.
Alles Handeln der Führungskräfte hat sich auf die Ziele zu orientieren, hinsichtlich Zeit, Kosten, Qualität, Produktivität, Innovation und Wirtschaftlichkeit besser zu werden als der Konkurrent.

Die bereits in den 90er-Jahren entwickelten Führungsprinzipien hat Frey mittlerweile erweitert auf das folgende Prinzipienmodell der Führung:

Das Prinzipienmodell der Führung von Frey

Das Prinzipienmodell der Führung von Frey	
Ziel: mündiger Mitarbeiter als Unternehmer im Unternehmen	
Prinzip der ...	
1. Sinn- und Visionsvermittlung	7. Prozeduralen, interaktionalen und Ergebnisfairness / -gerechtigkeit
2. Passung und Eignung (Aufgabe/Team)	8. sozialen Einbindung und sozialen Unterstützung
3. Transparenz (Information und Kommunikation)	9. des persönlichen Wachstums
4. Autonomie und Partizipation	10. situativen Führung (androgynes Führungsverhalten)
5. Zielvereinbarung und Prioritätenfestsetzung / Klarheit	11. des guten Vorbildes der Führungsperson
6. konstruktiven Rückmeldung (Lob und Korrektur)	12. fairen materiellen Vergütung
Alle Prinzipien sind eine Bring- wie eine Holschuld.	

Quelle: Frey, 2003

Wirkungsorientierte Steuerung

Begriffe wie Effektivität, Effizienz, Kundenorientierung, dezentrale Ressourcen- und Ergebnisverantwortung, Controlling, Budgetierung usw. kennzeichnen seit Beginn der 90er-Jahre die Debatte über die Bedeutung betriebswirtschaftlichen Denkens und Handelns in der sozialen Arbeit und in sozialen Unternehmen.
Es herrscht Einigkeit darüber, dass die wachsende Komplexität in Wirtschaft und Gesellschaft »nicht durch noch mehr Richtlinien, noch mehr Regeln, noch mehr Kontrolle und noch mehr Bürokratie« in den Griff zu bekommen ist, sondern neue Managementinstrumente und -methoden erfordern. Inzwischen ist klar, auch die Sozialwirtschaft muss sich neuen ökonomischen Herausforderungen mit neuen Managementverfahren stellen. Die Debatte über neue Formen der Steuerung und Budgetierung sozialer Dienstleistungen begann 1992/93 mit ersten konkreten Vorschlägen zur Modernisierung der öffentlichen Verwaltungen, die vor allem am Beispiel der Jugendhilfe entwickelt wurde.

Seit der Einführung des Neuen Steuerungsmodells geht es um eine grundlegende und umfassende Modernisierung der öffentlichen Verwaltungen, in die auch die Sozial- und Jugendhilfe einbezogen ist. Vorreiter sind und waren die Kommunalverwaltungen. Ziel der Modernisierungsprozesse ist die Verbesserung der Leistungsqualität und die Sicherstellung der Handlungsfähigkeit von Politik und Verwaltung angesichts wachsender Finanzkrisen. Bessere soziale Dienstleistungen mit geringeren Budgets lautet die Aufgabe, vor die sich viele Kommunen gestellt sehen.

Das soll geschehen durch Dezentralisierung, Integration von Ergebnis- und Ressourcenverantwortung, Budgetierung, flächendeckende Kosten- und Leistungstransparenz, flexible Haushaltswirtschaft und ziel- und ergebnisorientierte Managementpraktiken.

Die Diskussion um das Neue Steuerungsmodell in den öffentlichen Verwaltungen hat auch bei den freien Trägern der Wohlfahrtspflege einen Prozess der Modernisierung in Gang gesetzt, der beschleunigt und zum Teil überdeckt wird von der gegenwärtigen Finanzkrise der öffentlichen Hand, für deren Überwindung neue Instrumente und kreative Lösungen erforderlich sind. Diese basieren auf der Entwicklung eines Leitbildes und eines Selbstverständnisses öffentlicher Verwaltungen und Sozialwirtschaftlicher Unternehmen als »Dienstleistungsunternehmen«, die bei hoher kundenorientierter Leistungsqualität effizienter, effektiver und wirtschaftlicher arbeiten.

Zwei Ziele stehen im Mittelpunkt dieser Reform: Eine bessere Kundenorientierung und eine verbesserte Wirtschaftlichkeit.

Zwar werden häufig die Finanzrestriktionen der öffentlichen Haushalte und die daraus resultierenden Sparzwänge in den Mittelpunkt der Debatte gestellt, »aber es wäre eine einseitige und verkürzte Sichtweise, wollte man die Steuerungsdebatte einzig den finanzpolitischen Restriktionen und dem damit einhergehenden Sparmotiv zuorden«, auch wenn diese den Druck zur Modernisierung erhöhen.

In der sozialen Arbeit wird seit längerem über die Art und Weise der Leistungserbringung diskutiert und darüber wie Leistungen unter Einbeziehung fachlicher Standards stärker an den Bedürfnissen der Adressaten orientiert werden können.

Es wäre also eine unzulässige Verkürzung, die Modernisierungsdebatte sozialer Dienstleistungserbringung nach den Grundprinzipien der Neuen Steuerung ausschließlich als Sparstrategie zu betrachten, weil die Grundüberlegungen der Neuen Steuerung von zwei Motiven ausgehen, zum einen von Strategien zum sparsameren und rationellerem Umgang mit Ressourcen, zum anderen von der Absicht, Leistungen flexibel und adressatengerechter zu erbringen. (Horcher, 2003)

Bei Bund, Ländern und Kommunen und den Betrieben und Unternehmen der Sozialwirtschaft ist die Einführung des Neuen Steuerungsmodells unterschiedlich weit fortgeschritten. In Schleswig-Holstein wird z.B. dieser Prozess seit 1988 systematisch bei der Modernisierung der Landesverwaltung vorangetrieben. Die folgenden Schaubilder demonstrieren die Gesamtprogrammatik und die Vielzahl der einzelnen Bausteine/Projekte, die mittlerweile nahezu vollständig umgesetzt worden sind:

Modernisierung der Landesverwaltung in Schleswig-Holstein (1)

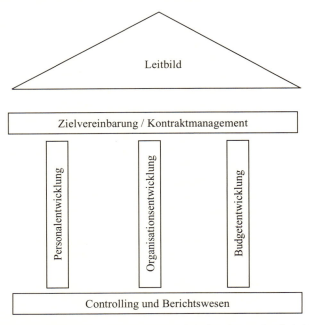

Quelle: Rolf Sebelin, Aufgabenanalyse und Aufgabenkritik in den obersten Landesbehörden in Schles-
          wig-Holstein, unveröffentlichtes Manuskript, 1997

Insbesondere für die Führungskräfte ergeben sich neue Anforderungsprofile hinsichtlich der Führung, der Personalentwicklung, der Organisationsentwicklung und
der Budgetentwicklung.
Der gesamte Prozess ist – auch wegen der sich weiterhin rapide verändernden sozi-
alpolitischen Rahmen-(insbesondere Finanzierungs-)bedingungen – unumkehrbar.
Um so wichtiger ist es, in der Aus- und Fortbildung die Ziele der verbesserten Kundenorientierung und verbesserten Wirtschaftlichkeit zu betonen und Inhalte und
Methoden daran auszurichten.

Neues Anforderungsprofil an Führungskräfte in der Sozialwirtschaft

Exemplarisch sollen die personenbezogenen Ziele eines MBA-Weiterbildungsstu-
diengangs »Management in der Sozialwirtschaft« (Universität Lüneburg) wiedergegeben werden, die das neue Anforderungsprofil einer »Advanced Leadership« auf
sieben Faktoren verdichtet haben:

Modernisierung der Landesverwaltung in Schleswig-Holstein (2)

Leitbild

Zielvereinbarung / Kontraktmanagement

Mitarbeiter-befragung	Kundenbefragung/-orientierung	Flexibilisierung des Haushaltsrechts
Mitarbeiter- und Vorgesetztengespräche	Aufgabenanalyse/Aufgabenkritik	Globali-sierung
Führung und Zusammenarbeit	Rechtsbereinigung/Deregulierung	Budge-tierung
Vorgesetztenbeurteilung/-bewertung	Vereinfachung/Beschleunigung von Verfahren	Wirtschafts-plan
Fortbildung/Qualifizierung	Projekt-management	Kosten- und Leistungsrechnung
materielle und immaterielle Leistungsanreize	Reduzierung von Hierarchiestufen	Leistungs- und Produktkatalog
Flexibilisierung der Arbeitszeit	Delegation von Hierarchiestufen	Effektivitäts-prüfung
Führungspositionen auf Zeit	Dezentrali-sierung	Überprüfung von Standards
IT-Ausstattung	Cost-Center	Effizienz-/Produktivitäts-steigerung
Personal-management	Qualitätszirkel/Qualitätssicherung	Outputorientierte Steuerung

Controlling und Berichtswesen

Quelle: Rolf Sebelin, Aufgabenanalyse und Aufgabenkritik in den obersten Landesbehörden in Schleswig-Holstein, unveröffentlichtes Manuskript, 1997

Der Studiengang qualifiziert für Unternehmertum in der Sozialwirtschaft. Die Fähigkeit unternehmerisch und selbstverantwortlich zu agieren, wird gestärkt (entrepreneurship).

Der Studiengang motiviert und befähigt die Teilnehmerinnen und Teilnehmer, eine forschende und entwickelnde Grundhaltung zu praktizieren (research & development).

Die Fähigkeit, mit Komplexität kreativ, verantwortbar und handlungsfähig umzugehen, wird erarbeitet (system balancing).

MBA-Studiengang »Management in der Sozialwirtschaft« – Persönliche Ziele

Quelle: Universität Lüneburg, 2003

Der Studiengang qualifiziert für koordinierende Querschnittsaufgaben in der Sozialwirtschaft in Deutschland und europaweit. Die nationalen und internationalen beruflichen Verbindungen werden ausgebaut (networking).

Der Studiengang qualifiziert für Führungsaufgaben in der Sozialwirtschaft. Die Führungs- und Teamfähigkeit wird entwickelt, gefordert und gestärkt (leadership).

Die Wahrnehmung von Führungsaufgaben wie auch das Studium des modellhaften MBA-Programms setzen hohe Einsatzbereitschaft voraus. Die Bereitschaft hohe Arbeitsbelastung zu meistern und Spitzenleistungen zu erbringen, wird gefordert und gefördert (excellency).

Chancen-, soziale und Gleichstellungs-Gerechtigkeit sind Maßstäbe für Zukunfts-orientierung und Nachhaltigkeit in der Sozialwirtschaft (gender competence).

Strategisch führen

An die Fähigkeit der Führungskräfte, strategisch zu denken und zu handeln, werden immer höhere Anforderungen gestellt. Je rapider sich der soziale Wandel gestaltet, desto weniger genügt es für eine Führungskraft, bewahrend tätig zu sein. Ihr Denken und Handeln muss strategisch ausgerichtet sein.

Führungskräfte müssen sowohl in der strategischen Ausrichtung wie in der Beein-flussung der Mentalität ihrer Mitarbeiter notwendige Veränderungen einleiten. Es muss ihnen gelingen, die strategischen Ziele zu definieren, sie in wirkungsvolle und für die Zielerreichung geeignete Maßnahmen umzusetzen und die Mitarbeiter dazu aktivieren, diese Ziele erreichen zu wollen. Insbesondere der Grad der Mitwirkung und Beteiligung der Mitarbeiter ist ein entscheidender Faktor, wenn die Herausfor-derungen der Zukunft bewältigt werden sollen.

Pümpin hat bereits 1980 acht strategische Grundsätze als Grundlage aller erfolgrei-chen Strategien festgehalten. Sie sollen zum Abschluss dieser Darstellung über »Advanced Leadership« gleichermaßen als Zusammenfassung wie zur Entwicklung von Perspektiven wiedergegeben werden:

Strategische Grundsätze

Acht strategische Grundsätze als Grundlage
aller erfolgreichen Strategien

1. Konzentration der Kräfte
   Dies ist wohl der wichtigste strategische Grundsatz. Er war bereits im Altertum be-stens bekannt. Für die Unternehmung können daraus folgende Verhaltensregeln ab-geleitet werden:
   – Konzentration der Kräfte auf ausgewählte Produkt-/Marktkombinationen und auf aufzubauende Erfolgspotentiale
   – Konzentration der eigenen Mittel auf Bereiche, in welchen die wichtigsten Kon-kurrenten schwach sind.
   Die Bedeutung des Grundsatzes der Kräftekonzentration geht auch aus einer Unter-suchung von Eastlack hervor, nach welcher eine Hans-Dampf-in-allen-Gassen-Stra-tegie zu ausgesprochen negativen Ergebnissen führt.
2. Aufbau von Stärken/Vermeiden von Schwächen
   Die Strategie sollte immer auf Stärken der Unternehmung aufbauen.

3. Ausnutzung von Umwelt- und Marktchancen
   Die militärische Strategie fordert die Ausnützung topografischer und meteorologischer Gegebenheiten. Analog dazu gilt es in der Unternehmensstrategie, die in Umwelt und Markt sich bietenden Chancen konsequent auszunutzen.

4. Geschickte Innovation
   Die Geschichte zeigt, dass bedeutende Erfolge immer wieder auf Innovationen zurückzuführen sind. Deshalb sollte eine Erfolg versprechende Strategie immer ein innovatives Element enthalten.

5. Ausnutzen von Synergiepotentialen
   Untersuchungen zeigen, dass die Erfolgswahrscheinlichkeit von Strategien größer ist, wenn bereits gegebene Voraussetzungen der Unternehmung optimal ausgenutzt werden.

6. Abstimmung von Zielen und Mitteln, Risikoabschätzung
   Ziele und Mittel sind bei erfolgreichen Strategien sorgfältig aufeinander abgestimmt. Die mit der Strategie verbundenen Risiken sollten sorgfältig erfasst werden.

7. Einfachheit
   Die Strategie sollte auf einem klaren, leicht verständlichen Grundkonzept aufbauen. Nur so kann der Inhalt der Strategie auf breiter Basis bekannt gemacht werden.

8. Beharrlichkeit
   Die Gefahr ist immer wieder sehr groß, dass einmal getroffene Entscheidungen unter dem Eindruck kurzfristiger Einflüsse wieder in Frage gestellt und umgeworfen werden. Langfristig erfolgswirksame Aktionen können jedoch nur dann realisiert werden, wenn sie mit einer gewissen Beharrlichkeit verfolgt werden. Gerade weil es in der Natur des Menschen liegt, sich von kurzfristigen Einflüssen beherrschen zu lassen, sollte dem Aspekt der Beharrlichkeit große Aufmerksamkeit geschenkt werden.

Quelle: Pümpin, 1980

XVII. Drei Führungsinstrumente: Mitarbeitergespräche, Rückmeldung für Führungskräfte und die TeamCard

Inga Pöhlsen-Wagner

Inhaltsverzeichnis

1. Die Führungsinstrumente in ihrem organisationalen Kontext

Die drei Führungsinstrumente, die hier vorgestellt werden, optimieren die Ausrichtung der MitarbeiterInnen auf die Ziele der Organisation und unterstützen durch unterschiedliche Formen der Rückmeldung das gemeinsame Lernen in der Organisation. Damit sind sie heute wichtiger denn je – wie sieht die derzeitige Situation aus?

In der Sozialwirtschaft wie auch in der Öffentlichen Verwaltung wandelt sich das Führungsverständnis von der input- zur outputorientierten Steuerung: Mit dem immensen Einsparungsdruck steht die Leistungsfähigkeit der Organisation insgesamt auf dem Prüfstand. Erfolg wird daran gemessen, welches Ergebnis am Ende steht, und die Auftraggeber finanzieren zu erbringende Leistungen mit definierter Qualität.

Gerade in der Sozialwirtschaft stellt sich damit die schwierige Frage, woran die Effizienz und Qualität sozialer Arbeit festgemacht werden können – und welche Impulse welche Wirkungen erzeugen. In der betrieblichen Diskussion stehen betriebswirtschaftliche und sozialpädagogische Ziele oft genug polarisiert und scheinbar unvereinbar gegenüber. Führungskräften wird der Vorwurf gemacht, sie interessierten sich nur noch für Zahlen und Finanzen, die gemeinsame Identität zähle nicht mehr.

Ein schwieriger Lernprozess für alle Beteiligten ist also in vollem Gange. Führung findet dabei durch Kommunikation statt: Führungskräfte müssen für alle Ziele der Organisation (finanzielle, personelle, soziale, prozessbezogene, kundenbezogene) erreichen, dass die Mitarbeiter mitziehen. Führung findet dabei über Zielvereinbarung statt. In einem Regelkreis erfolgt Steuerung über verschiedene Hierarchieebenen hinweg. Diese sind in der nachfolgenden Grafik dargestellt.

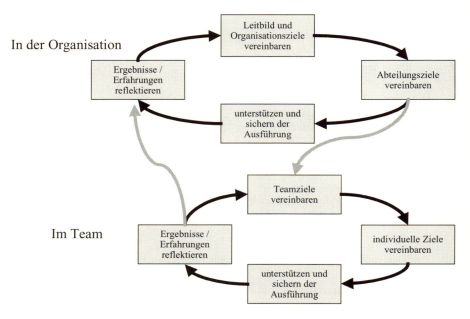

Abb.:   Regelkreis der Zielvereinbarung

Im Regelkreis der Zielvereinbarung sind drei Rollenbilder von Führung enthalten: klare Zielorientierung, Coaching in der Umsetzung, Kontrolle und Rückmeldung der Ergebnisse. So werden die Ziele von der gesamten Organisation auf das Team bzw. die einzelne Person herunter gebrochen. Die Einheiten selbst sichern die Umsetzung, Führungskräfte stehen als Coaches begleitend zur Seite. Am Ende des Arbeitsprozesses werden die erreichten Ergebnisse betrachtet (controlled), und Rückmeldungen ermöglichen einen Lernprozess (Was können wir wie optimieren?). Zusammengefasst heisst dies: Nachdem die Ziel klar sind, sichern Rückmeldungen rückblickend die Ergebnisse und ermöglichen vorausschauend den Lernprozess.

Im Folgenden stellen wir drei Führungsinstrumente vor, die in diesem Zusammenhang Rückmeldungen und das organisationale Lernen unterstützen. Als Instrumente der Personalentwicklung haben sie neben der klassischen Zielvereinbarung den längerfristigen Lernprozess der MitarbeiterInnen und Führungskräfte im Auge. Die drei Instrumente unterscheiden sich im Fokus: im ersten geht es um die Dyade Mitarbeiter-Führungskraft, im zweiten steht die Betrachtung der Führungskraft durch das Team im Vordergrund, im dritten geht es um die Kooperation im gesamten Team, alle stehen im Fokus. Insofern stehen sie in dieser Reihenfolge auch für zunehmende Komplexität der Themen.

- Im jährlichen **Mitarbeiter-Vorgesetzten-Gespräch** vereinbaren Führungskraft und MitarbeiterIn nach einer ausführlichen Rückmeldung an den/die MitarbeiterIn Entwicklungsziele und Schritte zur Umsetzung.
- In der **Rückmeldung für Führungskräfte** erhält die Führungskraft von ihrem Team ein Feedback zu ihrem Führungsverhalten.
- Die **TeamCard** ist das Instrument für Teams, die gemeinsam die Zielerreichung verantworten und sowohl für die Leistungen als auch für die Qualität ihrer Teamarbeit ein einfaches Controlling und Feedback-Instrument nutzen möchten.

Neben der Rückmeldefunktion bieten alle Führungsinstrumente einen Anlass, schwierige Themen anzusprechen und das gegenseitige Vertrauen zu fördern. Denn häufig scheitern Organisationen in wirtschaftlichen Krisen auch daran, dass nicht offen über Missstände gesprochen wird und somit kritische Informationen für die Entscheider unbeachtet bleiben. Nicht umsonst wird in den letzten Jahren so häufig von der Verbesserung der Fehlerkultur und der Lernenden Organisation gesprochen. Wir stellen im Anschluss jedes Instrument im Überblick dar, beschreiben die Anwendung und liefern einen Erfahrungsbericht, welches die Chancen und Risiken sind, die bei der Einführung und Benutzung zu beachten sind.

2. Darstellung der Führungsinstrumente

2.1 Mitarbeiter-Vorgesetzten-Gespräche (MAVG)

Das Mitarbeiter-Vorgesetzten-Gespräch ist ein jährlich stattfindendes Gespräch unter vier Augen zwischen der Führungskraft und den ihr zugeordneten MitarbeiterInnen. In dem Gespräch werden die unterschiedlichen Wahrnehmungen zu Themen wie Zusammenarbeit und Führung, Arbeitsziele, Leistung, Arbeitssituation und Weiterentwicklung ausgetauscht und Ziele für das kommende Jahr vereinbart. Das Gespräch ist in der Regel vertraulich und ist als Instrument der Personalentwicklung der Ort, um neben der alltäglichen Arbeit die Entwicklung des/r MitarbeiterIn zu fokussieren und eine verbindliche Verständigung auf die gemeinsamen Ziele zu erreichen.
In den meisten Organisationen werden diese Gespräche verbindlich eingeführt, weil
. . .

... die MitarbeiterInnen Rückmeldungen über ihre Stärken und Schwächen erhalten sollen, um den eigenen Lernprozess zu fördern

... die persönliche Kommunikation im hierarchischen Gefälle als zu wenig offen erlebt wird und so gefördert werden soll,

... die Vorgesetzten eine Gelegenheit erhalten sollen, ihre Wahrnehmungen über die fachlichen, sozialen, methodischen und ggf. Führungskompetenzen ihrer MitarbeiterInnen zu überprüfen,

... die Weiterentwicklung der MitarbeiterInnen regelmäßig auf der Tagesordnung stehen und gefördert werden soll und

... Lösungsmöglichkeiten bei Problemen im Arbeitsumfeld besprochen werden sollen.

Der folgende Ablauf verdeutlicht, wie das Gespräch hilfreich geführt werden kann: Die Führungskraft geht mit fragender Haltung in das Gespräch, so dass der/die MitarbeiterIn ermuntert ist, die eigene Sichtweise einzubringen. So entsteht aus beiden Perspektiven ein stimmiges Bild der Ist-Situation als Grundlage für die Vereinbarung neuer Ziele.

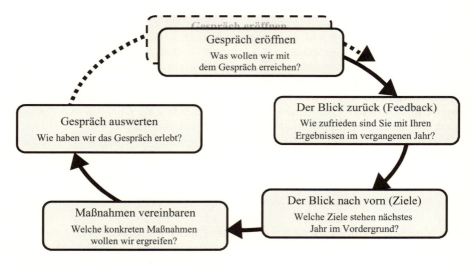

Abb.:   Gesprächsverlauf MAVG

Wir haben in der Einführung folgende Erfahrungen gemacht:
•   Das Mitarbeiter-Vorgesetzten-Gespräch ist sehr hilfreich – trotzdem gibt es in vielen Organisationen eine starke Abwehr gegen die verbindliche Einführung. Das liegt oft daran, dass es »ein Anschlag auf die Tabus« ist: das Ziel, alles offen zu besprechen, rüttelt an den bisherigen Grenzen der Kooperation untereinander.

- Sicher ist, dass das Thema »Wie offen kommunizieren wir hier eigentlich miteinander?« plötzlich sehr kontrovers in der Organisation diskutiert wird, sobald die Einführung geplant wird. Diese Nebenwirkung halten wir für sehr nützlich, da sie wichtige Impulse der Veränderung liefert.
- Wir haben unter bestimmten Voraussetzungen die Erfahrung gemacht, dass es nach der ersten Einführung positive Resonanzen gibt: klare Ziele in der Organisation, in die die Gespräche eingebettet sind, Teilnahme auch der oberen Führungsebene und eine konsequente Umsetzung der Verabredungen.
- Sinnlos erlebt wird das MAVG in der Regel, wenn die Ergebnisse nicht in der Organisation ausgewertet werden: »Nett, dass wir mal geredet haben« – aber ändern wird sich nichts. Dies ist der Fall, wenn die Gespräche als »Schmieröl« genutzt werden sollen, ohne dass sich etwas in der Organisation ändert. Gerade, wenn es um die Weiterentwicklung der MitarbeiterInnen geht, gehört ein strategisches Personalentwicklungskonzept dazu, das Führungskräfte in ihrer Rolle als Personalentwickler im Alltag unterstützt.

2.2 Rückmeldung für Führungskräfte (RmFK)

Die Rückmeldung für Führungskräfte (RmFK) ist ein mehrstufiges Verfahren, bei dem alle direkten MitarbeiterInnen mit Hilfe eines Fragebogens regelmäßig (alle 1-2 Jahre) ein detailliertes Feedback an die direkte nächste Führungskraft geben. Die Ergebnisse werden ausgewertet und in einem Workshop des Teams gemeinsam diskutiert. So entstehen Maßnahmen zur Verbesserung der Zusammenarbeit zwischen Führungskraft und ihren MitarbeiterInnen. Es gibt Varianten als 360°-Feedback, die auch die Vorgesetzten der Führungskräfte und Kunden mit in die Rückmeldungen einbeziehen und so ganzheitlicher gestaltet sind.
Organisationen verfolgen mit diesem Verfahren in der Regel folgende Ziele:
. . . Führungskräfte sollen ihr Führungsverhalten reflektieren und Selbst- und Fremdbild abgleichen,
. . . Themen der Zusammenarbeit sollen besprechbar gemacht werden – Mitarbeiter lernen, auch ihrer Führungskraft offene Rückmeldungen zu geben,
. . . Das Team lernt im Auswertungs-Workshop, offen über schwierige Themen zu sprechen.

Zum vereinbarten Zeitpunkt füllen alle MitarbeiterInnen einen Fragebogen aus, der etwa diese und ähnliche Aussagen umfasst, die auf einer Skala als mehr oder weniger zutreffend bewertet werden sollen:

> - *Sie setzen mich meinen Fähigkeiten entsprechend ein.*
> - *Sie delegieren Aufgaben unter Beachtung meines Verantwortungsbereiches.*
> - *Sie beteiligen mich an unserer Planung.*
> - *Sie sind offen für meine Vorschläge und Ideen, auch wenn diese gewohnte Denk- und Handlungsweisen in Frage stellen.*
> - *Sie sorgen dafür, dass von mir ganze Aufgabenkomplexe und nicht nur Einzelaufgaben selbständig bearbeitet werden können.*
> - *Meine Initiative und Selbständigkeit werden von Ihnen gefördert.*

Die Fragen beziehen sich zumeist auf die Führungskompetenzen, die in der Organisation verbindlich sind (Führungsgrundsätze o.ä.). Dabei kann leicht der Eindruck entstehen, nur die Führungskraft hätte es in ihrer Macht, dass die Kooperation im Team optimal verläuft – und ist damit auch allein verantwortlich, wenn es Probleme im Miteinander gibt.

Zunächst wird das genaue Verfahren im Team vereinbart (Zeitplan, Regeln usw.). Dann nimmt die Führungskraft eine Selbsteinschätzung vor, und die Mitarbeiter füllen jeder für sich einen Fragebogen aus. Diese werden von einem Teammitglied zusammengefasst und an die Führungskraft weiter geleitet. Diese nimmt zunächst eine persönliche Auswertung vor, schaut z.B., wie die Unterschiede zwischen Selbst- und Fremdbild sind und überlegt sich, was sie gern vertieft im Team thematisieren möchte. Die Ergebnisse werden in einem Team-Workshop gemeinsam reflektiert und daraufhin Maßnahmen vereinbart, wie Führung und Kooperation sich verbessern können. Häufig werden diese Workshops von internen oder externen ModeratorInnen begleitet. Anschließend bespricht die Führungskraft ihre Ergebnisse mit der eigenen Führungskraft, um ihre eigene Scharnierfunktion zu reflektieren und nach Verbesserungen dieser komplexen Rolle zu suchen. So entsteht auch die Einbindung der Rückmeldung in das organisatorische Umfeld.

Folgende Erfahrungen haben wir gemacht:
- Die Führungskraft steht als Person im Fokus. Das verleitet dazu, Probleme im Miteinander ausschließlich mit »Führungsfehlern« zu begründen. Diese sind aus unserer Erfahrung in der Regel nur ein Aspekt in einer komplexen Konfliktstruktur, in der organisationale und teaminterne Faktoren eine große Rolle spielen.
- Die Führungskräfte haben oft Befürchtungen, dass nun »der Spieß umgedreht wird« – es zeigt sich, wie ungewohnt es für sie ist, selbst Rückmeldungen zu erhalten. Übrigens bewahrheitet sich diese Befürchtung nicht: MitarbeiterInnen gehen in der Regel sehr verantwortungsvoll mit dem Instrument um.
- Trotzdem erleben Führungskräfte oft große Diskrepanzen zwischen Selbst- und Fremdbild: Die sind Impulse für einen intensiven Lernprozess. Wenn Führungskräfte offen für Kritik sind, kann dies ein wichtiges Signal für alle MitarbeiterInnen in Richtung eines vertrauensvollen Miteinanders sein.

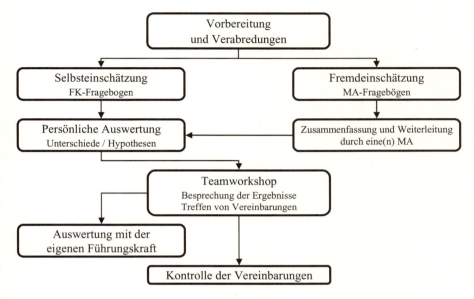

Abb.:   Ablauf der Rückmeldung für Führungskräfte

- In der Vorbereitung mit allen Führungskräften ist es notwendig, an ihrem Rollenbild des »Machers und Alleskönners« zu arbeiten. Wenn dies gelingt, machen die Beteiligten im Verfahren sehr intensive zwischenmenschliche Erfahrungen miteinander.
- In Organisationen mit starker Machtorientierung funktioniert die Rückmeldung für Führungskräfte nicht: die geübten hierarchischen Verhaltensmuster können oft nicht unterbrochen werden. Man merkt dies z.B. an einer sehr starken Blamageangst. Hier sollten andere Formen helfen, miteinander ins Gespräch zu kommen (z.B. durch Mitarbeiter-Vorgesetzten-Gespräche).
- Unserer Erfahrung nach lebt das Instrument vor allem davon, dass MitarbeiterInnen es nutzen, um ihre ehrliche Rückmeldung zu formulieren. In den Einführungsprozessen achten wir deshalb besonders darauf, die MitarbeiterInnen umfassend zu informieren.

2.3 Die TeamCard

Wir haben sehr gute Erfahrungen damit gemacht, das gesamte Team in den Fokus der regelmäßigen Reflektion zu stellen. Dazu haben wir die TeamCard entwickkelt, die es ermöglicht, Team, Führung und Organisation gleichermaßen zu betrachten.

Zunächst einmal ist die TeamCard ein Monitor für die Qualität der Zusammenarbeit mit ausgewählten Teamerfolgskriterien (Offenheit, Umgang mit Konflikten, Zielorientierung, . . .). Regelmäßig wird auf den Teammeetings die Zufriedenheit mit der Umsetzung der einzelnen Faktoren abgefragt. So entsteht der Anlass zum Austausch über schwierige Themen der Zusammenarbeit.

Wir haben die TeamCard darüber hinaus zu einem Steuerungs-instrument für Teams weiterentwickelt. Diese wird dann von allen Teams in der Organisation genutzt. Auf der Basis der Balanced Scorecard werden Leistungserfolge und Kooperationsqualität mit einem leicht handhabbaren Instrument sichtbar gemacht. Es geht immer um eine Mehrzahl von Zielen zugleich, die zueinander in Beziehung stehen und miteinander abgeglichen werden müssen: Die Atmosphäre soll z.B. nicht leiden, weil mit hohem Druck gearbeitet wird. So ergibt sich für die Teams kontinuierlich der Anlass zur Reflexion der gemeinsamen Arbeit.

Wir haben bisher die TeamCard in Organisationen eingeführt, weil diese . . .

. . . die Kooperation in ihren Teams mit Blick auf die gemeinsamen Ziele verbessern wollen,

. . . ein Verständnis von Kooperation in der Organisation vorantreiben wollen, bei dem jede/r Verantwortung für das Miteinander hat, nicht nur die Führungskraft,

. . . einen Raum schaffen wollen, in dem schwieriger Stoff transparent wird und Schritt für Schritt besprechbar wird

. . . in den Teams das Gespür für die eigene Teamentwicklung fördern wollen.

Die TeamCard umfasst also sowohl Leistungs- als auch Kooperationsfaktoren, die die Qualität der Teamarbeit abbilden. Die Faktoren sind idealerweise nicht erfüllt, tragen wesentlich zur Leistungsfähigkeit und Zufriedenheit bei, sind untereinander trennscharf und für die Teammitglieder interessant und wichtig. Die Dimensionen beschreiben den Erfüllungsgrad der Dimensionen auf einer Skala von 0-100 %. Dabei werden z.B. Fallzahlen in Prozentpunkten vom Ideal gemessen und aufgetragen. Im Teammeeting erfolgt die Bestandsaufnahme (per Punkteabfrage), anschließend findet eine gemeinsame Aussprache über die Zusammenarbeit statt »Was hat zu der Bewertung geführt? Womit genau sind wir (un)-zufrieden?«. So können auch unterschwellige Themen im Miteinander »gehoben werden«. Anschließend werden Ideen entwickelt und verabredet, wie die bestehenden Reibungsverluste abgebaut werden können.

Wir haben folgende Erfahrungen gemacht:

• Die TeamCard hat gegenüber den anderen Führungsinstrumenten den Vorteil, dass sowohl Führungskräfte als auch MitarbeiterInnen verantwortlich für das Gelingen der Kooperation stehen. Dies erfordert jedoch auch ein teamorientiertes Führungsmodell mit verabredeten Kompetenzen im Team.

Wie zufrieden bin ich mit . . .

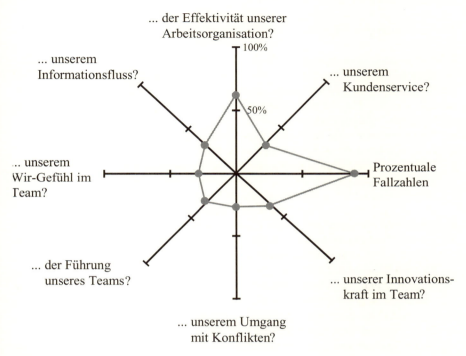

Abb.: TeamCard

- Die TeamCard kann die Rolle von Führung verwässern (Alles soll im Team entschieden werden) und braucht deshalb eine klare Ausrichtung von Führung in
  der Organisation und im Team.
- Die TeamCard braucht Zeit, denn sie holt Themen an die Oberfläche, die dann
  nicht so leicht wieder zugedeckt werden können. Das erfordert vom Team eine
  hohe Kompetenz, mit den schwierigen Themen umzugehen. Die Führungskraft
  sollte sich sinnvollerweise einen Moderator hinzu holen.
- Die Faktoren werden vom Team selbst erarbeitet (außer gegebenenfalls Lei-
  stungszielen, die fest vereinbart sind) und regelmäßig auf ihre Relevanz überprüft. Damit soll vermieden werden, dass nur Faktoren gemessen werden, die
  bereits erfüllt sind und nicht die wirklich schwierigen Teamdynamiken erfassen.

Wir haben beschrieben, dass die TeamCard nicht nur einzelnen Teams in der Organisation eine Gelegenheit bietet, ihre Kooperation zu reflektieren. Sie ist auch ein
Steuerungsinstrument, das hilft, unternehmerische Ziele im Haus zu vereinbaren

und teaminternes Controlling zu verankern. Deshalb beschreiben wir hier auch den organisationsweiten Entwicklungsprozess für die TeamCard.

Die Erarbeitung von TeamCards in Organisationen

Die Erarbeitung einer TeamCard für die gesamte Organisation umfasst mehrere Einzelschritte. Diese stellen wir hier im Überblick vor. Oft ist die Entwicklung Teil eines Organisationsentwicklungsprozesses, der auf den Aufbau von Teamstrukturen abzielt. Anlässe für die organisationsweite Einführung einer TeamCard können nach unserer Erfahrung sein:
• Neuorganisation der Teamarbeit (von Fachdiensten zur Sozialraumorientierung)
• Einführung teilautonomer Gruppenarbeit in der Produktion
• Einführung einer Balanced ScoreCard für die zielorientierte Steuerung im Unternehmen
• Steuerungsinstrument für Projektteams

Folgende Schritte gehen wir in der Zusammenarbeit mit unseren Kunden auf dem Weg zur Arbeit mit dem strategischen Steuerungsinstrument. Hier betten wir die TeamCard in den strategischen Kontext ein.
1. *Strategiebildung auf der Leitungsebene*
   Vereinbarung von Unternehmenszielen, Formulierung von Kernstrategien zur Zielerreichung und Erarbeitung des Strategie- oder Geschäftsmodells
2. *Konkretisierung der Strategien und Erarbeitung von Kennzahlen*
   In einem beteiligungsorientierten Prozess werden die vereinbarten Strategien weiter konkretisiert und mit Kennzahlen versehen. Ein einfaches IT-gestütztes Tool zum Berichtswesen wird entwickelt.
3. *Vereinbarung einer TeamCard für das Leitungsteam*
   Alle Führungskreise und Teams arbeiten mit der TeamCard. Die Ziele der Organisation werden mit Kennzahlen hinterlegt vereinbart. Zusätzlich vereinbart jedes Führungsteam die Faktoren zur Zusammenarbeit, an denen es im nächsten Berichtszeitraum arbeiten will (für die oberen Führungskräfte z.B. »Wir treten als Führungsteam nach außen geschlossen auf.«).
4. *Entwicklungen von TeamCards in den Teams*
   Jedes Team vereinbart Leistungsziele mit der nächsten Führungsebene und für sich selbst ebenfalls weitere Teamfaktoren. Dieses ist für viele Teams ein erster Anlass, über die Art des Miteinanders, Stärken und Schwächen der Zusammenarbeit ins Gespräch zu kommen und sollte sinnvollerweise begleitet werden.
5. *Umsetzungsprozesse und Berichtswesen*
   Vieles wurde verabredet, was nun Schritt für Schritt umgesetzt werden soll. Hier sind die Führungskräfte als Veränderungsmanager gefordert. Dafür benötigen sie ein Verständnis davon, warum Organisationen viel dafür tun, so zu bleiben, wie sie sind und warum das Verändern so schwierig ist. Sie brauchen auch eine Idee davon, wie sie gemeinsam mit ihren MitarbeiterInnen die Stromschnel-

len des Wandels bewältigen können. Und sie müssen akzeptieren, dass sie manchmal Entscheidungen treffen müssen, die riskant sind und deren Folgen sie nicht komplett absehen können. Dafür ist die Arbeit im Führungsteam stützend. Das heißt auch, dass Führungskräfte immer Mitglieder in zwei Teams sind und dort die Scharnierfunktion übernehmen.

3. *Impulse für die Anwendung der Instrumente*

Hier noch einmal die gemeinsamen Ziele der drei Führungsinstrumente im Überblick:

- Zielorientiertes Handeln in der Organisation wird gefördert.
- Durch Rückmeldungen entsteht ein Vergleich von Selbst- und Fremdbild.
- Dies lädt zum gemeinsamen Lernen in den einzelnen Hierarchieebenen ein.
- Es wird Raum/Zeit für das Besprechen konflikthafter Themen geschaffen.

Die drei Führungsinstrumente sollen neues Miteinander ermöglichen. Damit sind sie aber auch eine Störung der gut geübten Muster im Miteinander. In den meisten Organisationen sind die MitarbeiterInnen den Instrumenten gegenüber zunächst sehr kritisch eingestellt. Sie haben Befürchtungen, was in den Gesprächen passieren könnte, misstrauen den kooperationsfördernden Signalen oder glauben schlicht, dass sich »sowieso nichts ändert«. Im Sinne der selbsterfüllenden Prophezeiung »sorgen« sie dann in den Gesprächen dafür, dass genau das eintritt, was sie befürchtet haben: Offenheit wird lieber vermieden. Ein weiteres Problem ist, dass gerade der gewollte Abgleich von Selbst- und Fremdbild von Menschen ein hohes Maß an Bereitschaft fordert, sich bereitwillig ihre Schattenseiten anzusehen. Hier machen wir allzu oft die Erfahrung, dass MitarbeiterInnen sich lieber bestätigen, was sie schon wussten, als sich für überraschende Rückmeldungen zu interessieren.

Alle Instrumente sind darüber hinaus auf Dauer angelegt: Sie erhalten ihren Sinn in der jährlichen Anwendung und damit in der Chance, Veränderungen wahrzunehmen. Leider schlafen in vielen Organisationen die Instrumente zu schnell ein, als Reaktion auf die Stärke der erlebten »Störung« und Anforderungen der Instrumente. Dies passiert erst recht, wenn die Führungsinstrumente nicht in allen Führungsebenen von der Spitze bis in die operativen Teams hinein angewendet werden.

Daraus ergeben sich einige Hinweise, welchen Kontext die an sich hilfreichen Führungsinstrumente benötigen, um optimal zu »wirken«:

- Die Instrumente werden immer **speziell** auf die jeweilige Organisation und ihre Führungs- und Kooperationsmodelle **zugeschnitten**. Die Anschlussfähigkeit der Instrumente und Verfahren an Leitbilder, Ziele usw. ist das wichtigste Qualitätsmerkmal.
- Alle Instrumente benötigen einen **sorgfältigen Einführungsprozess**, in dem alle Beteiligten (gerade auch die MitarbeiterInnen) in der Anwendung geschult

werden. Dies beinhaltet neben den Informationen auch ein Gesprächstraining mit praktischen Übungen (Rollenspielen).

- Im Vorfeld sollte die **vorhandene Kultur** im Umgang mit Tabuzonen **untersucht** werden: Welche guten Gründe gibt es, über Verdecktes nicht zu sprechen? Was wäre, wenn darüber gesprochen würde? Und wie sollte der Einführungsprozess gestaltet sein, um sinnvoll an diesen Kontext anzuknüpfen?
- Am besten ist es, wenn der **jährliche Zielvereinbarungsprozess** mit den Instrumenten gekoppelt wird. So wird klar, dass eine offene Kooperation immer mit Blick auf die gemeinsamen Ziele geführt wird und nicht nur aus diffusen Leitbildern heraus (sich alles sagen zu müssen . . .).
- Im Anschluss an die Ersteinführung werden die **Erfahrungen ausgewertet** und evtl. Veränderungen vorgenommen, um die Anschlussfähigkeit der Instrumente langfristig zu sichern.
- Die sehr personalisierten Formen der Führungsgespräche (Ursachen für Krisen werden nicht im System, sondern bei einzelnen gesucht) sind in der Regel weniger hilfreich, da sie die **systemischen Zusammenhänge** schlicht ausblenden: So gehört in alle Instrumente die Frage »Was wirkt wie auf unsere Zusammenarbeit ein?«
- Die Instrumente leben davon, dass **alle Führungsebenen** mit ihnen arbeiten: Wenn oben nicht offen kommuniziert wird, fängt das Verdecken schon unten an.
- Alle Instrumente sollten auch spürbare Auswirkungen haben: Spezielle **Personalentwicklungsmaßnahmen** werden angeboten, Teams können bei Bedarf Teamentwicklung mit externer Begleitung vereinbaren, Führungskräfte können Coaching buchen, um an sich zu arbeiten. Dies erfordert auch die Bereitstellung von Ressourcen.

Zusammenfassend zeigt dies, dass die sorgfältige Auswahl und Anwendung wichtig ist. Wir haben in vielen Organisationen gesehen, dass Führungsinstrumente, die halbherzig eingeführt werden, meistens die Ziele nicht erreichen, sondern ebenso halbherzig gelebt werden. Da damit die Erde für weitere Personal- und Organisationsentwicklungs-maßnahmen verbrennt, braucht es eine genaue Analyse der »Bodenbeschaffenheit«: Wie steht es mit der Kooperation im Hause derzeit und welche Ziele wollen wir konkret erreichen? Danach erst wird das Vorgehen ausgewählt und an die Bedürfnisse der Organisation adaptiert. So entstehen im Rückblick lebendige Instrumente der Führung und Personalentwicklung, die auch nach Jahren noch aktuell sind, eine lange Lebensdauer haben und immer wieder überraschende Früchte tragen.

4. Anhang: Materialien

4.1 Leitfaden für das Mitarbeiter-Vorgesetzten-Gespräch

Phase	Schwerpunkt	Leitfragen (aus Sicht der Führungskraft)
Gespräch eröffnen	positive Atmosphäre herstellen, Gesprächsziel klären	• Was wollen wir mit dem Gespräch erreichen? • Wie gehen wir im Gespräch vor?
Der Blick zurück (Feedback)	Selbsteinschätzung/ Sichtweise des/r MitarbeiterIn	• Welche Ziele standen im Vordergrund? Wie zufrieden sind Sie da mit Ihren Ergebnissen im vergangenen Jahr? • Wo sehen Sie Ihre Stärken und welche Fähigkeiten möchten Sie ausbauen? • Was spornt Sie an? Und was war eher störend? • Wie sehen Sie unsere Zusammenarbeit? • Welche Rückmeldungen haben Sie an mich? • Wie zufrieden sind Sie mit der Zusammenarbeit im Team? • Was hat von außen auf Ihre Arbeit eingewirkt?
	Rückmeldungen und Sichtweisen der Führungskraft	• Wo sehe ich Ihre Stärken und Entwicklungsbedarfe? • Wie sehe ich unsere Zusammenarbeit und mein eigenes Verhalten Ihnen gegenüber?
Der Blick nach vorn (Ziele)	Ziele erarbeiten und Entwicklungswünsche	• Welche Ziele stehen nächstes Jahr im Vordergrund? Woran werden wir merken, dass wir sie erreicht haben? • Was möchten Sie selbst gerne ändern? • Was sind Ihre persönlichen Veränderungs- und Entwicklungswünsche?
Maßnahmen vereinbaren	Erstellen eines konkreten Plans	• Welche Ideen haben wir zur Umsetzung der Ziele? • Welche konkreten Maßnahmen wollen wir vor diesem Hintergrund ergreifen (wer, was, bis wann?) • Woran erkennen wir den Erfolg, wann wären wir zufrieden?
Gespräch abschließen	Rückmeldung zum Gespräch	• Haben wir alles wichtige besprochen? • Was hat Ihnen/mir an diesem Gespräch gefallen/ nicht gefallen?

4.2 TeamCard

Jedes Teammitglied erhält einen Bogen und kreuzt seine Wahrnehmung an. Anschließend wird die Einschätzung auf ein vorbereitetes Plakat per Punkteabfrage übertragen.

Wie zufrieden sind wir mit . . .

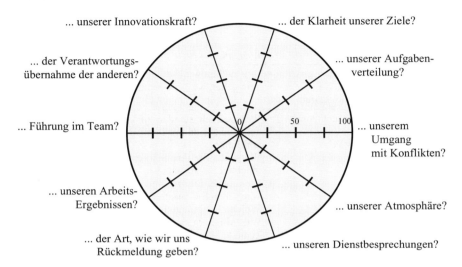

... unserer Innovationskraft?   ... der Klarheit unserer Ziele?

... der Verantwortungs-   ... unserer Aufgaben-
übernahme der anderen?   verteilung?

... Führung im Team?   ... unserem
                                                                     Umgang
                                                                     mit Konflikten?

... unseren Arbeits-
Ergebnissen?   ... unserer Atmosphäre?

... der Art, wie wir uns
Rückmeldung geben?   ... unseren Dienstbesprechungen?

Im zweiten Schritt werden die Ergebnisse ausgewertet. Das Stimmungsbild ist Anlass für einen offenen Austausch über die Art und Weise der Zusammenarbeit. Diese
Aussprache ist der eigentlich wichtige Moment für die gemeinsame Verantwortung
aller Teammitglieder für das Gelingen der Kooperation.

XVIII. Führung und Zusammenarbeit in »Lernenden Organisationen«

Andreas Strunk

Dies ist ein umfassendes Thema. Ich werde es redend – so beim Vortrag am 22.05.2003 anlässlich des 3. Kongress der Sozialwirtschaft in Düsseldorf – und jetzt – während der Niederschrift – schreibend umkreisen. Umkreisen deshalb, weil es weder eine richtige Managementtheorie noch eine richtige Führungsstrategie gibt. Das liegt im Wesentlichen an zwei Sachverhalten: einerseits ist jede Managementtheorie kontextblind und andererseits prägen Führungspersönlichkeiten in höchst unterschiedlicher Weise ihre Unternehmen, so dass sie entweder als Gewinner oder als Verlierer dastehen können.

Beobachter können solche Anmerkungen machen: »Dass die Erfolg haben, bei dem Führungsstil: das wundert mich!« Oder: »Dass die den Bach runtergerauscht sind, ist bemerkenswert. Der Chef war exzellent.«

Umkreisen bedeutet: ich werde von verschiedenen Positionen ausgehend unterschiedliche Aspekte des Themas beleuchten in der Hoffnung, dass der Zuhörer beziehungsweise der Leser Anregungen findet für seine individuelle und iterative »Wahrheitsfindung«. Im Mittelpunkt von Aneignung und Führung steht immer die einzelne Persönlichkeit, welche die Konsequenzen für Kognition und Handlung verantworten muss. Die einzelnen Zugänge zum Thema werde ich durchnummerieren. Durch häufige Rückbezüge und Querverweise entsteht dann ein Netz.

1. Ein gutes Beispiel für ein lernendes Unternehmen
2. Organisationales Lernen
3. Fünf Disziplinen
4. Nichtlernende Organisationen
5. Organisationsanalysen und Führungsaufgaben
6. Strategie des offenen Ohres
7. Systemarchetypen
8. Ziele für die Personal- und Organisationsentwicklung
9. Arbeit mit dem ganzen System
10. Systemarchetyp »Vernichtungsspiralen«
11. Führungskompetenzen
12. Selbstvergewisserung der Führungskraft
13. Eitelkeit
14. Unkultur des Schweigens
15. Noch ein gutes Beispiel

1. Ein gutes Beispiel für ein lernendes Unternehmen

»Das ist ja gerade das Dilemma der Managementtheorie – sie ist kontextblind.« Dieser Satz findet sich in einer Besprechung von Reinhard K. Sprenger[1] über ein Fachbuch, das eine Unternehmerpersönlichkeit darstellt. Es handelt sich um den geschäftsführenden Gesellschafter des DM-Drogeriemarktes Götz W. Werner.[2] Diese Drogeriemarktkette, die Werner vor 30 Jahren gegründet hat, ist sehr erfolgreich. Sie führt zurzeit 1.503 Märkte in acht europäischen Ländern, beschäftigt mehr als 20.500 Mitarbeiterinnen und Mitarbeiter und erzielte im Geschäftsjahr 2002/2003 einen Umsatz von 2,86 Milliarden Euro. (Stuttgarter Zeitung vom 24.10.03). Als ich das Unternehmen 1990 kennenlernte gab es 420 Filialen in Deutschland und Osterreich, ca. 3.200 Mitarbeiterinnen und Mitarbeiter und einen Jahresumsatz von ca. 1,5 Milliarden Mark. Im Jahr 1991 sah ich in Karlsruhe eine Ausstellung über das Schicksal von Wohnungslosen, die gemeinsam vom DM-Drogeriemarkt und der Sozialpädagogischen Alternative veranstaltet wurde unter dem Motto »Menschlich handeln«.

Das hat mich beeindruckt, wie ein Unternehmer, der mit Produkten sein Geld verdient, die eher für Schönheit, Sauberkeit und Natürlichkeit stehen, sich in die Bereiche einer eher düsteren Ecke der Sozialarbeiter bewegen konnte.

Seit dieser Begegnung begleite ich den Drogeriemarkt als Kunde und Beobachter seiner Unternehmensentwicklung.

Nach Dietz und Kracht, die Götz W. Werner ausführlich befragt haben, könnte das Motto des Unternehmers sein: »Kümmere dich um die Menschen, dann kümmern sich die Ergebnisse um sich selbst.«

Das Kümmern um die Mitarbeiterinnen und Mitarbeiter geschieht durch dialogische Führung. Wie das praktisch funktioniert, mag man in dem genannten Buch[2] lesen.

Für mich ist der DM-Drogeriemarkt ein gutes Beispiel für ein lernendes Unternehmen.

2. Organisationales Lernen

In der Managementtheorie wird seit ca. 15 Jahren von »lernenden Unternehmen« beziehungsweise von »lernenden Organisationen« geredet.

Es wird gestritten, ob »Unternehmen« bzw. »Organisationen« überhaupt lernen können.[3] Ich will mich auf diesen Streit nicht einlassen, sondern eine Definition des Prozesses versuchen, der als Anpassung von Unternehmen beziehungsweise von Organisationen an externe und interne Kontexte bezeichnet werden kann.

1   Sprenger, Reinhard K. Führen für Erwachsene. Das jährliche Mitarbeitergespräch gehört in vielen Unternehmen zur Führungspflicht. Die Kür wäre: immer miteinander zu reden. In: Brand Eins 10 (2000), S. 154f.
2   Dietz, Karl-Martin; Thomas Kracht. Dialogische Führung. Frankfurt 2002 (Campus).
3   Vergleiche dazu: Gairing, Fritz. Organisationsentwicklung als Lernprozess von Menschen und Systemen. Weinheim 1996 (Deutscher Studien Verlag).

Diesen Anpassungsprozess bezeichne ich als »organisationales Lernen«. (Ein Unternehmen ist für mich eine Teilmenge innerhalb der Gesamtmenge von Organisationen). Ein Individuum lernt in der Organisation. Die Organisation »lernt«, indem sie sich an sich verändernde Kontextbedingungen anpasst, die in der Regel von außen nach innen wirken. Das Ziel des individuellen Lernens in der Organisation ist, die Anpassungsfähigkeit der Organisation an ihre Kontextbedingungen so zu verbessern, dass die Lebensfähigkeit der Organisation erhöht wird – das kann sich bei Unternehmen als »Verbesserung der Ertragslage« auswirken.

Das Individuum in der Organisation hat ein Interesse an der Steigerung dessen »Lebendigkeit«, weil auch seine Existenzmöglichkeiten in der Organisation davon abhängen. Der Kontext und dessen Variablen sind jeweils zu beschreiben.

Das kann der Markt sein mit Auftraggebern, Kostenträgern und Klienten. Die Organisation bietet die Struktur für die individuelle Selbstorganisation des Lernenden. Die Bedingungen des individuellen Lernens bilden den inneren Kontext des organisationalen Lernens.

Insofern kann man sagen, dass organisationales Lernen doppelt gebunden ist durch »Struktur und Selbstorganisation«.[4] Vielleicht können diese Zusammenhänge durch die folgende Systemskizze deutlicher werden.

Abb.   *Systemskizze »Organisationales Lernen«*

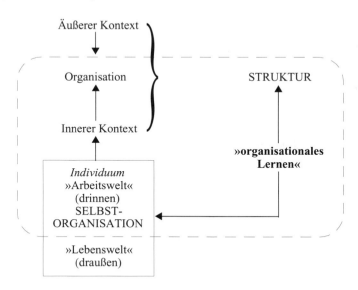

---

4   Für die Gestaltung von Unterstützungsprozessen in der Sozialarbeit habe ich eine Didaktik skizziert, die im Spannungsfeld von »Struktur und Selbstorganisation« ihren Platz hat. Vergleiche dazu: Strunk, Andreas. Didaktik der Selbstorganisation. In: Archiv für Wissenschaft und Praxis der sozialen Arbeit. Heft 3/1998, S. 236-251. Deutscher Verein für öffentliche und private Fürsorge. Frankfurt 1998.

Ein kurzer Blick auf die Führungsthematik: Personalführung in der Spannung von Struktur und Selbstorganisation würde bedeuten, dass die Führungskraft für die »Strukturpflege« verantwortlich ist im Hinblick auf die Herstellung von Bedingungen zur gelingenden Selbstorganisation der Mitarbeiterinnen und Mitarbeiter im Unternehmen bzw. in der Organisation.

3. *Fünf Disziplinen*

Es ist sinnvoll, einen Hinweis zu geben auf die konzeptionelle Herkunft des Konzeptes »organisationales Lernen«. Die Grundlagen sind bei Peter M. Senge zu finden.[5]
Senge geht davon aus, dass »organisationales Lernen« stattfindet, wenn es im Unternehmen gelingt, fünf Disziplinen wirksam werden zu lassen. Dabei ist für den Mix der Disziplinen im Sinne der Strukturpflege die Führungskraft verantwortlich. Den Begriff Disziplin sollte man sich genauer ansehen. Er drückt in der Regel zwei Sachverhalte aus. Einerseits bezeichnet er den Teilbereich eines Ganzen – zum Beispiel den Teilbereich einer Wissenschaft. Andererseits bezeichnet er eine Verhaltensweise – zum Beispiel die bewusste Einordnung in eine vorgegebene Struktur. Die Selbstorganisation der Individuen im organisationalen Lernen hat also eindeutig Grenzen. Es handelt sich eher um eine »reaktive Selbstorganisation« und entsprechend um eine »reaktive Modernisierung« von Organisationen und Unternehmen. Dies muss man wissen, weil der Begriff Selbstorganisation oft Vorstellungen auslöst, als könne in Betrieben, die nach dem Konzept des organisationalen Lernens modernisiert werden, jeder machen, was er will. Aufgrund dieses Missverständnisses setzen sich oft Führungskräfte gar nicht mit dem Konzept auseinander.
Wie sieht der Mix der Disziplinen nach Senge aus?

Erstens: Jedes Unternehmen braucht eine Vision, die kontextgerecht ist. Aus dieser Vision wird ein Leitbild abgeleitet, das Anschlussmöglichkeiten an die Handlungspraxis im Unternehmensalltag aufweisen muss. Auf diesem Hintergrund sind beispielsweise Gespräche mit den Mitarbeiterinnen und Mitarbeitern über Zielerreichung möglich.

Zweitens: Auf allen Ebenen des betrieblichen Alltags müssen sich die Handelnden klar sein, dass sie aufgefordert sind, persönliche Meisterschaft in ihrer jeweiligen Arbeitswelt zu erlangen. Es geht um das Bekenntnis (Selbstverpflichtung) zu Höchstleistungen, die nicht im Widerspruch zu den persönlichen Entwicklungen stehen dürfen. Es geht also nicht um Ausbeutung und Zwang, sondern eher um die

---

5   Hier sind vor allem zwei Quellen lesenswert:
    5a) Senge, Peter M. Die fünfte Disziplin. Kunst und Praxis der lernenden Organisation. Stuttgart 1996 und 5b) Senge, Peter M. u.a. Das Fieldbook zur Fünften Disziplin. Stuttgart 1996.

gemeinsame Freude am Erfolg. Das setzt natürlich auch einen spezifischen Führungsstil voraus.

Reinhard K. Sprenger deutet das an, wenn er in der genannten Buchbesprechung schreibt: »Führung, die sich auf individuelle Einzelne, auf Erwachsene bezieht, schaltet den anderen nicht gleich, benutzt ihn nicht als Mittel zum Zweck. Dafür gibt es nur eine Methode: das Gespräch. Nicht das instrumentalisierte jährliche Mitarbeitergespräch, nicht die Leistungsbeurteilung, nicht die Zielvereinbarung, nein das Gespräch in Permanenz. Das Gespräch als Begegnung von Erwachsenen. Offen, fair und radikal subjektiv. Klarer, direkter Austausch.«[1]

Drittens: Die Selbstverpflichtung zur Höchstleistung muss Konsequenzen haben. Senge spricht hier von der Bereitschaft, mentale Barrieren zu überwinden.[6] Dazu gebraucht er folgendes Bild.

Ein Kanufahrer gerät unglücklicherweise über eine Staustufe, kentert und wird in den unteren Teil des Flusses geworfen. Intuitiv versucht er nach oben zu schwimmen. Das ist aber der falsche Weg der Rettung. Denn am Grund des Bodens dreht sich eine Walze von Wassermassen, die den Kanuten immer wieder nach unten zieht.

Der Kanute, der nach oben schwimmen will, wird ermüden und dann kraftlos ertrinken. Richtig wäre ein »kontraintuitives« Verhalten gewesen. Der Kanute hätte sich nach unten zum Flussboden sinken lassen sollen und dann hätten die Wassermassen ihn innerhalb weniger Sekunden flussabwärts getrieben in eine ruhige Zone. Dort hätte er dann ans Ufer schwimmen können.

Das Beispiel soll folgendes vermitteln: in beiden »Welten« – Arbeitswelt und Lebenswelt – geraten wir in den Strudel von Prozessen, von Teufelskreisläufen, die uns ins Verderben ziehen können. Diese Kreisläufe müssen wir erkennen, um uns selbst auf die Schliche kommen zu können. Denn nur die Erkenntnis dieser Prozesse und unser kontrolliertes Verhalten sichern das Fortkommen.

Es gibt in uns mentale Barrieren, die diese Erkenntnis verhindern können.

Diese Barrieren müssen wir überwinden, damit sich Leben und Arbeit erfolgreich entwickeln können.

Viertens: Die vierte Disziplin befasst sich mit der Aufgabe, ein sinnvolles Verhältnis zwischen Einzelarbeit und Teamarbeit im Unternehmen zu finden.

Vor allem werden Erfahrungen mit »Teamlernen« thematisiert und der besondere Stellenwert von Dialogpraxis im Team wird erläutert.

Hier geht es um eine besondere Art des Zuhörens und des Redens miteinander, um die Wahrscheinlichkeit wachsen zu lassen, dass sich das gesamte Kreativitätspotential eines Teams entfalten kann.

---

6 Siehe 5a), S. 118.

Fünftens: Die wichtigste Disziplin für Senge ist die »fünfte Disziplin« – und deshalb hat er sein Buch auch so genannt.
Hier geht es um die Fähigkeit des Denkens und Handelns in Systemen. Eine besondere Rolle spielt die Analyse von »Systemarchetypen«, das sind immer wieder auftretende Muster, die das Lernen im Unternehmen behindern können. Hier wäre eine Transformationsarbeit nötig, um aus »Teufelskreisläufen« »Tugendkreisläufe« werden zu lassen.
Diese Systempraxis schließt an die Arbeit mit mentalen Barrieren an, geht aber weit über diese hinaus, weil das Unternehmen als System nicht nur vor der Praxis der einzelnen Mitarbeiterinnen und Mitarbeiter abhängt.

4. Nichtlernende Organisationen

Natürlich gibt es auch »nichtlernende Organisationen«. Der Organisationsentwickler Anton Ertler (email: ertlera@datacomm) hat basierend auf der Analyse von Marktbedingungen, Grenzwertbedingungen, Risikobedingungen, Gewöhnungsbedingungen, Leidensbedingungen und Verschärfungsbedingungen einen Kurzfragebogen entwickelt: »Ist unser Unternehmen eine nichtlernende Organisation?«

Die einzelnen Items lauten:
• Unsere Hierarchie schafft Abhängigkeiten »nach unten«.
• Bei uns gibt es Angst vor Strafe.
• Bei uns besteht das Risiko, mit einer anderen Meinung zum Verräter, Ketzer oder Delinquenten zu werden.
• Vielfach sind unsere Vorgesetzten durch Störungen und Konflikte überfordert.
• Wir versuchen Konflikte möglichst zu vermeiden.
• Vielfach werden Konflikte und Störungen gar nicht mehr wahrgenommen, wie sie als normal gelten.

Bewertet wird nach der jeweiligen Antwort: ***trifft völlig zu ***trifft eher zu ***trifft eher nicht zu ***trifft gar nicht zu.
An dieser Stelle kann man sich fragen, was die Diagnose »nicht lernende Organisation« wirklich trifft. Beschreibt sie ein starres bürokratisches System? Beschreibt sie einen Zustand in der Organisation, die einem miserablen Führungsstil geschuldet ist? Kann ein nichtlernendes Unternehmen nicht auch gute Gewinne bringen?
Fährt jener Chemiekonzern nicht satte Gewinne ein, an dessen schwarzem Brett zu lesen war:»Personalführung ist die Kunst, den Mitarbeiter so schnell über den Tisch zu ziehen, dass er die Reibungshitze als Nestwärme empfindet.«?
An eine solche Art der Personalführung wird Margit Schönberger möglicherweise gedacht haben, als sie ihr Buch schrieb »Mein Chef ist ein Arschloch, Ihrer auch?«
Sie geht davon aus, dass man durch kluges Verhalten auch in von »Arschlöchern« geführten Unternehmen Veränderungsimpulse in die Richtung eines lernenden Un-

ternehmens setzen kann. Sie setzt auf die »Kraft von Phantasie und Kreativität, die aus der Hoffnung erwächst.« Sie erzählt eine Sufi-Weisheit.
Ein Mann besucht einen Bildhauer, der gerade einen prächtigen Marmorlöwen hergestellt hat. Der Mann bewundert den Bildhauer und bemerkt: »Das ist sicher eine schwierige Aufgabe gewesen?!« Der Bildhauer antwortet: »Gar nicht. Ich nehme einen Marmorblock in der richtigen Größe und schlage mit Hammer und Meißel alles weg, was nicht nach Löwe aussieht.«

Die Autorin empfiehlt für den Umgang mit schlechten Chefs folgende Strategien[7]:
* Du sollst nicht glauben.
* Du sollst nicht hoffen.
* Du sollst deinen Chef nicht lieben.
* Du sollst Offenheit praktizieren.
* Du sollst mutig sein.
* Du sollst interessiert und neugierig sein.
* Du sollst Zusammenhänge erkennen.
* Du sollst leidenschaftlich sein.
* Du sollst Geduld üben.
* Mensch, ärgere dich nicht.

5. Organisationsanalysen und Führungsaufgaben

Schauen wir auf einen guten Chef. Er versteht seine Aufgabe unter anderem als Strukturpflege, damit sich die Selbstorganisation der Mitarbeiterinnen und Mitarbeiter optimal entfalten kann. Er wird »Teufelskreisläufe« aufdecken wollen. Er wird Lernhindernisse abbauen wollen. Er wird »Lerntreiber« stärken. Es geht um die Entwicklung der betrieblichen Lernkultur.
Zu all diesem braucht er eine brauchbare Organisationsanalyse. Die kann er durch betriebliche Mitarbeiter anfertigen lassen, sofern diese das nötige Rüstzeug und die entsprechende Unbestechlichkeit mitbringen.
Dazu gibt es inzwischen Handreichungen.
Im Rahmen eines Forschungsprojektes finanziert u.a. mit Mitteln der »Deutschen Forschungsgemeinschaft«, das sich mit Strategien der Ent-Hierarchisierung, Dezentralisierung und Vernetzung in Unternehmen, Verwaltungen und Krankenhäusern befasst hat, wurde ein Handbuch »Methoden der Organisationsforschung« erstellt.[8]
Diejenigen, die mit dem Handbuch arbeiten, können den Dialog mit den Verfassern über folgende Internetseite aufnehmen: www.qualitative-research.net/organizations.

7 Schönberger, Margit. Mein Chef ist ein Arschloch, Ihrer auch? Ein Überlebenstraining. München 2002 (Mosaik-Verlag), S. 132-153.
8 Kühl, Stefan, Peter Strodtholz, Methoden der Organisationsforschung. Ein Handbuch. Reinbek bei Hamburg 2002 (Rowohlts Enzyklopädie).

Zur Organisationsanalyse gehört auch die Festlegung des Status der Organisation in ihrer eigenen Geschichte. Befindet sie sich in der Startphase, im Wachstumshoch, in der Konsolidierungsphase oder kurz vor dem Absturz? Muss das Unternehmen saniert werden? Je nach Status sind unterschiedliche Führungsstrategien notwendig. Im Sanierungs-Management wird man nach der Auffassung einiger Experten[9] gut beraten sein

- Schonungslos zu analysieren
- Konsequent zu handeln
- Sich nicht verunsichern zu lassen
- Innerbetriebliche Gegner zu entlassen
- Vertraute zu suchen

Diese Experten haben eine klare »Didaktik des Gehorsams«. Hier geht es um eine monologische Führung.

Offen ist, wie Sanierungsmanagement unter einer dialogischen Führung zu organisieren ist. Die Antwort wird wohl folgende sein: dialogische Führung setzt auf Vertrauen. Vertrauen entsteht aufgrund einer kontinuierlichen Erfahrung. Insofern braucht dialogische Führung einen längeren Erfahrungszeitraum und wenn dann ein Sanierungsfall eintreten sollte, wird sich zeigen, wie belastbar das Vertrauen ist. Dialogische Führung ist offensichtlich ungeeignet für Krisenmanagement ohne die Möglichkeit des gemeinsamen Erfahrungsaustausches vor der Krise. Dialogische Führung strukturiert Wachstumsprozesse von langer Dauer. Hier sind – wie wir wissen – Krankheit und Tod nicht ausgeschlossen.

Kehren wir zurück zu den Teufelskreisläufen.

Eine besondere Rolle bei der Organisationsanalyse kann die Auseinandersetzung mit geheimen Spielregeln in der Organisation spielen.

Hierzu gibt es ein evaluiertes Verfahren, das von Arthur D. Little entwickelt wurde und durch Mitglieder der Organisation selbst (interne Berater) oder durch externe Berater angewandt werden kann.

Die Logik des Analyseverfahrens soll an einem einfachen Beispiel erläutert werden. Die Methode selbst ist ausführlich an anderer Stelle dargestellt.[10]

Das Beispiel: Ein Geschäftsführer im Unternehmen spricht oft folgenden Satz: »Über fünfzig wird hier fast keiner!« Dieser Satz wirkt im Unternehmen wie ein »Mantra«. Für den Chef bedeutet er eher: »Wir sind jung und dynamisch. Das ist keine Frage des Alters.«

Aber in der Unternehmenskultur bilden sich langsam »geheime Spielregeln« aus, deren Wirkung an der Spitze langsam erahnt werden, aber deren Ursache dort nicht erkannt werden kann.

---

9   Vergleiche dazu: »Sind Sie stark genug, Ihr Unternehmen aus der Krise zu steuern?, managermagazin 1 (2003), S. 116-121.
10 Näheres findet man bei: Scott-Morgan, Peter, Arthur C. Little. Die heimlichen Spielregeln. Die Macht der ungeschriebenen Gesetze im Unternehmen. München 1996 (Heyne-Verlag).

Es entsteht ein Teufelskreislauf, der sich wie folgt visualisieren läßt.

Abb. *Zirkularität und heimliche Spielregeln (in Anlehnung an 10, S. 231)*

Der Satz an der Spitze:

»Über fünfzig wird hier fast keiner«

Wenn man auf dem Arbeitsmarkt
keine Chancen hat, dann ist man
deswegen wahrscheinlich auch
unproduktiv und wird gekündigt

Die Reaktion
an der Basis

Anfang Vierzig den Abgang planen,
wenn man noch Chancen auf dem
Arbeitsmarkt hat

Wenn man auf dem Arbeitsmarkt
keine Chancen hat, dann muss
man sich so lange wie möglich an
seinen Job klammern

Wenn man etwas zu bieten hat,
dann kündigt man Anfang Vierzig

Die Macht der geheimen Spielregeln behindert regelmäßig Innovationsplanung im Unternehmen. Deshalb ist es für die Führungsmannschaft wichtig, diese Regeln zu kennen und mit ihnen intelligent umzugehen. Das setzt allerdings Kenntnis dieser Regeln voraus. Erst dann kann eine Strategie des achtsamen Umgangs mit den Regeln gelingen.

Die genannten Autoren beschreiben folgenden Lösungskreislauf.

Abb.   *Lösungskreislauf (übernommen von 10, S. 145)*

Wir (GISA mbH) arbeiten sowohl mit dem klassischen Verfahren nach Arthur D. Little als auch mit einem modifizierten Verfahren, das wir als die »Strategie des offenen Ohres« bezeichnen.
Das Vorgehen mit dieser Strategie wird an folgendem Praxisbeispiel dargestellt.

6.   Strategie des offenen Ohres

Es folgt das Praxisbeispiel aus einem Beratungsvorhaben, das die GISA in einem System geleistet hat, welches aus einer Holding und untergeordneten Firmen bestand.

6.1   Ausgangslage

Ein GISA-Gutachten zum strategischen Controlling wurde in einer Zeit der Unternehmensumgestaltung in einer Holding erarbeitet und hat für diesen Innovationsprozess insbesondere inhaltliche Anregungen formuliert.
In der prozessbegleitenden Reflektionsgruppe wurde deutlich, dass es neben fachlich – inhaltlichen auch »weiche«, dynamische – kommunikative Komponenten in

der Holding und den untergeordneten GmbHs gibt, die eine genauere Betrachtung verdienen. Auch sind neben alten, quasi unerledigten Themen in der Zusammenarbeit durch den Veränderungsprozess neue Themen aufgetaucht, die zu bewältigen sind.

So ist es logisch, jetzt das Bewusstsein auf die dynamischen Prozesse im Kontext des Projekts »Umgestaltung der Unternehmensgruppe« zu lenken.

6.2 Untersuchungsziele

Ziele der Beobachtungsstudie sind:
*   Ein Verständnis für solche Kommunikations- und Kooperationsprozesse zu erarbeiten, die zu einer negativen Verstärkung (Teufelskreisläufe bzw. Systemarchetypen) führen können.
*   Probleme und Ansatzpunkte zu ermitteln, die die Umsetzung der »neuen« Unternehmensstruktur erschweren oder behindern.
*   Vorschläge zu erarbeiten für die Entwicklung von Kommunikationsprozessen, die zu einer positiven Verstärkung führen können.
*   Randbedingungen zu schaffen für eine »lernende Unternehmensgruppe«.

6.3 Umfang

Einbezogen werden sollen in die Untersuchung die Teilunternehmen:
*   Die Holding
*   Die Technik GmbH
*   Die Vertriebs-GmbH
*   Bei Bedarf in begrenztem Umfang: weitere Kooperationspartner

6.4 Methoden/Maßnahmen

–   (teilnehmende) Beobachtung: Teamsitzungen, Besprechungen, EDV- und Papier/Aktenkommunikation
–   Besuche am Arbeitsplatz und Gespräche mit ausgewählten Mitarbeitern im Unternehmensverbund
–   Analyse und Rekonstruktion von problematischen Kooperationskontakten im Unternehmensverbund insbesondere durch Gespräche mit den beteiligten Kommunikationspartnern
–   Befragung mittels Fragebogen

6.5 Vorgehensweise

Ausgehend von der bisherigen Arbeit in unterschiedlichen Unternehmenseinheiten und in Anlehnung an das Beauftragungs-Gespräch durch die Geschäftsführung wird die GISA Eingangs-Hypothesen als Untersuchungsgrundlage formulieren.

Diese werden in einer ersten Beobachtungsphase überprüft. In dieser Untersu-
chungsphase stehen die Mitarbeiterkontakte auf der Ebene des mittleren Managements und der operativ tätigen Beschäftigten (bezogen auf die zentralen Geschäftsprozesse) im Zentrum der Maßnahmen.
Die überarbeiteten Untersuchungshypothesen stehen am Anfang der zweiten, ver-
tiefenden Beobachtungsphase.
Die Befunde der Vor – Ort – Arbeit werden von der GISA im Anschluss an diese
Einheit in einer Analysephase ausgewertet. Die Rückkopplung der Ergebnisse wird
folglich erst 14 Tage nach der Beobachtungsphase mit einem Auswertungsbericht
möglich sein.
Soweit sinnvoll und möglich werden aber Zwischenergebnisse bereits vorher zu-
rückgemeldet.

6.6   *Arbeitsschritte:*

(1)   Die GISA verfolgt eine »Strategie des offenen Ohres«: Während der gesamten
      Kontaktzeit werden Klagen erfasst. Dabei müssen Klagen nicht formuliert
      werden, sondern es können auch andere Ausdrucksformen gewählt werden –
      z.B. Rückzug, Dienst nach Vorschrift, Missmut am Arbeitsplatz . . .
      Heute sind schon Klagen bekannt, sie bilden die vorläufigen Ausgangspunkte
      für die Untersuchung.
      Bisher bekannte Klagen beziehen sich
      *   auf die Informationsflüsse im Unternehmensverbund
      *   auf die Motivation bei übertragenen Arbeiten (Prioritätensetzung, inhaltli-
          che Zweifel)
      *   auf die Unternehmensumgestaltung (Geschwindigkeit, Sinn)
      *   auf die konkrete Gestaltung der neu zu schaffenden Kooperationswege
          (Verantwortlichkeiten, Macht-Gewinne/Verluste, Interessenausgleich)
      *   auf die öffentliche und »geheime« Hierarchie im Unternehmen
      *   Auf ungeschriebene, gepflegte aber gleichzeitig abgelehnte Regeln im Be-
          trieb (allgemeines Arbeitsverhalten, Beziehungen unter den Mitarbeitern:
          geheime Spielregeln)
(2)   Aus den Klagen werden ständig Hypothesen abgeleitet im Hinblick auf mög-
      liche negative Verstärkungsprozesse im Gesamtsystem.
(3)   In einer Rückkoppelung mit dem Auftraggeber geschieht eine Festlegung auf
      die besonders wichtigen Hypothesen im Hinblick auf eine mögliche Gefähr-
      dung des Geschäftserfolges.
(4)   Anschließend gibt es eine erneute Recherche – Phase zur Falsifizierung bzw.
      Verifizierung der zentralen Hypothesen.
(5)   Das Ergebnis aus der erneuten Recherche wird umgearbeitet in Empfehlungen
      für den Auftraggeber im Hinblick auf die zukünftige Steuerung des Gesamtsy-
      stems.

6.7   *Diese Arbeitsschritte kann man wie folgt visualisieren.*

Abb.   *»Strategie des offenen Ohres«*

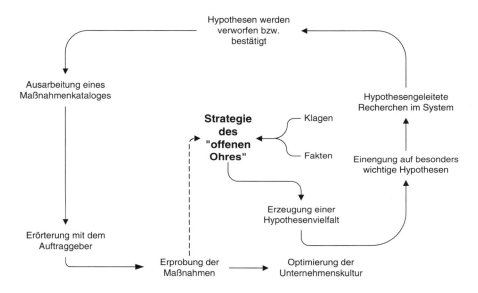

7. *Systemarchetypen*

Eine besondere Rolle bei der Organisationsanalyse nach Arthur D. Little beziehungsweise nach dem GISA-Konzept spielt die Auseinandersetzung mit »Teufelskreisläufen« oder wie man auch sagen kann mit »Systemarchetypen«, wobei der Begriff »Systemarchetyp« in Anlehnung an Peter M. Senge ebenfalls eine negative
Verstärkung meint.
Als Beispiel für einen Systemarchetypen wird hier das Thema »Einmischungslust«
behandelt.
Die normale Zirkularität lässt sich sehr verkürzt wie folgt beschreiben: Der Gesellschafter setzt im Unternehmen einen Geschäftsführer ein. Dieser steuert das Unternehmen und informiert entsprechend den Gesellschafter bzw. erhält Weisungen.
Die Mitarbeiterinnen und Mitarbeiter informieren den Geschäftsführer bzw. erhal-
ten von diesem Weisungen. Der Gesellschafter finanziert das Unternehmen. Durch
diese Zirkularität wird der Gesellschafter entlastet und belohnt (durch die Gewinne).
Das Unternehmen zeigt eine gute Produktivität.
Das wäre die Normalität.
Allerdings hält sich der Gesellschafter häufig nicht an die offiziellen Spielregeln. Er
kann offen, aber auch verdeckt den Geschäftsführer übergehen und direkt im Unter-

Abb.   Systemarchetyp »Einmischungslust«

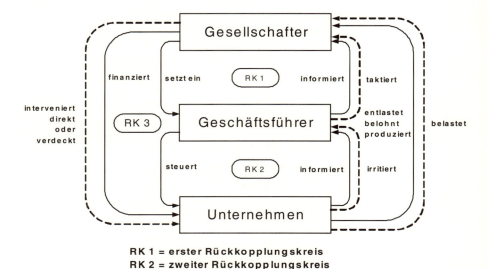

RK 1 = **erster Rückkopplungskreis**
RK 2 = **zweiter Rückkopplungskreis**
RK 3 = **dritter Rückkopplungskreis**

nehmen intervenieren. Dies mag er aus einer gewissen Eitelkeit heraus tun (vergleiche dazu Abschnitt 13 des vorliegenden Aufsatzes).
Durch die »Einmischungslust« des Gesellschafters entstehen Belastungen und Irritationen im Gesamtsystem. Der Geschäftsführer weicht möglicherweise ins Taktieren gegenüber dem Gesellschafter aus, wenn er nicht den Weg der offenen Auseinandersetzung geht bzw. gehen kann. Die Rückkoppelungskreise funktionieren nicht mehr verstärkend im Sinne des gewünschten Erfolgs.
Sie verstärken eher den Misserfolg.
Eine negative Zirkularität ist im Gesamtsystem entstanden: eben ein Teufelskreislauf oder auch verschiedene kleinere Teufelskreisläufe, die sich wiederum verstärken – je nachdem welcher Teil des Gesamtsystems betrachtet wird.

8.   *Ziele für die Personal- und Organisationsentwicklung*

Die Analyse des Systemarchetypen »Einmischungslust« kann man zum Anlass nehmen, über einige Ziele und Konsequenzen für Personal- und Organisationsentwicklung nachzudenken.

Generell gilt:
* Die Grenzen der Teilsysteme müssen beachtet werden.
* Die in den Teilsystemen Handelnden müssen eine Rollenklarheit entwickeln.
* Innerhalb der Teilsysteme gibt es spezifische Rückkoppelungen, die gepflegt werden müssen.
* Die Zusammenhänge und abgesprochenen Arbeitsteilungen sind einzuhalten.
* Im Gesamtsystem wirksame »Teufelskreisläufe« müssen analysiert und gestoppt werden.
* Dafür braucht man eine offene und ehrliche Kommunikation zwischen allen Beteiligten.
* Diese ist nur über Moderation durch interne oder externe Fachleute möglich.
* Absprachen über Zusammenhänge und Arbeitsteilungen müssen entweder rekonstruiert oder neu konstruiert werden.

In unserem konkreten Fall lag die Hauptlast der Analyse und der Rekonstruktion auf den Schultern des Geschäftsführers.
Wir haben ihn als einen »Künstler des Balancierens« bezeichnet.

Folgendes Lösungsszenario haben wir mit ihm erarbeitet:
* den Gesellschafter stoppen
* ihm die systemischen Konsequenzen seines Tuns verdeutlichen anhand der Visualisierung des Systemarchetyps
* das Anliegen des Gesellschafters annehmen, überprüfen und übersetzen auf die Regeln des Betriebes
* den entsprechenden Mitarbeitern ein entsprechendes problemlösendes Ziel setzen
* die Organisation der konkreten Problemlösung der Selbstorganisation des Mitarbeiters überlassen
* mit den Mitarbeitern ein oder mehrere Zielerreichungsgespräche führen
* dem Gesellschafter eine entsprechende Rückmeldung geben
* Entscheiden, ob zur Lösung des Problems – das sich schlussendlich als »ein Problem im Problem im Problem« herausstellte – weiter »individualisierende Strategien« oder eine Systemstrategie indiziert ist: mit dem ganzen System arbeiten, hieße das.

In Beratungsprozessen gibt es übrigens oft eine Auseinandersetzung über Sinn und Unsinn der Kopplung von Zielvereinbarungen und Leistungsentgelten.
Es gibt generelle Probleme bei der Arbeit mit Zielvereinbarungen. Oft sind die Ziele unklar formuliert. Hin und wieder reflektieren sie nicht ausreichend die vorhandenen Ressourcen im Betrieb. Zielerreichungsgespräche finden häufig zu spät statt. Es gibt zu wenig unterstützende Zwischengespräche.[11]

---

11 Vergleiche dazu: Lurse, Klaus. Gute und schlechte Zielvereinbarungen. In: Personalmagagzin 7 (2003), S. 64-67.

Zur Kopplung von Zielvereinbarungen an Entgelt sind wir der Meinung, dass diese Koppelung wenig Sinn macht.
»Wenn eine Führungskraft nicht in der Lage ist, über Ziele zu führen, wird sie es auch nicht können, wenn man aus dem Verfahren ein Instrument zur Prämienermittlung macht.«[12]
Dieser Auffassung ist übrigens auch der Chef des DM-Drogeriemarktes Götz W. Werner, den wir eingangs als Experte für dialogische Führung beschrieben haben: »Wer Prämien zahlt, misstraut doch seinen Mitarbeitern. Der muss doch glauben, dass seine Mitarbeiter eigentlich mehr leisten könnten, es aber ohne zusätzlichen Anreiz nicht tun. Erfolgsprämien sind nichts anderes, als eine ständige Unterstellung.« (Stuttgarter Zeitung vom 12.05.03)

9. *Arbeit mit dem ganzen System*

Neben den individualisierenden Strategien ist es bei entsprechenden Voraussetzungen sinnvoll, mit dem ganzen System zu arbeiten. Hier bieten sich eine Reihe von Großgruppentechniken an, die inzwischen zum Standard von Organisationsentwicklungsvorhaben gehören.
Es ist hier nicht der Raum, entsprechende Techniken darzustellen. Dies ist an anderer Stelle geschehen.[13]
In unserem Fall wurde ein »Open Space« durchgeführt. Ein Verfahren, das von Harrison Owen entwickelt wurde.[14]
Im Rahmen der GISA-Strategie des offenen Ohres wurde deutlich, dass das Betriebsklima in der Unternehmensgruppe »total im Arsch war« (Aussage eines Betriebsratsmitgliedes.)
Der Betriebsrat ging davon aus, dass dringend eine »Initialzündung« fällig wäre; in der Sprache der Berater: ein Impuls für einen möglichst breit angelegten Lernprozess innerhalb der Unternehmensgruppe.
Dazu wurden alle Mitarbeiterinnen und Mitarbeiter zu einer Großgruppensitzung in ein Tagungszentrum eingeladen.
Der Verlauf des Ereignisses ist mit einem anschließenden »Changemanagement« in der folgenden Abbildung dargestellt.

---

12 Vergleiche dazu: Thönneßen, Johannes. Zielvereinbarungen und Entgelt oder: Wie man mit Instrumenten Führungskräften ihre Aufgabe erschwert. In: Wirtschaftspsychologie 2(2002), S. 22-26.
13 Vergleiche dazu: Königswieser, Roswita, Marion Keil (Hrsg.). Das Feuer großer Gruppen. Konzepte, Designs, Praxisbeispiele für Großveranstaltungen. Stuttgart 2000 (Klett-Cotta).
14 Owen, Harrison. Open Space Technology. Ein Leitfaden für die Praxis. Stuttgart 2001 (Klett-Cotta).

Abb.   *Open Space und Changemanagement*

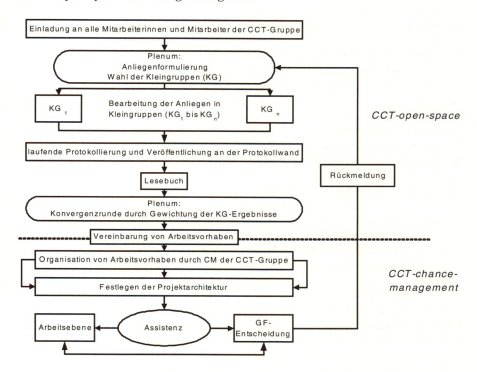

Die Veranstaltung selbst lief über 16 Stunden verteilt auf 2 Tage. Am Abend des ersten Tages gab es ein gemeinsames Essen in einem guten Restaurant zur Auflockerung der Dynamik.

Das Thema, das gemeinsam bearbeitet wurde, lautete: »Es brodelt ungeheuer in der Unternehmensgruppe. Da muss endlich was geschehen!«

Dieses Thema wurde nach sorgfältiger Befragung und Abstimmung mit Geschäftsführung und Betriebsrat durch den Open-Space-Begleiter fixiert.

Der Tag begann mit einem Plenum. Die Teilnehmerinnen und Teilnehmer konnten Anliegen zur Ursachenforschung im Blick auf Lösung der vielfältigen Probleme formulieren. Dies geschah durch kurze Vorstellung des jeweiligen Anliegens und der Person vor der so genannten »Anliegenwand«. Dort wurden die Anliegenzettel angeheftet. Anschließend wurden die Teilnehmerinnen und Teilnehmer des Plenums gefragt, wer an der Bearbeitung eines Anliegens interessiert sei. Auf diese Weise bildeten sich eine Reihe von Arbeitsgruppen, die in vorbereiteten Kleingruppenräumen ihre Arbeit aufnahmen.

Es arbeiteten jeweils 6 Arbeitsgruppen parallel.

Insgesamt wurden 12 Themen bearbeitet.

Ein Wechsel von Arbeitsgruppe zu Arbeitsgruppe war auch während der Arbeitszeiten nicht nur möglich, sondern auch erwünscht, um einen guten Wissenstransfer zu erhalten.

Nach jeder Arbeitsphase wurde ein Protokoll pro Gruppe verfasst, vergrößert und an eine Protokollwand gehängt, damit jederzeit der Stand der Ursachenforschung beziehungsweise der Lösungsvorstellungen abgelesen werden konnte.

Am Ende aller Arbeitsgruppen wurden die Protokolle vervielfältigt und in einem Lesebuch jeder Teilnehmerin und jedem Teilnehmer in die Hand gedrückt, damit ein abschließender Überblick über den Stand der Dinge möglich wurde.

In einer Konvergenzrunde wurden Punkte für die einzelnen Ergebnisse verteilt, damit deutlich werden konnte, wo die Mehrheit Ursachenschwerpunkte beziehungsweise Lösungsschwerpunkte sah.

Entlang der entstehenden Priorisierung konnten vier Arbeitsgruppen für die Zeit nach dem Open Space vereinbart werden. Man wollte sich mit den Themen Kommunikation, Organisationspraxis, Marketing und Führung befassen.

Die Interessenten für die Weiterarbeit nach dem Open Space wurden am Schluss der Konvergenzrunde für die nächste Phase eingeladen. Für diese Phase, die man als Phase des Changemanagements bezeichnen kann, wurde eine Projektstruktur entwickelt.

Die vier Arbeitsgruppen arbeiteten selbständig.

Sie werden unterstützt von einer »Assistenzgruppe«; in dieser sitzen die Geschäftsführung, der Betriebsrat und ein Moderator. Die Mitglieder der Assistenzgruppe stehen bei Nachfrage den Arbeitsgruppen zur Verfügung. Sie beschaffen Informationen, stellen Querverbindungen her, formulieren mit den Arbeitsgruppen Beschlussvorlagen für die Geschäftsführer-Entscheidungsebene.

Danach werden die beschlossenen Maßnahmen umgesetzt.

In jedem Fall gibt es eine Rückmeldung an das Plenum, das am Anfang des Open Space stand.

Bei Bedarf wird ein neuer Open Space durchgeführt.

Ich denke, mit dieser kurzen Ablauferläuterung ist deutlich geworden, dass in der Kombination von Großgruppenarbeit und anschließendem Changemanagement eine gute Möglichkeit liegt, im Spannungsfeld von Struktur und Selbstorganisation zu arbeiten.

10. *Systemarchetyp »Vernichtungsspiralen«*

Während des Open Space sind Andeutungen gemacht worden von Mitarbeitern aus der GmbH, die der Holding unterstellt sind, und die teilweise von der Holding finanziert werden, wie diese: »…sich schadlos halten.…« und »…nach mir die Sintflut…«.

Bei einer Recherche, was mit diesen Aussagen gemeint war, wurde ein neuer Systemarchetyp deutlich. Dieser lässt sich wie folgt visualisieren.

Abb.   *Systemarchetyp »Vernichtungsspiralen«*

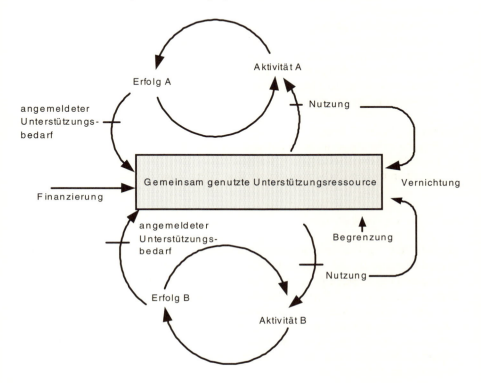

Mit dem Systemarchetyp »Vernichtungsspiralen« ist folgendes gemeint:
- die Holding finanziert Unterstützungsressourcen, die bei Bedarf von den »Töchtern« genutzt werden können
- diese melden Unterstützungsbedarfe an, wenn sie z.B. glaubhaft darstellen können, dass eine Aktivität ihrerseits nur dann von Erfolg gekrönt ist, wenn sie eine Unterstützung durch die »Mutter« bekommen
- die »Töchter« gehen jeweils direkt auf die »Mutter« zu und stimmen ihre Bedarfsmeldungen nicht ab
- die »Töchter« können strategische Wahrheiten benutzen, um an Unterstützungsressourcen zu kommen, auch wenn eigentlich kein Bedarf vorliegt
- diese Verhaltensweisen können zur Vernichtung beziehungsweise zur verantwortungslosen Verringerung der Ressourcen führen, denn Ressourcen sind nicht unbegrenzt vorhanden

- die »Mutter« ist viel zu großzügig und kontrolliert ihre Inanspruchnahme nicht ausreichend, wie das im wirklichen Leben ja viele Mütter tun.

Man kann die durch »Vernichtungsspiralen« entstandenen Probleme wie folgt zusammenfassen:
- Wettkampf der Egoismen
- taktischer Umgang mit Unterstützungsressourcen
- Dramatisierung von zurückliegenden Misserfolgen
- Unterschätzung immaterieller Ressourcen (Ruf, Motivation)
- Verschlechterung der Unterstützungsmöglichkeiten
- »Töchter« plündern »Mütter«

Als Lösung bietet sich an:
- Regelung der Ressourcenverwaltung (top down)
- Einrichtung eines »Ressourcenparlamentes«
- Transparenz und Ehrlichkeit bei der Bedarfsmeldung und Nutzung

11. *Führungskompetenzen*

Für jede Führungskraft in einer lernenden Organisation taucht irgendwann die Hintergrundsfrage auf und stellt sich dann unmissverständlich in den Vordergrund: »Was mach ich da eigentlich?« Und: »Mache ich das richtig, was ich mache?« Diese Frage zielt in die Persönlichkeitsmitte. Und da es viele Persönlichkeitstypen gibt, gibt es auch verschiedene Antworten. Die Psychoanalyse kennt den Begriff der »Werdegestalt« oder in Anlehnung an Goethe: »… geprägte Form, die werdend sich entwickelt…« Man geht dort davon aus, dass jeder von uns Prägungen hat, die im Prinzip nicht veränderbar sind. Eine Persönlichkeitsentwicklung geht immer von dieser Prägung aus und ist nicht frei von dieser. Was kann das für unser Thema bedeuten?
Nicht jedes Führungsinstrument passt auf jede Führungspersönlichkeit. Es gibt z.B. zwei sehr unterschiedliche weltanschauliche Grundhaltungen (Prägungen). Man kann von einer »Vertrauensorientierung« und von einer »Misstrauensorientierung« als Grundhaltung ausgehen. Eine Führungskraft die der Misstrauensorientierung folgt[15], wird die Struktur, die als Gegenpol zur Selbstorganisation der Mitarbeiterinnen und Mitarbeiter zu entwickeln ist, anders pflegen als eine Führungskraft, die der »Vertrauensorientierung« folgt.[16] Insofern ist die weltanschauliche Selbstvergewisserung eine entscheidende Voraussetzung für die Beantwortung der oben genannten Fragen.

15 Für manche ein gutes – für mich ein abschreckendes Beispiel für Misstrauensorientierung ist folgendes Buch: Mair, Judith. Schluss mit lustig!« Warum Leistung und Disziplin mehr bringen als emotionale Intelligenz, Teamgeist und Soft Skills. Frankfurt am Main 2002 (Eichborn).
16 Ein Beispiel für Vertrauensorientierung bietet das unter Anmerkung (2) genannte Buch von Dietz

Hierzu kommen aus meiner Sicht:
* Einfühlungsvermögen
* Gerechtigkeitsempfinden
* positive und negative Sanktionen, die beherrscht werden müssen
* Schärfung der Systemperspektive und
* Reflektionszeit

Mit der Schärfung der Systemperspektive befassen sich in den letzten Jahren viele Forscher und Berater.
So läuft beispielsweise an der Universität Siegen ein Forschungsprojekt über Lern- und Lösungszyklen unter der Leitung von Gustav Bergmann, der ein Buch veröffentlicht hat über die »Kunst des Gelingens«.[17]
Bergmann ist ein Skeptiker, was »Führung« angeht. Führung gründet nach seiner Auffassung eher auf der Anmaßung von Wissen und Gewissheit.
Ein guter »Führer« sei eher ein intelligenter Manager, der im Betrieb Verknüpfungsleistungen zu erbringen hat. »Gute Manager treten als Förderer auf, verfügen über Selbstironie, moralische Stärke und Tatkraft. Ein guter Manager müsse demnach als lösungsorientierter Akteur in erster Linie gut zuhören und andere integrieren können. Dadurch fördere er eine »dialogische Kultur«, die bessere Erkenntnisse und größeres Engagement seitens der Mitarbeiter ermögliche.« Diese Aussage findet man in einem Bericht über das erste Management-Symposium der AFW Wirtschaftsakademie Bad Harzburg, das im Jahre 2002 stattfand.[18]
Auf diesem Symposium wurde auch über die Bekannte These von Fredmund Malik diskutiert, der behauptet, dass viele etablierte Führungskräfte diesen Beruf nie erlernt hätten und nur durch unsachgemäße Personalentscheidungen in die entsprechende Position gekommen sind und dort wie Dilettanten und Glücksritter agieren würden.
Um den Einfluss dieser Dilettanten und Glücksritter einzudämmen hat sich Malik sehr um die Qualifizierung von Führungskräften bemüht und eine »Bibel« geschrieben – basierend auf umfangreichen eigenen Forschungsvorhaben und ebenfalls in einer systemischen Orientierung.

Die Botschaft von Malik ist sehr umfangreich. Er beschreibt Grundsätze wirksamer Führung
* Resultatorientierung

---

und Kracht, in dem der von mir oft erwähnte geschäftsführende Gesellschafter des DM-Drogeriemarktes interviewt wird.
Ein weiterer Beleg für Vertrauensorientierung ist: Owen, Harrison. The Spirit of Leadership. Führen heißt Freiräume schaffen. Heidelberg 2001 (Carl-Auer-Systeme Verlag).
17 Vergleiche dazu: Bergmann, Gustav. Kunst des Gelingens. Sternenfels 2001 (2. Auflage).
18 Siehe die beiden Artikel: Personalmanagement/Führungskompetenz
   a) Dilettanten und Glücksritter auf dem Managerposten?
   b) So erkennt man eine Führungskraft.
   In: PERSONALmagazin (8/2002; S: 58-61).

- Beitrag zum Ganzen
- Konzentration auf Weniges
- Stärken nutzen
- Vertrauen
- Positiv denken

Er benennt die Aufgaben wirksamer Führung
- für Ziele sorgen
- Organisieren
- Entscheiden
- Kontrollieren
- Menschen entwickeln und fördern

Er erläutert die Werkzeuge wirksamer Führung
- die Sitzung
- der Bericht
- Job Design und Assignment Control
- persönliche Arbeitsmethodik
- Budget und Budgetierung
- Leistungsbeurteilung
- systematische Müllabfuhr

Das entsprechende Buch ist inzwischen in der 10. Auflage erschienen.[19] Malik ist kein Berater für die Entwicklung einer lernenden Organisation, aber ein solider Pragmatiker des Führungsberufes. Von ihm kann man viel lernen auch zur Arbeit im Spannungsfeld von Struktur und Selbstorganisation.

Stärker orientiert am Verständnis eines Unternehmens als lernender Organisation ist das »Handbuch angewandte Psychologie für Führungskräfte«[20], das aus dem Institut für angewandte Psychologie (IAP) in Zürich kommt.

Dort gibt es ein zweijähriges berufsbegleitendes »Seminar für Vorgesetzte«; aus diesem Erfahrungshintergrund und aus vielen Forschungsvorhaben des IAP ist das Handbuch entstanden.

Wer sich im engeren Sinne für den Aufbau einer lernenden Organisation und die damit verbundenen Führungsaufgaben interessiert, dem sei das Buch von Peter Kline und Bernard Sanders empfohlen, das auf der Basis der Erfahrung mit einem Organisationsentwicklungsvorhaben bei Kodak entstand.[21]

---

19 Malik; Fredmund. Führen, Leisten, Leben. Wirksames Management für eine neue Zeit. München 2003 (10. Auflage).
20 Steiger, Thomas; Eric Lippmann (Hrsg.). Handbuch angewandte Psychologie für Führungskräfte – Führungskompetenz und Führungswissen. Heidelberg 2003 (Springer Verlag).
21 Kline, Peter; Bernard Saunders. 10 Schritte zur Lernenden Organisation. Das Praxishandbuch. Paderborn (Junfermann) 1997 (2. Auflage).

Die Autoren beschreiben zehn Schritte. Diese sind:

Schritt 1   Beurteilen Sie Ihre Lernkultur
Schritt 2   Fördern Sie das Positive
Schritt 3   Ermöglichen Sie sicheres Denken am Arbeitsplatz
Schritt 4   Belohnen Sie das Eingehen von Risiken
Schritt 5   Helfen Sie den Menschen, Ressourcen füreinander zu werden
Schritt 6   Machen Sie sich mit Lernpower an die Arbeit
Schritt 7   Geben Sie Ihrer Vision gute Karten
Schritt 8   Erwecken Sie Ihre Vision zum Leben
Schritt 9   Verbinden Sie die Systeme
Schritt 10   »Get the Show on the Road«

12.   Selbstvergewisserung der Führungskraft

Zur angesprochenen Selbstvergewisserung einer Führungskraft gehört auch die Fähigkeit, den eigenen Interventionsstil abzustimmen auf den Organisationstyp, in dem sich die Führungskraft bewegt.

Man kann mindestens drei solcher Organisationstypen voneinander unterscheiden[22] Organisationen, die strukturiert sind als

– bürokratische Systeme
– Systeme der Fachkompetenz
– Systeme der Selbstorganisation

In jedem Organisationstyp sind unterschiedliche Gefühle und Verhaltensmuster anzutreffen.

In bürokratischen Systemen finden wir eher verinnerlichte, undistanzierte Abhängigkeiten und Ängste, die auf Machtausübung von oben reagieren. An Verhaltensmustern gibt es solche Erscheinungen wie: Dominanz, Rivalität, Abhängigkeit und Kampf.

Diese Systeme leben von einer fest institutionalisierten Hierarchie. Wer in diesen Systemen überwiegend auf Selbstorganisation der Mitarbeiterinnen und Mitarbeiter setzt, wird Schiffbruch erleben.

In diesen Systemen herrschen »normative Theorien«, auf deren Basis im Prinzip jeder weiß oder wissen sollte, was »richtig« und »falsch« ist.

Im Rahmen dieser Theorie werden auch soziale Strukturen und Prozesse legitimiert (z.B. ». . . wer arm ist, ist selber dran schuld . . .«)

Systeme der Fachkompetenz funktionieren anders. Die theoretische Grundlage ihrer Konstruktion läuft – zumindest konzeptionell – über widerspruchsfreie und überprüfbare Theorien und Methoden (Beispiel: das System der Schulmedizin).

---

22 Meine Argumentation folgt der von Jochen Schmidt. Die sanfte Organisationsrevolution. Von der Hierarchie zu selbststeuernden Systemen. Frankfurt (Campus) 1993.

Kolleginnen und Kollegen, die dort arbeiten, leben in einer relativen emotionalen Distanz zum Problem, das gelöst werden soll und verhalten sich entsprechend »locker« untereinander.

Fachkompetenz kann sich unter gewissen Voraussetzungen im System der Bürokratie, aber besonders gut im System der Selbstorganisation entfalten.

Insofern ist Fachkompetenz in der Tendenz organisationsneutral.

Systeme der Selbstorganisation sind die freiesten Systeme. Sie bilden Netzwerke, selbststeuernde Gruppen, entwickeln neue Muster und passen sich rasch an sich verändernde Kontextbedingungen an. In ihnen findet nachhaltiges Lernen und Kooperieren statt. In der Arbeitswelt gibt es solche Systeme nur annäherungsweise. Viele Organisationsentwickler träumen allerdings von »reinen« Zuständen in der Arbeitswelt.

Im Kontext unserer Erfahrung sind »lernende Organisationen« keine reinen Selbstorganisationssysteme, weil sie in der wechselseitigen Abhängigkeit von Struktur und Selbstorganisation funktionieren: sie kennen nur die geschilderte »reaktive Selbstorganisation«.

Für die geforderte Selbstvergewisserung muss die Führungskraft wissen, wo sie verortet ist.

Folgendes Schema bietet sich dazu an.

O 1 = hier kann man kaum Impulse für eine lernende Organisation setzen
O 2 = hier geht es schon besser
O 3 = das wäre der ideale Platz zur Entwicklung einer „lernenden Organisation"
O 4 = diesen Platz gibt es in der Arbeitswelt nicht

Schließlich gehört zur Selbstvergewisserung einer Führungskraft auch die Bestimmung ihrer Umgangsform mit den sehr unterschiedlichen Mitarbeiterinnen und Mitarbeiter, die ihr zugeordnet sind.

Julius Kuhl, der auch Untersuchungen zur Selbststeuerung durchgeführt hat (vergl. dazu Anmerkung 18), unterscheidet fünf Typen, auf die eine Führungskraft zu reagieren hat.

> »Es gibt Menschen, die in ihrer Aufgabe völlig aufgehen und selbstvergessen große Kreativität entfalten können – das ist der so genannte Flow-Typ. Der wachstumsorientierte Typ ist besonders motiviert, wenn er aus Fehlern und Rückschlägen lernen kann. Der Ergebnis-Typ zieht aus einer guten Leistung eine positive Stimmung. Außerdem gibt es den Wettkampf-Typ: Das ist ein Mensch, der besser sein will als andere und unter Druck zu hohen Leistungen angespornt wird. Der fünfte Typ ist der Misserfolgs-Ängstliche: Er

meidet Leistungssituationen und sucht Unterstützung, wenn er mit seinem Latein am Ende ist. Alle fünf können erfolgreich sein – vorausgesetzt, die Aufgabe passt zu ihnen.«[23]

Die differenzierte Umgangsweise gehört zur Strukturpflege, für die die Führungskraft verantwortlich ist. Mir ist dieser Hinweis wichtig, nicht so sehr die Frage, ob die skizzierte Typologie richtig ist.

Deutlich wird, dass Führungskompetenz aus verschiedenen Komponenten zusammengesetzt ist: aus kognitiven, instrumentellen und emotionalen Komponenten.

Die geforderte Selbstvergewisserung könnte man als Aufgabe einer Selbstevaluation bezeichnen. Dazu kann man sich

- Checklisten selbst anfertigen
- ein standardisiertes Tagebuch überlegen
- eines Zeitmanagement-Verfahrens bedienen
- selbst gewählte Aufgaben und Prüfungen (»Stille Tests«) vornehmen

Ergänzt werden sollte die Selbstevaluation durch dialogische Verfahren. Diese können sein:

- ein ständiger Reflektionskreis mit besonderen Personen des Vertrauens im Unternehmen
- Führungskräftebewertung durch unterstellte Mitarbeiterinnen und Mitarbeiter
- Coaching.

So kann ein bedarfsgerechter Mix aus Fremd- und Selbstevaluation entstehen.

13. *Eitelkeit*

Die Grenze zwischen Selbstvergewisserung und Selbstinszenierung ist fließend. Es gibt Überlegungen, dass Eitelkeit ein verzichtbarer Treiber für gelingende Führung sei.

Man müsse sie nur mit geringen Mitteln im Zaume halten.[24]

Ich denke, dass Eitelkeit in einer lernenden Organisation eher kontraproduktiv ist. Eitelkeit ist eine Umgangsform, die Distanzen schafft zwischen Führungskräften und ihren Mitarbeiterinnen und Mitarbeiter. Sie dient nicht der notwendigen Strukturpflege als Voraussetzung für organisationales Lernen. Mit Eitelkeit kommt zudem eine Ritualisierung ins Spiel, die die notwendige Realitätsnähe meidet, die für eine erfolgreiche Anpassung der Organisation an den Kontext wichtig ist.

Der Psychoanalytiker Erik H. Erikson hat in seiner Untersuchung über »Kinderspiel und politische Phantasie« darauf aufmerksam gemacht, dass Politiker – und man

---

23 Vergleiche dazu ein Interview: »Gibt es ein Erfolgsrezept?«. In: Süddeutsche Zeitung« vom 27.04.02.
24 Krainz, Ewald; Horst Groß (Hrsg.). Eitelkeit im Management. Kosten und Chancen eines verdeckten Phänomens. Wiesbaden (Gabler) 1998.

kann auch sagen Manager – sich häufig wie Spieler benehmen, indem sie sich die Wirklichkeit so konstruieren wollen, dass diese auf die spielerische Inszenierung passt, um die es ihnen eigentlich geht. Nur richtet sich die Wirklichkeit nicht nach der Inszenierung. Sie ist widerständig. Dies macht Erikson am Versagen amerikanischer Politik in Vietnam deutlich.

Wer Politik und Management als Spiel konzipiert, in dem es auch um Eitelkeit geht, der muss mit dem Scheitern des Spieles rechnen.[25]

14. *Unkultur des Schweigens*

Eitelkeit im Unternehmen kann die »Unkultur des Schweigens« begünstigen. Neuere Forschungsergebnisse haben gezeigt, dass einem Unternehmen, wenn in ihm »Teufelskreisläufe des Schweigens« nachweisbar sind, dies teuer zu stehen kommt: Ungelöste Konflikte lassen sich nicht einfach unter den Teppich kehren. Sie tauchen immer wieder auf und machen eine fruchtbare Zusammenarbeit unmöglich. Viele Mitarbeiter geraten in einen Teufelskreislauf der inneren Abschottung.«[26]

Der Preis für die »Unkultur des Schweigens« ist subjektiv und objektiv zu zahlen. Auf der Seite der Mitarbeiterinnen und Mitarbeiter kann Demütigung, Wut und Ablehnung entstehen. Die Zusammenarbeit wird vergiftet. Kreativitätspotentiale können nicht genutzt werden.

Objektiv bedeutet: Fehler im betrieblichen Ablauf werden nicht behoben, Kundenklagen führen nicht zu Verbesserungsvorschlägen, unnötige Arbeiten und Leerlauf werden nicht gestoppt: Geld wird zum Fenster hinausgeworfen.

»Schweigespiralen« sollten durch »Kommunikationsspiralen« ausgetauscht werden.

Dazu sind Lösungen sowohl von oben als auch von unten nötig.

Lösungen von unten können sein:
- beharrlich bleiben: den Mund nicht bei Kleinigkeiten öffnen, sondern eher bei wichtigen Sachverhalten
- sich nicht unter Druck setzen lassen
- einen günstigen Zeitpunkt suchen; z.B. wenn ein Vorhaben abgeschlossen ist und etwas Ruhe eingekehrt ist
- Einstellungsveränderung probieren: Die Frage darf nicht lauten: Wann ist der seltene Moment für eine Aussprache gekommen? Sondern: Wann ist einer der seltenen Momente gekommen, in dem es besser ist, den Mund zu halten?« (a.a.O., S. 60)
- Zivilcourage in der Arbeitswelt üben

25 Erikson, Erik H. Kinderspiel und politische Phantasie. Stufen in der Ritualisierung der Realität. Frankfurt (Suhrkamp) 1978.
26 Vergleiche dazu: Perlow, Leslie; Stephanie Williams. Tötet Schweigen ihr Unternehmen? In: Harvard Business manager 8 (2003), S. 56-65.

Lösungen von oben können sein:
* keine »Gehorsamsbereitschaft« belohnen
* bewusste Unterstützung abweichenden Denkens
* Schaffung einer entsprechenden Diskussionskultur
* Verzicht auf Schuldzuweisungen
* Konflikte in eine produktive Richtung lenken

15. *Noch ein gutes Beispiel*

Wenn Drogeriemärkte nicht Ihre Sache sind und Sie ein anderes Referenzprojekt für »organisationales Lernen« suchen, dann empfehle ich einen Blick nach Bremen. Dort ist aus einem behäbigen öffentlichen Versorgungsunternehmen ein intelligentes privatwirtschaftliches Unternehmen (Stadtwerke Bremen AG) geworden.
Dieser Prozess ist gut dokumentiert: SIMsalabim – keine Zauberei sondern eine gelungene Kooperation von Unternehmensleitung, Betriebsrat und Beratungsunternehmen.[27]

---

27   Vergleiche dazu: Königswieser, Roswita; Gerhard Jochum. Die Vertreibung aus dem Paradies. Entwicklungsgeschichte eines Infrastruktur-Dienstleisters. In: Organisationsentwicklung 1(2000), S. 48-60 und Königswieser, Roswita; Uwe Cichy, Gerhard Jochum (Hrsg.). SIMsalabim. Veränderung ist keine Zauberei. Systemisches Integrationsmanagement. Stuttgart (Klett Cotta) 2001.

XIX. »Führungskräfte als Vorbild? Nein, danke! Ja, bitte!«

Regina Mahlmann

Erinnern Sie sich an die lebhafte Debatte anlässlich des Vortrags? Den Debattenten noch einmal einen herzlichen Dank! – Und diese zwei Szenen kamen Ihnen bekannt vor:

Szene eins:
Zwei Mitarbeitende unterhalten sich über den Auftritt ihres Chefs während des Meetings. »Meine Güte, war der heute wieder mieser Laune! Hat den Druck von oben eins zu eins durchgegeben!« »Und die Wortwahl erst! »Knechten« müsse man die Dienstleister, »das Letzte rausholen« aus den Leuten!« »Und das Benehmen! Man kann sich doch in der Position nicht ernsthaft dazu hinreißen lassen, wie ein wild gewordener Tiger im Raum rumzurennen! – Und so was will Vorbild sein!«

Haben Führungskräfte die Erlaubnis,
»menschlich-allzu-menschlich« zu sein?

Szene zwei:
Die Abteilung hat am Vortag einen Workshop zum Thema »Persönlichkeit und Füh-
rungskultur« durchgeführt. Einige Kollegen und Kolleginnen unterhalten sich.
»Nun haben wir doch gerade gestern darüber gesprochen, dass man andere Leute
ausreden lassen soll, oder?! – Und was tut unsere verehrte Chefin während unseres
Meetings heute?! – ganz genau das Gegenteil! Völlig egal, ob Zeitdruck war oder
nicht. Schließlich soll sie unser Vorbild sein! Soll die mir noch einmal sagen, was
ich tun soll! Erst mal soll sie selbst ihr Verhalten ändern – dann mach' ich's auch.«

Haben Führungskräfte die Erlaubnis, in alte Muster zurück zu fallen?

»Nein!« ruft das Vorbildpostulat! Denn: »Die Führungskraft muss Vorbild sein!«,
»Wer führt, hat Vorbildfunktion zu übernehmen!«
Führen wandelt sich zur Beziehung zwischen Modellen und Kopien, Prägenden und
Geprägten, Stempelnden und Gestempelten. Reife Menschen hier, infantilisierte Er-
wachsene dort. Führungskräfte sollen vor-leben, vor-machen – Mitarbeitende sollen
nach-leben, nach-machen.
Dem Modell das Korsett (an Verhaltensnormen und -rahmen), dem Kopisten das
Shirt XXL (an Verhaltensfreiheit) – dem Modell die Bürde (des programmierten
Versagens), dem Kopisten die Narrenkappe (der Leichtigkeit).
Ziehen wir den Führungskräften den »Schwarzen Peter« fort und entreißen den Mitarbeitenden ihr übergroßes Shirt! Vorbildfunktion: nein, danke!
Um das pädagogisch-praktische Interesse zu retten, kann eine kontroverse Diskussion allerdings auch zur Antwort führen: Vorbildfunktion: ja, bitte – jedoch mit ver-
ändertem Verständnis.
Und dieses Fazit möchte ich Ihnen im Folgenden in knappen Ausführungen herleiten. Lassen Sie sich zunächst auf die analytischen Überlegungen ein; denn sie sind
verhaltenswirksam. Antithese und These folgt ein Vorschlag für eine Synthese, die
die mir in praxi begegnenden Ambitionen von Führungskräften sowie die praktischen Anforderungen im Rahmen der Führungsverantwortung zufrieden stellen
kann – ohne Gefahr zu laufen, realitätsfremd zu sein. Zunächst also:

Vorbild-Funktion: Nein, danke

Der Lehrsatz »Die Führungskraft muss Vorbild sein« gehört zu den Schlüsselanforderungen, die an Führungskräfte gestellt werden. Sie werden kaum Literatur finden, in der diese Forderung nicht erhoben wird. Die Praxis zeigt, dass das Postulat sehr ernst genommen wird. Daher die Debatte darum (vgl. ausführlich: Regina Mahlmann, Die Führungskraft als Vor-Bild? In: Gruppendynamik, 27Jg., 2, 169-179). Allerdings, auch das entlarvt die Praxis (die mir in Trainings und Einzel-Coachings begegnet): Das Dogma ist, da internalisiert, risikovoll bis kontraproduktiv, weil implikationsreich.

Das Postulat wird strikt verstanden: Es wird in praxi und in der Literatur nicht relativiert und transportiert im Sinne von: Vor-Leben und Vor-Machen; im Rahmen pädagogischer, das heißt erzieherisch wirkender Semantik: als Modell dienen und nachahmenswertes, also ein Verhalten zeigen, das von Mitarbeitenden »nach-ge-lebt«, also kopiert werden kann, um »richtig« oder angemessen zu sein.

Insofern ist das Gebot als Verhaltensaufforderung:
- eine Unmöglichkeit (in praxi)
- ein Anachronismus
- ein kontraproduktives Obligo.

Denn es:
- stilisiert Führungskräfte zu Modellen,
- überfordert die Adressaten (psychologisch, führungspraktisch).
- infantilisiert Mitarbeitende,
- zementiert Herrschaftsverhältnisse im Gewand pädagogisierten Führungsverständnisses: Vorgesetzte/e und Untergebene/r, Lehrer/in und Schüler/in, Gärtner/in und Pflanze
- widerspricht praktischen Anforderungen an Führungskräfte und Mitarbeitende, nämlich »mündig«: eigenverantwortlich, unternehmerisch und ergebnisbezogen zu denken und zu handeln.

Stilisierung zu Modellen, Überforderung von Führungskräften, Widerspruch zu Anforderungen

Die Forderung, als Vorbild zu fungieren, unterstellt Führungskräften, die »reiferen«, sprich sozial kompetenteren Menschen in der Organisation zu sein. Es auferlegt ihnen, stets (!) imitationswertes Verhalten zu zeigen. Das impliziert unter anderem ein Wissen darum, welche verhaltenswirksamen Normen dem Vorbild-Charakter Genüge leisten. Das Postulat verpflichtet Führungskräfte dazu, Vorbild-werte Verhaltensweisen ausnahmslos zu praktizieren, sobald sie in ihrer Führungsfunktion wahrgenommen werden. Damit verbunden ist die Notwendigkeit, das eigene Verhalten permanent zu überprüfen, also Selbstbeobachtung kontinuierlich mitlaufen zu lassen und also Beobachter und Akteur zugleich zu sein. Das dürfte vielen Führungskräften auch wegen der Anfälligkeit für narzisstische Anwandlungen schwer fallen, da neben permanenter Selbstbeobachtung auch Selbstkritik und Empfänglichkeit für Fremdkritik nötig sind, um sich stets vorbildhaft verhalten zu können. (Vgl. dazu beispielsweise: Handelsblatt 12.4.03 »Manager neben der Spur«; Walter, Henry, Die Führungsfalle, Frankfurt 1995). Neben der Selbstüberwindung und um diese leisten zu können, benötigen Führungskräfte ein Grundlagenwissen über psychologische Zusammenhänge, Prozesse und ihre Auswirkungen auf ihre eigene Persönlichkeit. Da sie in der Verantwortung stehen, Mitarbeitende zu führen, müssen sie (im Rahmen des Vorbildpostulats) ferner Kenntnisse sozialpsychologischer Mechanismen zur Verfügung haben, um zielgerichtet intervenieren zu können.

Diese Zumutungen oder Anforderungen gelten in einem praktischen Umfeld, in dem von Führungskräften fachliche und/oder unternehmerische Höchstleistungen erwartet werden; in dem sie, gerade im mittleren Management, aufgrund der strukturellen Verschlankungsmaßnahmen, auch operativ tätig sind, sich also nicht auf Führung von Mitarbeitenden konzentrieren können. Die genannten Anforderungen gelten des weiteren in einem Umfeld, in dem Führungskräfte in zunehmend komplexen Zusammenhängen agieren müssen, die ihrerseits äußerst implikationsreich sind. Ferner sind sie konfrontiert mit der Deklaration, Mitarbeitende zu »unternehmerisch denkenden und handelnden«, also selbst-verantwortlichen und ergebnisfokussierten Mitarbeitenden zu entwickeln, und schließlich sollen sie in der Mitarbeiterführung der Individualisierung von Motivstrukturen, Persönlichkeitsdispositionen, Sinnpräferenzen und ähnlichem Rechnung tragen.

Der kognitiven und emotionalen, der psychologischen und behavioralen (verhaltensbezogenen) Überforderung der Führungskräfte entspricht die Infantilisierung von Mitarbeitenden.

Infantilisierung, Zementierung, Konterkarierung

Wo »vor-gelebt« wird, soll »nach-gelebt«, also nachgemacht, imitiert, abgeguckt und kopiert werden. Mitarbeitende gelten in diesem Sinn a priori und grundsätzlich

Regina Mahlmann

als die zu erziehenden, die lernbedürftigen und noch unreifen bzw. unreiferen Menschen. Strikt gewendet, enthebt dies der Verantwortung, selbst(ständig) zu denken und zu handeln; betont das »Nach-oben-Schauen« – und ermöglicht, ja legitimiert ein Warten auf Entwickelt-Werden, provoziert entscheidungsrelevantes Drückebergertum oder Rückdelegation. Bereits die bisherigen Überlegungen kombiniert, werden unternehmens-praktische Anforderungen an Mitarbeitende konterkariert, nämlich sich als Unternehmer im Unternehmen zu fühlen, zu denken und zu handeln, also eigenständig und selbstverantwortlich in (auch noch: sich selbst organisierenden) Netzwerken oder Projekten zu agieren und stets mitzudenken, also unternehmerische und damit Führungs-Verantwortung zu übernehmen. Peter Drucker et al reden gar davon, dass Führung prinzipiell auf alle Mitglieder eines Unternehmens verteilt wird – und damit nicht mehr gebunden ist an die Führung von Mitarbeitenden, sondern die unternehmerische Funktion des verantwortlichen, betriebswirtschaftlich sinnvoll handelnden und ergebnisorientierten Organisationsmitglieds wahrnehmen (vgl. dazu: Drucker Foundation, Der Manager von morgen, Düsseldorf 1996; Mahlmann, Regina, Selbsttraining für Führungskräfte, Weinheim, Basel, 2001, 2. Auflage).

Wesentliche weitere, unternehmens-relevante Konsequenzen des strikt verstandenen Vorbild-Postulats finden wir darin, dass die Beziehung von Führen und Geführt-werden hierarchisch und pädagogisch – und damit asymmetrisch codiert wird. Von dem paradoxen oder dilemmatischen Charakter abgesehen, be- oder gar verhindert dies die wechselseitige Lernbereitschaft und -praxis, insbesondere das Lernen der Führungskräfte von ihren Mitarbeitenden. Der Verinnerlichung des Dogmas korrespondiert im drastischen Fall, nämlich dann, wenn Mitarbeitende auf das verlockende Angebot der Infantilisierung eingehen, das oben erwähnte Warten auf Entwickeltwerden, das Nach-oben-Schauen und – oft als Trotz zu beobachten – das Imitieren von nicht wünschenswertem Verhalten. Eine andere in praxi zu beobachtende Tendenz liegt darin, rück zu delegieren und sich jedweder Verantwortungsübernahme zu entziehen. Ganz zu schweigen davon, welche Potenziale ungenutzt bleiben und brach liegen.

Wenn doch das Vorbild-Dogma derartige Konsequenzen in sich birgt, warum, kann man fragen, wird an ihm fest gehalten? Neben allerlei persönlichkeitspsychologischen Vorteilen wie Bestätigung und/oder Hebung des Selbstwertgefühls und Selbstbildes ist offenkundig, dass es einen System-, weil Hierarchie-stabilisierenden Nutzen hat. Es festigt Machtverhältnisse, die immer auch Verweisungscharakter haben und Verhalten disponieren. Dies leistet es vor allem dadurch, dass es eine soziale und handlungspraktische Asymmetrie installiert, indem »Führen als erzieherisches Tun« begriffen und strukturell in die Form hierarchischer Gliederung gegossen wird. Es verschlüsselt die Führen-Geführten-Beziehung und ritualisiert eine einseitige Lehr- und Lernbeziehung: Die Führungskraft weiß, was für den oder die Mitarbeitende gut ist, deshalb…. Diese Installation behindert die Ausprägung der Einstellung des wechselseitigen, des Voneinander-Lernens und läuft der Organisationspraktischen Notwendigkeit entgegen, in der Führung auf Selbstbestimmung, Eigenständigkeit und Selbstverantwortung zu setzen. Das Subordinationsverhältnis ist festgeschrieben und als Folge, um nur ein Beispiel zu nennen, werden selbstbewusste und souveräne Mitarbeitende als unverschämt, taktlos oder gar Aggressoren wahr genommen. Die damit verknüpften Sanktionen wiederum zementieren genau jene Oben-Unten-Struktur mit ihren programmatisch einseitigen Lernverhältnissen.

Vorbild-Funktion: Ja, bitte!

Nach derartig zahlreichen (und keineswegs erschöpfenden) Argumenten gegen das Dogma sei auf die Frage, weshalb Führungskräfte und Autoren, die zu Führungsthemen publizieren, dennoch darauf insistieren und seine Geltung für erforderlich halten. Ein Motiv haben wir gerade genannt: die Stabilisierung von Herrschaftsstrukturen und Machtverhältnissen, die – so der weit reichende Tenor – nötig seien, a) um Organisationen überhaupt führbar und erfolgreich machen zu können, und b) weil – so die anthropologische Annahme – der Mensch als soziales Wesen Hierarchie und damit verwobene Befehl- und Gehorsam-Verpflichtungen benötigt, zum einen – psychologisch betrachtet – um sich selbst zu disziplinieren und durch Zielbezogenheit Sinn in seinem Handeln zu erkennen; zum anderen – soziologisch betrachtet – um gemeinschaftliches und Ziel gerichtetes Handeln zu ermöglichen (vgl. kritisch: Neuberger, Oswald, Führen und Geführt werden, Stuttgart 1995, 5. Aufl.).

Ein weiterer Nutzen des Postulats liegt offenkundig darin, Führungskräfte sozusagen am Schlawittchen zu packen und ihnen zu verdeutlichen, dass sie bereits qua Funktion eine besondere Verantwortung in der Führung, nämlich in der Personal-Entwicklung, tragen, die ihrerseits ein wesentlicher Transmissionsriemen für Effektivität und Erfolg der Organisation ist. Drittens erhalten (insbesondere junge) Mitarbeitende eine Bezugsperson, die beauftragt ist, »autoritativ« zu wirken. Und viertens mag man argumentieren, das Dogma erfülle einen Zweck darin, die Kohäsion: die emotionale Bindung zu erhöhen, gerade durch das Lehrer-Schüler-, Lernender-Mentor-Verhältnis; es könne die Beziehung zwischen Führenden und Geführten intensivieren und damit Zu- und Vertrauen als Basis der Zusammenarbeit wachsen lassen und vertiefen helfen.

Vorbild-Funktion: Jain, bitte!

Angesichts der empirischen Realitäten in Organisationen scheint ein gänzlicher Verzicht auf das Dogma aussichtslos. Daher schlage ich eine Synthese vor, deren Credo lautet: Vorbild-Funktion: ja, indes neu belegt.

Die Neu-Deutung beginnt mit der Erosion oder Aufweichung der strikten Vorbild-Version und verändert die Gewichtung der Hauptimplikation des Vorbild-Obligos in Richtung Wechselseitigkeit. Anders formuliert, konzediert die Umdeutung des »Paradigmas«, dass die Implikationen des strikten Vorbild-Postulats weder leistbar noch wünschenswert sind. Die Umdeutung beugt sich der Empirie. Dies setzt konstruktive und realitätsgerechte Optionen frei.

Es gilt, Abschied zu nehmen vom Erziehungsauftrag und sich statt dessen dem Entfaltungs- und Förderungsauftrag zuzuwenden. Fort also vom Akzent des Vormachens und Erziehens und hin zum Akzent des Unterstützens und Befähigens (empowerment) via stärkenorientierter Förderung und Schaffen von Rahmenbedingungen, um beitragsorientiertes und erfolgreiches Mitarbeiten zu ermöglichen.

Außerdem ist es empfehlenswert, das Lernen auf beide Seiten der Führen- und Geführt-Werden-Beziehung zu legen. Das meint, bewusst wegzugehen von einseitigen Lernverläufen und hinzugehen zu wechselseitiger Lernchance, Mitmachen der korrelativen Lernbewegung und, als Folge, Übernahme von Verantwortung ernsthaft zu betreiben.

Diese Optionen partizipatorischen Führens und Geführt-Werdens sind zu verstehen als Anpassung an den Umstand, dass die Führungsfunktion als solche nicht schon, quasi automatisch, soziale, emotionale, intuitive, unternehmerische Kompetenz, geschweige denn Überlegenheit verleiht – und folglich Führungskräfte von Mitarbeitenden lernen können. Sie sind zudem zu begreifen als Anpassung an den Umstand, dass Führungskräfte zunehmend komplexe Zusammenhänge nicht mehr direkt steuern können, folglich angewiesen sind auf beitrags- und ergebnisorientierte, eigenverantwortlich agierende und fachlich kompetente Mitarbeitende.

Anders formuliert: Sofern die Beziehung zwischen Führungskraft und Mitarbeitenden nicht als Oben-Unten-Verhältnis betrachtet, sondern (dem systemischen Zusammenspiel adäquat) als Wechselwirkung akzeptiert wird, kann die Führen-Geführten-Beziehung als Austausch-Beziehung (Austausch von Kenntnissen, Kompetenzen aller Kategorien) begriffen und praktiziert werden. Dies als Verbeugung vor den Tatsachen, den empirischen Realitäten in Organisationen. Dabei ist nicht die

Rede von Egalität. Vielmehr kommt Führungskräften qua Funktion und ihr imma-
nenter Pflichten und Rechte, eine besondere Position (!) und Verantwortung zu.
Deren Fokus fächert sich in drei Aspekte oder Rollen des Führens auf: als Coach
obliegt ihr die Förderung und Entwicklung persönlicher Potenziale; als Leader ist
sie im Obligo, effektive Teamführung zu realisieren, und als Kulturmanager verant-
wortet sie, einen ausgezeichneten Beitrag zur Kultur der Organisation zu leisten.
(vgl. auch Mahlmann, Regina, Erfolgreich als Führungskraft, Weinheim, Basel,
Beltz Verlag 2000 und: Führungsstile flexibel anwenden. Weinheim, Basel, Beltz
Verlag 2002.)
Führungskräfte sind folglich nicht gänzlich aus der Verantwortung entlassen, sich
selbst in exzellenter Weise zu führen. Die Entlastung verdankt sich – so die Synthese angenommen wird – der pragmatischen Wendung des bisherig undifferenziert
proklamierten Dogmas.

Haben Führungskräfte die Erlaubnis, »menschlich-allzu-menschlich« zu sein?
Haben Führungskräfte die Erlaubnis, in alte Muster zurück zu fallen?

Ja, die haben sie – insofern sie ihr (Miss-)Verhalten reflektieren und das Ergebnis
ihrer Überlegungen, sei es als Entschuldigung, sei es als Erklärung, sei es als …. den
Adressaten kommunizieren und gleichzeitig zu vereinbaren, was getan werden soll,
um »Ausfälle« zu reduzieren oder zu verhindern, oder auch: sie auf Adressaten-
Seite anders als bisher zu deuten.

XX. Anforderungen der Hartz-Kommission zur Personalentwicklung an die Profis der Nation (Masterplan)

Harald Schartau

Inhaltsverzeichnis

Einleitende Bemerkungen
Profis der Nation
Umsetzung auf Landesebene
Wege in eine aktivierende Arbeitspolitik
Funktion und Aufgaben der Partner/innen aus der Sozialwirtschaft
Schlussbemerkung

Einleitende Bemerkungen

Vielen Dank für die Einladung zur heutigen Veranstaltung.
Ich bin gerne hierher gekommen.
Die Tatsache, dass die AWO die Gastgeberin ist, ist sicherlich ein Grund.
Ein anderer aber ist das an mich gestellte Redethema:
»Anforderungen der Hartz-Kommission zur Personalentwicklung an die Profis der Nation (Masterplan)«.
Ich freue mich über dieses Thema, weil es einen Baustein des Hartz-Konzeptes in den Fokus rückt, der in der öffentlichen Diskussion leider viel zu selten beachtet wird: Die »Profis der Nation«.
Sicherlich, die in den bisherigen Gesetzesänderungen bereits vollzogenen Umsetzungen spielen bei der Entwicklung des Arbeitsmarktes eine herausragende Rolle.
Und auch die Aspekte, die in den nächsten Monaten erst noch umgesetzt werden müssen, werden entscheidenden Anteil daran haben, dass in Deutschland die Weichen in Richtung Wachstum und Beschäftigung gestellt werden.
Aber: Für mich hat der Grundgedanke der »Profis der Nation« eine weiter reichende Bedeutung: Hiermit wird das Problem der Bewältigung der Arbeitslosigkeit auf die Ebene einer gesamtgesellschaftlichen Herausforderung gehoben.

Profis der Nation

Die Empfehlungen der Hartz-Kommission folgen einem klaren Grundgedanken: Die Bekämpfung der Massenarbeitslosigkeit ist eine gesamtgesellschaftliche Aufgabe.
Also: Hier sind Politiker, Gewerkschaften, Unternehmen und Sozialverbände gleichermaßen gefordert.
Aber: nicht nur sie. Wir alle müssen – unabhängig von unserer Stellung in der Gesellschaft –, unsere Kompetenzen für die Bewältigung dieser Herausforderung einbringen.
Jede und jeder sollte sich daher Gedanken machen, wie der eigne Beitrag zur Bekämpfung der Massenarbeitslosigkeit aussehen kann.

Dabei ist klar, dass es Personen gibt, die aufgrund ihrer Tätigkeit oder Funktion mehr tun können als andere. Die Hartz-Kommission hat diesen Personenkreis als »Profis der Nation« bezeichnet.
Profis,
- weil sie direkt Einfluss nehmen können auf einen kommunalen oder regionalen Arbeitsmarkt,
- weil sie wirtschaftliche Entwicklungen entscheidend mit bestimmen,
- weil sie ehrenamtlich Arbeitsuchenden helfen können
- oder weil sie als Motivatoren für mehr Wachstum und Beschäftigung auftreten können.
Konkret heißt das:
- Solche Profis können Journalisten sein, die die Öffentlichkeit auf die Probleme des Arbeitsmarktes oder der Vermittlungsschwierigkeiten aufmerksam machen können.
- Solche Profis können Ruheständler sein, die aufgrund ihres Wissens als Personalmanager oder Betriebsrat Jugendliche bei Ausbildungs- und Jobsuche begleiten und unterstützen können.
- Zu den Profis der Nation zähle ich auch Pfarrer oder Funktionäre in Sozialverbänden – wie der AWO –, die ihren spezifischen gesellschaftlichen Einfluss geltend machen können, um für mehr Ausbildungs- und Arbeitsplätze zu werben.
- Und natürlich gehören zu diesen Profis der Nation auch alle politischen Amtsträger – egal ob im Bund, den Ländern oder den Kommunen. Die Bekämpfung der Arbeitslosigkeit muss zum Bestandteil aller politischen Handlungsfelder werden.

Die Hartz-Kommission hat empfohlen, bundesweit eine Allianz dieser Profis zu schließen.
Durch ein Mosaik von Projekten und unterschiedlichen Engagementformen können so viele Bausteine entstehen, durch die die Arbeitslosigkeit in ganz Deutschland abgebaut wird.

Umsetzung auf Landesebene

Die Landesregierung hat die Vorschläge der Hartz-Kommission als Grundlage für eine umfassende Arbeitsmarktreform von Beginn an begrüßt.
Wir haben in den vergangenen Monaten bereits Vieles in der Umsetzung in NRW aktiv unterstützt. Das fiel uns in gewisser Weise etwas leichter als vielleicht anderen Landesregierungen. Schließlich gründen wesentliche Teile des Hartz-Konzeptes auf den Erfahrungen und Beispielen der nordrhein-westfälischen Arbeitspolitik.
Auch die Zielsetzung der »Profis der Nation« nehmen wir ernst. Wir setzen auf eine »Allianz der Profis« hier auf Landesebene.
Auf meine Initiative hin haben vor 2 Wochen die Spitzen von Kammern, Arbeitgeberverbänden, Gewerkschaften und der Kommunalen Spitzenverbände vereinbart, gemeinsam mit der Landesregierung die Umsetzung der Arbeitsmarktreform in NRW zu begleiten.
Wir wollen als »Profis der Nation« dazu beitragen, dass mehr Transparenz und Öffentlichkeit für die neuen Handlungsspielräume am Arbeitsmarkt hergestellt werden.

Denn auch das gehört zu den Aufgaben der »Profis der Nation«:
* Informieren darüber, was konkret hinter den neuen Arbeitsmarktgesetzen steht.
* Motivieren dazu, die neuen Möglichkeiten in der Arbeitspolitik real zur Schaffung von Arbeitsplätzen zu nutzen.
* Helfen dabei, die neuen Gesetze in Wirtschaft und Arbeitswelt mit Leben zu füllen.

Denn: Vielfach sind die neuen Regelungen bei Betrieben und Arbeitnehmerinnen und Arbeitnehmern noch zu wenig bekannt.
So ist es beispielsweise dringend erforderlich, die Durchsetzung der Personal-Service-Agenturen am Markt zu unterstützen.
Mit dem Beirat kann hierbei eine »Clearing-Stelle« geschaffen werden, um Probleme bei der Umsetzung offensiv aufzugreifen und Lösungen zu entwickeln.
Dies ist ein konkreter Beitrag, wie wir in NRW den Gedanken der »Allianz der Profis« aufnehmen und mit Leben erfüllen.

Wege in eine aktivierende Arbeitsmarktpolitik

Wenn man ein breiteres gesellschaftliches Engagement bei der Bekämpfung der Arbeitslosigkeit propagiert, muss dies auch beinhalten, die Akteure am Arbeitsmarkt stärker in die Pflicht zu nehmen.
Im Rahmen des Leitbildwechsels von der aktiven zur aktivierenden Arbeitsmarktpolitik ist sicherzustellen, dass eine völlig neue Qualität in der Zusammenführung von Arbeitsangebot und Arbeitsnachfrage erreicht wird.

Nur so ist eine schnelle und passgenaue Vermittlung auf wettbewerbsfähige Arbeitsplätze möglich.

In dieser Hinsicht sehe ich in der zum 01.07.2003 in Kraft tretenden Neuregelung der Meldepflicht für den von Arbeitslosigkeit bedrohten Arbeitnehmer einen wichtigen Schritt in die richtige Richtung:

• Zukünftig haben sich von Arbeitslosigkeit bedrohte Arbeitnehmer frühzeitig arbeitssuchend zu melden, damit Arbeitsamt und Arbeitnehmer die wichtige Zeitspanne zwischen Kündigung und Beginn der Arbeitslosigkeit für Vermittlung oder Weiterbildung nutzen können.

• Die Arbeitgeber sollen ihrerseits durch die Freistellung des Arbeitnehmers für Vermittlungs- und Qualifizierungsaktivitäten an einer schnellen Vermittlung mitwirken.

Auf diesem Wege kann ein wesentlicher Beitrag geleistet werden, um die durchschnittliche Dauer der Arbeitslosigkeit zu senken.

Wie wichtig dies ist, zeigt die Tatsache, dass allein eine Verkürzung der Dauer der Arbeitslosigkeit um durchschnittlich eine Woche zu Einsparungen von 1 Mrd. € führen würde.

Vor diesem Hintergrund wird noch einmal deutlich, dass über die Funktionsfähigkeit des Arbeitsmarktes nicht nur die geltenden gesetzlichen Regelungen entscheiden, sondern auch die Art und Weise der Zusammenarbeit der Akteure am Arbeitsmarkt.

Daher ist ein Kernstück der Arbeitsmarktpolitik nach den Überlegungen der Hartz-Kommission der flächendeckende Aufbau von JobCentern.

JobCenter sind sozusagen das organisatorische Rückgrat der Arbeitsmarktpolitik. Sie sind lokale Zentren für alle Dienstleistungen am Arbeitsmarkt

• für Arbeitsuchende und Arbeitgebern

• für alle arbeitsmarktrelevanten Beratungs- und Betreuungsleistungen. Hierzu gehören auch die vielfältigen Instrumente einer aktivierenden Arbeitsmarktpolitik.

Ich möchte an dieser Stelle nicht näher auf die vielfältigen Instrumente eingehen, die mit dem ersten und zweiten Gesetz über moderne Dienstleistungen am Arbeitsmarkt geschaffen worden sind.

Zwei Regelungen will ich allerdings erwähnen, weil sie besonders zur Schaffung zusätzlicher sozialversicherungspflichtiger Beschäftigungsverhältnisse beitragen können.

Mit den Minijob-Regelungen, deren Ziel die Aktivierung der Beschäftigungspotentiale im Niedriglohnbereich ist, wird Unternehmen und privaten Haushalten die Möglichkeit geboten, neue Tätigkeitsfelder für mehr Arbeitsplätze zu erschließen.

Und als zweiten Aspekt möchte ich das Ziel der Erhöhung der Erwerbsbeteiligung älterer Menschen nennen.
Wir müssen ihnen ein deutliches Signal geben, dass gesamtgesellschaftliche Zielsetzung nicht ihre Ausgrenzung aus dem Erwerbsleben, sondern ihre fortgesetzte Teilhabe an diesem ist.
Wir müssen den Trend der letzten Jahre mit Blick auf die demographische Entwicklung und die Sicherung unseres größten Standortvorteils im internationalen Wettbewerb, die Qualität unseres Humankapitals, umkehren.

Hier hat die Politik zu reagieren und den Weg zu mehr Beschäftigung frei zu machen. Wir haben dies getan:
*   So sind Möglichkeiten befristeter Beschäftigung für ältere Arbeitnehmer ausgeweitet worden. Die im Teilzeit- und Befristungsgesetz festgelegte Altersgrenze, ab der mit Arbeitnehmern befristete Arbeitsverträge ohne sachlichen Befristungsgrund und ohne zeitliche Höchstgrenze abgeschlossen werden können, wird zunächst befristet für vier Jahre vom 58. auf das 52. Lebensjahr gesenkt.
*   Arbeitgeber, die über 55jährige Arbeitslose einstellen, sind von ihrem Beitrag zur Arbeitslosenversicherung (3,25 %) befreit.
*   Ältere Arbeitnehmer ab dem vollendeten 50. Lebensjahr, die vormals arbeitslos waren oder von Arbeitslosigkeit bedroht sind, erhalten eine Lohnsicherung, wenn sie eine schlechter bezahlte Beschäftigung aufnehmen.

Neben der Schaffung neuer Arbeitsplätze und der schnellen und passgenauen Vermittlung erfordert ein funktionierender Arbeitsmarkt auch die ständige berufsbegleitende Qualifizierung der Beschäftigten.
Diese Zielsetzung unterstützt das MWA u.a. im Rahmen der Weiterbildungsinitiative, spezieller Brancheninitiativen, im Rahmen des Bündnisses für Arbeit und der Mittelstandsoffensive.
Dabei weist die berufsbegleitende Qualifizierung über den Verantwortungsbereich der Arbeitsverwaltung hinaus. Hier sind im wesentlichen die Sozialpartner und die unmittelbar auf betrieblicher Ebene personalpolitische Verantwortung Tragenden angesprochen. Denn moderne Personalpolitik ist dauerhafte Planungs- und Gestaltungsaufgabe.

Funktion und Aufgaben der Partner/innen aus der Sozialwirtschaft nach HARTZ
(Personal als Erfolgsfaktor in der Sozialwirtschaft)

Wenn ich nun zum Kernthema Ihres Kongresses, nämlich dem »Personal als Erfolgsfaktor in der Sozialwirtschaft« komme, so möchte ich mich nicht mit Personal- und Organisationsentwicklungsprozessen aufhalten.

Klar ist:

Auch die Sozialwirtschaft muss die Chancen moderner Organisations- und Personalentwicklung nutzen, um mit motivierten Mitarbeitern gute Arbeitsergebnisse zu erzielen.

Aber besonders spannend ist doch heute:

o Welche Szenarien und Modelle für die Arbeit in der Sozialwirtschaft – sind nach Hartz denkbar und umsetzbar?

o Und wo kann sich auch die Sozialwirtschaftsbranche neu aufstellen und ihre Erfahrungen und ihre soziale Grundausrichtung für die Verwirklichung neuer Chancen nach Hartz einbringen?

Meines Erachtens hat die Branche hierzu viele Bezugspunkte. Auch ihr geht es seit jeher darum, insbesondere benachteiligten Menschen (Jugendliche, MigrantInnen, Behinderte, BezieherInnen von Arbeitslosen- und/oder Sozialhilfe, NichtleistungsempfängerInnen) zu helfen.

Heute sind für viele konkrete Starthilfen für die Rückkehr in den ersten Arbeitsmarkt besonders wichtig.

Soziale Arbeit spielt sich dabei auf ganz vielfältigen Feldern und Ebenen ab:
*   Noch nicht schulpflichtige Kinder müssen versorgt und betreut werden;
*   schulpflichtige Kinder müssen ggf. über Mittag betreut werden (betreute Grundschule);
*   erkrankte Mütter oder Väter müssen bei der Hausarbeit unterstützt werden;
*   berufstätige Mütter und Väter müssen von der Hausarbeit entlastet werden;
*   alleinstehende ältere und/oder kranke Menschen müssen betreut und/oder gepflegt werden.

Also: Die Nachfrage nach haushaltsnahen Dienstleistungen – unabhängig von Umfang und Dauer – muss, in einer komplexen und pluralistisch – aber sozial – angelegten Marktwirtschaft »bedient« werden.

Auf der anderen Seite gibt es Menschen, die ihrer Existenz durch eigene Erwerbstätigkeit einen Sinn geben wollen, die nach Möglichkeiten suchen, ihre Existenz durch diese Arbeit finanziell abzusichern (als Nebenverdienst, als Option auf eine volle sozialversicherungspflichtige Beschäftigung, zur Altersvorsorge).

Soziale Arbeit bietet hierfür vielfältige Gelegenheiten.

Ich fände es gut, wenn innerhalb der Sozialwirtschaft sorgfältig ausgelotet würde, ob nicht z.B. eine Koordinierungsrolle für Menschen in 400 € Minijobs übernommen werden könnte.

Natürlich: Ein 400 € Job kann kein Vollarbeitsverhältnis ersetzen und ein 400 € Job ist auch keine befriedigende Alternative zur Arbeitslosigkeit.

Aber darum muss es in vielen Fällen auch gar nicht gehen. Viele Menschen suchen diese Chance weitgehend abgabenfrei etwas zu verdienen und zugleich keine Schwarzarbeit zu machen.

Harald Schartau

Sie schaffen es aber oft aus eigener Kraft nicht, den Weg zu Kunden und Abnehmern zu organisieren. Und auf der anderen Seite suchen potentielle Kunden nach Menschen, die ihnen helfen.
Könnte hier nicht im Koordinieren und Organisieren auf der Grundlage der besonderen sozialen Tradition ihrer Branche eine Aufgabe liegen?
Böte sich nicht so eine Chance, den Auftrag, mit dem sie angetreten sind, nämlich unserer Gesellschaft ein menschliches Antlitz zu verleihen, in unserer Zeit mit modernen Mitteln weiterzuverfolgen?
Liegt hier nicht z.B. eine besondere Chance speziell in der Organisation haushaltsnaher Dienstleistungen?
Soziale Arbeit bietet viele Aufgaben und Handlungsfelder, die auf dem Markt und insbesondere von privaten Haushalten nachgefragt werden.

Ich bin davon überzeugt, dass diese Potentiale wachsen werden, denn immer mehr Frauen wollen heute bei
- guter Qualifikation,
- veränderten Familienstrukturen,
- einen spürbaren Wertewandel,
Familie und Beruf miteinander verbinden.

Eine Ausweitung der Frauenbeschäftigung wird dabei schon angesichts des demographischen Wandels und des extremen Rückgangs des Erwerbspersonenpotenzials unverzichtbar sein.

Dies wird neben vielen anderen positiven Effekten auch neue Nachfrage nach Leistungen hervorrufen, die bislang im Haushalt erledigt wurden. Um dieser neuen Nachfrage gerecht zu werden, bedarf es
- Ansprachekonzepte für private Haushalte (Beratung, Serviceleistungen rund um Minijobs und haushaltsnahe Dienstleistungen)
- Ansprachekonzepte für öffentliche Arbeitgeber (Schulen, Kindergärten)
- Ansprachekonzepte für privatwirtschaftliche Arbeitgeber (Zeitarbeit, Dienstleistungsagentur für kurzfristige und zeitlich befristete Arbeiten)

Aber auch andere Aufgabenfelder sind denkbar:
Die Gestaltungsmöglichkeiten sind vielfältig, getreu dem Motto »Nichts ist unmöglich . . .«, z.B.
- als Auftragnehmer der JobCenter im Rahmen des Fallmanagements für Arbeitslose (insgesamt oder Teilbereiche)
- Oder können sich nicht auch stärker als Zeitarbeitsunternehmen/PSA für Arbeitslose engagieren?
  Natürlich kann das nicht von heute auf morgen aus dem Stand organisiert werden, denn der erfolgreiche Betrieb einer PSA erfordert Know-how und Professionalität.

Aber auf diesem Wege insbesondere Benachteiligte wieder ins Berufsleben zurückzubringen könnte auch für ihre Branche eine besondere Herausforderung sein.

Wer sich in diesen Feldern engagieren will, braucht Verbündete und Kooperationspartner, muss Netzwerke weiter ausbauen und pflegen.
Es geht also in Zukunft noch stärker darum, Entwicklungspotenziale und Nischen für die Personalarbeit in der Sozialwirtschaft aufzuspüren und diese für Arbeitslose und/oder Benachteiligte mit dem Ziel der Rückkehr in den ersten Arbeitsmarkt nutzbar zu machen!

Damit ich nicht missverstanden werde, sage ich noch einmal deutlich:
- Ziel unserer Anstrengungen auf dem Arbeitsmarkt darf auf Dauer nicht der Verbleib in geringfügiger Beschäftigung oder Minijobs sein.
- Ziel ist immer die Entwicklung hin in sozialversicherungspflichtige (und idealerweise unbefristete) Vollzeitbeschäftigung.

Es kommt aber darauf an, diesen Weg bei Arbeitslosigkeit immer wieder neu zu beginnen und auch die Chancen der 400 € Jobs zu nutzen. Denn im Kern bleibt Beschäftigung immer besser als reine Arbeitslosigkeit.
Ich bin mir sicher, dass die von Ihnen bereits angestellten Überlegungen in die richtige Richtung gehen. Da, wo es »hakt«, will ich hinsehen und Einfluss nehmen.
Daran arbeiten wir in NRW auch im Hartz-Beirat und im Bündnis für Arbeit.
Ich will, dass Hartz »rund läuft«, dass die bereits umgesetzten und noch geplanten Gesetzesinitiativen Arbeit (be)fördern und nicht be- bzw. verhindern.
Dafür, dass Sie diesen Prozess aktiv mitgestalten und im Feld der sozialen Arbeit Position bezieht, bin ich Ihnen dankbar. Ich schätze und anerkenne die von Ihnen allen geleistete Arbeit und bin gerne bereit, mich im Rahmen meiner Möglichkeiten in diesen Prozess einzubringen.

Schlussbemerkung

Wenn die »Profis der Nation«, von denen wir in unserem Land sehr viele haben, daran mitwirken, dass Prozesse und Wege, wie sie von Ihnen bereits eingeschlagen wurden, von allen (»Profis der Nation«) als Verpflichtung und Gestaltungsaufgabe verstanden werden, dann bin ich zuversichtlich, dass wir auch über diesen Weg die Probleme des Arbeitsmarktes in den Griff bekommen werden.
Wobei klar ist: auch dies ist kein Königsweg, sondern nur ein Baustein.
Aber: Es kommt gerade darauf an, alle Bausteine mit Leben zu füllen. Gerade das ist vielleicht das Erfolgsgeheimnis des Hartz-Konzeptes: Dies ist kein beliebiger Warenkorb, aus dem man sich nach Gusto bedienen kann. Dies ist ein Gesamtkonzept.

XXI. Herausforderungen und Perspektiven der Personalentwicklung in Zeiten des Wandels

Jobst Fiedler

Inhalt

A. Neue Herausforderungen für die Erbringung von Sozial- und Arbeitsmarktdienstleistungen
B. Kontraktmanagement als zentrales Element eines New Public Managements
C. Neue Anforderungen an das Personalmanagement

A. *Neue Herausforderungen für die Erbringung von Sozial- und Arbeitsmarktdienstleistungen*

RolandBerger
Strategy Consultants

Aktuelle Herausforderungen stellen neue Anforderungen an Sozial- und Arbeitmarktdienstleister

Strukturelle Finanzkrise (Kommunen, Länder, Bund, Sozialversicherungsträger)

Mehr Wirkungsorientierung höhere Effizienzanforderungen

Neue Paradigmen in der Sozial- und Arbeitsmarktpolitik: Fördern und Fordern

Hartz-Konzept: Der Erwerbslose als "Co-Produzent"

Mehr Aktivierung von Eigenverantwortung der Klienten

Kundenorientierte Spezialisierung von Prozessen und Teams

Steuerung von Trägern über Leistungsverträge mit erfolgsabhängiger Vergütung (Performance Contracting)

Umstellung interner Management-Systeme auf Outputsteuerung und Zielvereinbarung

Mehr Kundensouveränität in der Trägerauswahl (Gutschein-Systeme)

Leistungsbeurteilung durch die Kunden, Abstimmung mit den Füßen (Weiterbildung, Kindertagestätten)

Vom Bürokratiemodell zum modernen Dienstleister (New Public Management)

HAM-97003-370-01-07-G.ppt | 4

Roland Berger
Strategy Consultants

Bürokratie vs. New Public Management

Bürokratiemodell	New Public Management

• Angebotsorientierung mit Zwangs-
  nachfrage
• Ausgeprägte Hierarchisierung
 	
• Organisation nach Funktionen
• Verrichtungsorientierung
• Normalgeleitete Standardproduktion
• Kameralistische Prinzipien
• Input Steuerung (Ressourcen)
• Einzeltitel
• Konditionalsteuerung
 	
• Gleichheit
• Papierbindung und Aktenmäßigkeit
 	
• Kommunikation in festgelegten Kanälen
• Alimentationsprinzip
	• Nachfrageorientierung und Entwicklung
	  eines "Produkt-Markt-Konzeptes"
	• Kontraktmanagement verselbständigter
	  Organisationseinheiten
	• Organisation nach Geschäftsprozessen
	• Ergebnisorientierung
	• Kundenorientierte Spezialisierung
	• Kaufmännische Prinzipien
	• Output/Outcome Steuerung
	• Budgetierung
	• Ergebnissteuerung
	• Wirksamkeit
	• Informations- und Kommunikations-
	  technologie
	• Vernetzte Systemarchitekturen
	• Leistungsorientiertes Entgelt

HAM-97003-370-01-07-G.ppt | 5

Roland Berger
Strategy Consultants

Der "weiche" Faktor der Kultur ist in Zukunft der "härteste" Erfolgsfaktor für Serviceorganisationen

HAM-97003-370-01-07-G.ppt | 6

Roland Berger
Strategy Consultants

Das Thema Unternehmenskultur gewinnt mit der Veränderung der Märkte über alle Branchen ...

Drei Achsen der Marktveränderung:

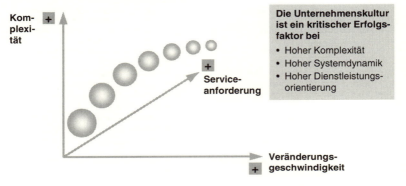

Kom-
plexi-
tät

Service-
anforderung

Die Unternehmenskultur ist ein kritischer Erfolgs-faktor bei

• Hoher Komplexität
• Hoher Systemdynamik
• Hoher Dienstleistungs-orientierung

Veränderungs-
geschwindigkeit

HAM-97003-370-01-07-G.ppt | 7

B. *Kontraktmanagement als zentrales Element eines New Public Managements*

Roland Berger
Strategy Consultants

Kontraktmanagement als Steuerungsinstrument für Organisationen

Von der "klassischen" nachge-ordneten Behörde ...

... zur leistungsfähigen Agentur

Beschränkung auf gesetzl. **Aufgaben-erfüllung**
→ geringe Ausrichtung an neuen Anforderungen

Inputorientierung
→ Effektivitäts- und Effizienzmängel

Intransparenz
→ geringes Wissen über Zusammenhang von Mitteleinsatz und Ergebniswirkung

Komplexität von Zuständigkeiten
→ System "organisierter Unverantwort-lichkeit"

KONTRAKTMANAGEMENT

• An Zielen ausgerichtete, aktive strategische Planung – Aufstellen eines **"Geschäftsplans"**

• Definition von messbaren Zielen – Aufstellung konkreter **Ergebniserwartungen**

• Zielorientierte Kennzahlen und Prüfkriterien – Herstellung echter **"Controllingfähigkeit"**

• **Flexibilisierung** und **Verselbständigung** – Entwicklung zum verlässlichen Auftragnehmer

HAM-97003-370-01-07-G.ppt | 9

Roland Berger
Strategy Consultants

... ist ein Kernelement in der OECD-weit geführten "Agency-Debatte"

Hauptauswirkungen der "Agencification" im öffentlichen Bereich

Auslagerung und Flexibilisierung öffentlicher Institutionen

- Verselbständigung nachgeordneter Behörden (z.B. Umwelt)
- Gründung von Gesellschaften in privater Rechtsform (z.B. Transport)
- Beauftragung Dritter (z.B. Services)
- Privatisierung (z.B. Beteiligungen)

"Agencification"
Ziele: Effektivere und effizientere Aufgabenwahrnehmung in Durchführungsorganisationen

Agenturen
- Eigenständige Organisationen
- Mit Durchführungsaufgaben betreut
- Unterliegen nicht der klassischen Fachaufsicht
- Über Kontrakte gesteuert

Entstehung von Auftraggeber-Auftragnehmer-Beziehungen

- Neudefinition von Rollen. Aufgaben, Verantwortlichkeiten und Schnittstellen
- Formulierung neuer "Spielregeln" und Vereinbarungen
- Berücksichtigung von Rahmenbedingungen öffentlicher Auf-gaben (Gemeinwohlauftrag)
- Neuordnung von Organisations-strukturen und Prozessen

HAM-97003-370-01-07-G.ppt | 10

Roland Berger
Strategy Consultants

Kontraktmanagement-Systeme erstrecken sich über mehrere Ebenen – vier Erfolgsfaktoren

1 Wirkungsorientierte Ziele

Was soll am Ende herauskommen?

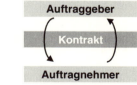

Auftraggeber
Kontrakt
Auftragnehmer

3 Leistungs-anreize

Wie können Auftragnehmer zur optimalen Zielerreichung incentiviert werden?

2 Effektive Steuerungsinstrumente

Wie kann die Zielerreichung nachgehalten werden?

(gemeinsam vereinbarte } Erbringung von
  Zielvorgabe   Leistungen

Kontraktpyramide

4 Effiziente Kontrahierungsprozesse

Wer vereinbart wann mit wem welche Ziele?

HAM-97003-370-01-07-G.ppt | 11

Zielformulierung im Gegenstromverfahren – strategische Oberziele als Ausgangspunkt

Vorgabe strategischer Ziele

Operationalisierung und Reflexion

TOP — UP (TOP DOWN / BOTTOM UP)

- Klare Wirkungs- und Ergebniserwartung (messbar)
- Prioritäten und Posterioritäten
- Handlungs- und Orientierungsrahmen, "Lösungsraum"
- Aufzeigen von Entwicklungsperspektiven

- Kontinuierliches Herunterbrechen der Oberziele bis auf Maßnahmenebene (Operationalisierung)
  - Entwicklung von Hypothesen über Ursache- Wirkungszusammenhänge
  - Ableitung von Maßnahmen
- Zurückspiegeln tatsächlicher Ursache-Wirkungszusammenhänge am Ende eines Kontraktzyklus

AUFTRAGGEBER   AUFTRAGNEHMER

HAM-97003-370-01-07-G.ppt | 12

Ableitung steuerungsrelevanter Indikatoren aus den Zielen

Prinzipskizze

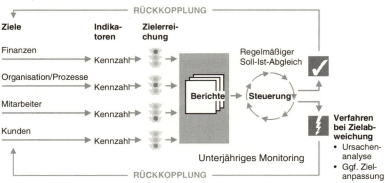

HAM-97003-370-01-07-G.ppt | 13

Controlling ist nicht hierarchische Kontrolle sondern ein kontinuierlicher Kreislauf

Controlling-Kreislauf

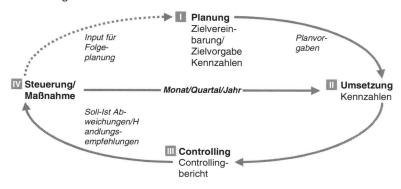

2   BACKUP

Operative Übersteuerung vermeiden – Anforderungen an das unterjährige Monitoring-System

Verfahren bei Zielabweichung

Berichte sind kein "Datenfriedhof"

- Kommentierte und durch Indikatoren hinterlegte Einschätzungen
- Darstellung einer auf Zielen basierenden Faktenlage
- Fristgerechte Erstellung und Erläuterung, um zeitnahes Gegensteuerung zu ermöglichen
- Keine Überfrachtung mit operativen Informationen (Ergebnisse/Wirkungen)

Steuerung basiert auf Vertrauen – Übersteuerung vermeiden

- Regelmäßiger Abgleich von Zielplanung und Zielerreichung – Diskussion an Hand definierter Indikatoren
- Definition von Eingriffsgrenzen – Leitlinie: Steuerungseingriffe nur in Ausnahmefällen
- Delegation von operativen Entscheidungen auf die operative Ebene – Beschränkung auf strategische Entscheidungen

C.   *Neue Anforderungen an das Personalmanagement*

Neue Anforderungen auf breiter Front an die Personalentwicklung

1 Ergebnisorientierte Steuerung über Zielvereinbarungen und Wirkungscontrolling stellt vielfältige neue Anforderungen an die Mitarbeiter/innen

2 Ohne Absicherung durch eine veränderte Organisationskultur laufen neue Management-Ansätze leer. Bloße Instrumenteneinführung bleibt meist wirkungslos

3 Kontrakte mit externen oder internen Auftraggebern müssen heruntergebrochen werden bis hin zu individuellen Zielvereinbarungen

4 Performance Management als kontinuierlicher Dialog zwischen Führungskräften und Mitarbeitern

5 Leistungsanreize sind unverzichtbares Element des Kontraktmanagements

HAM-97003-370-01-07-G.ppt | 17

Eine gelebte Zielvereinbarungs-Controlling-Kultur stellt neue Anforderungen an die Qualifikationen

Prozesskompetenz	Steuerungsgrößen-kompetenz	Datenkompetenz
Definition von Prozessen und Standards, Vorbereitung und Begleitung der Planungs-/ Budgetierungsrunden, Dokumentation der Ergebnisse	Festlegung von Steuerungsgrößen, gemeinsam mit Führungskräften	Organisations- und Anlaufstelle für die Bereitstellung aller controllingrelevanter Daten

Berichtskompetenz	Fach- und Benchmarkingkompetenz	Entwicklungskompetenz
Adressatengerechte Aufbereitung des Datenmaterials, zeitnahe Reporterstellung, Anstoß von Maßnahmen zum "Gegensteuern"	Kompetenz in der Bewertung vergleichbarer Daten (Erfolgscontrolling und "Best Practice Solutions")	Federführung bei Anstoß und Entwicklung neuer controllingrelevanter Verfahren und Prozesse, Systemweiterentwicklung

HAM-97003-370-01-07-G.ppt | 18

Roland Berger
Strategy Consultants

Die Zielvereinbarung als zentrales Führungs-instrument (1)

- Verbindung der Unternehmensziele mit dem Leistungswillen der Mitarbeiter und ihrem Streben nach Verantwortung

- Grundvoraussetzung für Selbststeuerung und Selbstorganisation in flachen Hierarchie; unverzichtbare Orientierungsfunktion

- Definition des angestrebten Resultats, nicht des Weges

- Motivation durch Einbringen eigener Vorstellungen in die Vereinbarung und überprüfbare, persönliche Erfolgserlebnisse

HAM-97003-370-01-07-G.ppt | 19

Roland Berger
Strategy Consultants

Die Zielvereinbarung als zentrales Führungs-instrument (2)

- Ausführliche, jährliche Rückmeldegespräche und kürzere, unterjährige Zwischenresümees

- Bezugsbasis für eine leistungsgerechte, variable Vergütung durch systematischen Abgleich zwischen Zielvereinbarung und Ziel-erreichung

HAM-97003-370-01-07-G.ppt | 20

Roland Berger
Strategy Consultants

Die individuellen Zielvereinbarungen sollen Zielgrößen aus drei Bereichen abdecken

| Operative Ergebnis- und Geschäftsziel | Organisatorische und strategische Ziele | Personal- entwicklungs- bzw. Führungsziele[2] |

In der Regel mindestens ein Ziel aus jedem Zielbereich[1]

1) Priorisierung/Gewichtung möglich (mind. 0,1 bzw. max. 0,4), aber nicht notwendig (Summe aller Ziele stets 1,0)
2) Für Mitarbeiter mit Führungsverantwortung[1]

HAM-97003-370-01-07-G.ppt | 21

Roland Berger
Strategy Consultants

Performance-Management – kontinuierliche Dialog zwischen Führungskräften und Mitarbeitern

Mitarbeiter	Führungskräfte	Organisation
• Erwartungen abklären • Fortschritte werden mess- und sichtbar • Reduziert die Unsicherheit • Ermöglicht offenes und präzises Feedback (nicht nur "one way")	• Erwartungen können gesteuert und eine Richtung vorgeben werden • Klare Erfolgskriterien zur Evaluation der Prozesse • Hilft erfolgskritische Stärken und Fähigkeiten zu identifizieren • Erleichtert effektives Feedback und Coaching	• Einzelne Geschäftsprozesse werden auf die Gesamtstrategie hin abgestimmt • Ermöglicht verbesserte und fortlaufende Kommunikation und damit verbesserte Performance

• Angleichen der individuellen Ziele und Geschäftsstrategien/-ziele
• Umsetzung von Geschäftsprozessen
• Evaluation von Prozessen und Ergebnissen
• Aufbau und Entwicklung von notwendigem Wissen und Fähigkeiten
• Fortlaufendes Coaching und Feedback

HAM-97003-370-01-07-G.ppt | 22

Roland Berger
Strategy Consultants

Das Kompetenzmodell als zukünftige Grundlage eines integrierten Personal Managements

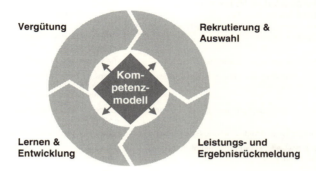

HAM-97003-370-01-07-G.ppt | 1

Roland Berger
Strategy Consultants

Leistungsanreize sind ein zusätzlicher Erfolgs-treiber für die Zielerreichung

Wirkungsprinzip von Leistungsanreizen

Z.B. Bonus-Malus-Systeme

- Prämien, Beförderung, Fortbildungs-angebote
- Finanzielle Einbußen (Sanktionen)

Bedingungen für faire Leistungs-anreize

- Erreichbare, transparente, präzise definierte Bedingungen, die zum Ergebnis führen
- Einfluss externer Faktoren auf Leis-tungsergebnisse muss hinreichend ausrechenbar sein
- Sanktionen und Prämien müssen grundsätzlich akzeptiert sein
- Leistungsanreize sollten sowohl für Teams/Abteilungen als auch für einzelne Mitarbeiter vereinbart werden
- Positive Leistungsanreize sollten nicht ausschließlich monetäre Angebote sein

HAM-97003-370-01-07-G.ppt | 2

Personalarbeit im Rahmendes Bürokratiemodells und des New Public Managements

Personalarbeit im Rahmen des Bürokratiemodells	Personalarbeit im Rahmen des New Public Managements
Zentraler jährlicher Stellplan	Strategische Personalplanung mit dezentraler Ressourcenverantwortung
Personalauswahl nach Fachkenntnissen	Personalauswahl nach Schlüsselfunktionen
Leistungsbeurteilung der Beamten im Abstand von fünf Jahren	Jährliche Zielvereinbarungsgespräche mit allen Mitarbeitern, Leistungsbeurteilung sowie Beratungs- und Fördergespräche
Entgeltdifferenzierung nach sozialen Kriterien	Entgeltdifferenzierung nach Bandbreiten und Leistung
Gesetzlich und tariflich fixierte Sozialleistungen	Betrieblich gestaltete Cafeteria-Optionen
Wechselseitige Fortbildungsverpflichtung bei Beamten	Personalentwicklung für alle Beschäftigten-gruppen
Lebenslange Beschäftigung im Vollzeitarbeits-verhältnis	Flexibler Personaleinsatz

HAM-97003-370-01-07-G.ppt | 3

Unterschiede zwischen herkömmlicher Personal-arbeit und Human Ressource Management

	Herkömmliche Personalarbeit	Human Ressource Management
Einordnung der Personalfunktion	• Nachgelagerte betriebliche Teil-funktion	• Integrierter Bestandteil der Unter-nehmensstrategie
Aktivitäten-horizont	• Kurzfristig – Reaktiv	• Langfristig – Proaktiv
Interessen-perspektive	• Interessenpluralistisch, konfliktorientiert	• Interessenkongruenz, wirkungsorientiert
Personalwirt-schaftliches In-strumentarium	• Bürokratisch – Vereinheitlicht • Zentralisiert – Standardisiert	• Organisch – Flexibel • Dezentral – Situativ
Kontrolle	• Fremdkontrolle	• Selbstkontrolle
Erfolgskriterien	• Konformität • Kostenreduzierung	• Selbstverpflichtung • Intensivierung der Arbeit
Grundhaltung	• Verwaltend	• Unternehmerisch

HAM-97003-370-01-07-G.ppt | 4

Roland Berger
Strategy Consultants

Qualitätsmerkmale guter Personalentwicklung (1)

- Personalentwicklung sollte immer an die aktuellen Erfordernisse des Geschäfts angepasst werden

- Strategische Personalentwicklung dient sowohl der Organisation (primäres Ziel) als auch dem Individuum

- Qualifizierung vorhandener (interner) Mitarbeiter ist im Notfall günstiger als das Suchen, Einstellen und Ausbilden neuer (externer) Arbeitskräfte

HAM-97003-370-01-07-G.ppt | 5

Roland Berger
Strategy Consultants

Qualitätsmerkmale guter Personalentwicklung (2)

- Personalentwicklung sollte im Kontext der Organisation gesehen werden, nicht als Einzelmaßnahme oder Incentive

- Durch Maßnahmen der Personalentwicklung zeigt die Organisation dem Individuum gegenüber Interesse und Wertschätzung (Motivationseffekt)

- Personalentwicklung ist besonders wichtig in wissensintensiven Sektoren und Branchen

HAM-97003-370-01-07-G.ppt | 6

XXII. Menschenführung nach Benedikt von Nursia

». . . der Eigenart vieler zu dienen . . .«

Mutter Máire

Was hat hier auf dem Kongress der Sozialwirtschaft im Jahre 2003 eine schwarzbekleidete Nonne zu sagen?
Gestern und heute morgen haben Sie vieles über die wirtschaftlichen Aspekte des Themas »Personal als Erfolgsfaktor in der Sozialwirtschaft« gehört. Ich bin eingeladen, in einem Schlussreferat den Blick wieder für das Ideelle, das Visionäre, auf dem die Sozialwirtschaft gegründet ist, zu lenken.

Unser Kloster

Zunächst möchte ich mein Kloster vorstellen. Ein Kloster ist eine Einrichtung, in der Menschen Gott suchen und ihr Leben nach dieser Gottsuche ausrichten. Gleichzeitig ist es ein Unternehmen, weil die Bewohner des Klosters ihren Lebensunterhalt bestreiten und ihre ideellen, satzungsmäßigen Aktivitäten finanzieren müssen.
Meine Gemeinschaft gehört dem uralten Orden des Hl. Benedikt von Nursia. Wir sind 30 Frauen im Alter zwischen 32 und 90 Jahren und bewohnen seit 1949 die alte Wasserburg in Dinklage, Südoldenburg, die heute den Namen »Benediktinerinnenabtei St. Scholastika« trägt. Für den Lebensunterhalt treiben wir kleine Gewerbe – eine Handweberei, eine Werkstatt für liturgische Gewänder, eine Hostienbäckerei, einen Klosterladen, in dem neben Büchern, Karten, religiösen Kunstgegenständen auch von Schwestern gemalte Ikonen und verzierte Kerzen verkauft werden. Ein schlichtes Café bietet der Kundschaft sowie auch den vielen Ausflüglern und Spaziergängern, die den umliegenden Burgwald aufsuchen, Erfrischung an. Wir führen auch ein Gästehaus mit 26 Zimmern.
Die Aufnahme von Gästen spielt eine wichtige Rolle in allen Benediktinerklöstern. Laut der Regel Benedikts sollen die Mönche ihre Gebets – und Meditationszeiten gegen Störungen von außen weitgehend schützen. Die Regel sieht aber auch vor, dass eine großzügige Gastfreundschaft praktiziert wird. Gäste werden ohne Rücksicht auf Stand und Person bewirtet, denn »*in ihnen*« so heißt es in der Regel »*wird Christus selber verehrt und aufgenommen*« (Regel Benedikts 53,1). Rücksicht auf Stand soll – im Gegensatz zu den gesellschaftlichen Konventionen – eher zugunsten der Armen und Bedürftigen als der Reichen genommen werden. *»Vor allem bei der Aufnahme von Armen und Fremden zeige man Eifer und freundliche Fürsorge«*

schreibt Benedikt, »*denn das Auftreten der Reichen verschafft sich von selbst Beachtung« (Regel 53, 15).* Kirchengeschichtlich steht dieser Akzent auf humanitäre Prinzipien gegenüber den sozial Schwachen am Ursprung der organisierten Caritasarbeit in den Ländern Europas. Heute noch versucht das Kloster durch einen offenen Blick für die Bedürfnisse und die Würde der Armen wenigstens zeichenhaft einen sozialen Ausgleich zu schaffen.

Benedikt von Nursia – Leitbild für Unternehmer?

Für die Führung dieses Unternehmens »Kloster« ist die Regel des heiligen Benedikt maßgebend. Was hat dieser Mann, der vor 1500 Jahren gelebt hat, heute noch über Menschenführung zu sagen? Seine Lebensgeschichte wirft etwas Licht auf die Frage. Aus einer Patrizierfamilie stammend ging er als junger Mensch nach Rom zum Studium der freien Künste. Bald aber brach er das Studium ab. Ein Drängen danach, einen tieferen Sinn in seinem Leben zu finden als das Angebot des Lebens in der Gesellschaft, trieb ihn in die Einsamkeit der Bergwelt von Subiaco. Drei Jahre später ist ihm etwas ganz Wichtiges passiert. Er wurde zum Vorsteher eines Nachbarklosters gewählt. Er war aber noch jung und unerfahren, und hat zu viel von den Mönchen, deren Abt er wurde, verlangt. Anscheinend hat seine Strenge, statt sie zu Eifer für das Mönchsleben zu motivieren, nur Unzufriedenheit und Aggressionen in ihnen geweckt. Es wird berichtet, dass sie versuchten, ihn zu vergiften. Er konnte sich aber aus der Affäre ziehen, kehrte nach Subiaco zurück und gründete mehrere Klöster, schließlich das berühmte Kloster von Monte Cassino südlich von Rom. Die kluge Menschlichkeit seiner Regel, die Ausgewogenheit zwischen klarem Pragmatismus einerseits und Verständnis für die Grenzen und die Bedürfnisse der Menschen andererseits gehen vielleicht auf seine Verarbeitung der Erfahrung von Scheitern zurück. Die Gründung des Klosters von Monte Cassino zwischen 520 und 530 wird von Historikern als ein Meilenstein in der Geschichte Europas gesehen. Die Schließung der Akademie von Athen im Jahre 529 markiert das Ende der Antike. Die beginnende Ausbreitung des benediktinischen Ideals setzt einen christlich-humanitären Akzent am Anfang der europäischen Geschichte, die wir heute noch am Leben halten wollen.

Die Gemeinschaft und der Einzelne

In seiner Regel für die Mönche will Benedikt immer den Blick auf das Evangelium als eine frei und froh machende Botschaft richten. Er greift nicht einen besonderen Akzent der christlichen Botschaft oder Frömmigkeit heraus, sondern er legt den Grund zu einer umfassenden, ganzheitlichen, christlichen Spiritualität, einer Lebensgestaltung »unter der Führung des Evangeliums«. Deshalb braucht er keine große Theorie, aus der er die konkreten Lebensvollzüge ableiten würde, sondern er gibt nach einem Vorwort in 73 Kapiteln praktische, immer wieder auf die Bibel verweisende Handreichungen für das Leben in Gemeinschaft. Viele Menschen unserer Zeit – unter ihnen auch welche, die Orientierung in Fragen der Personal- und Menschenführung suchen –, finden in Benedikt eine fasziniernde Herausforderung. Er verbindet eine Anerkennung der Würde des Einzelnen und eine Sorge um sein Wohl mit einem Blick für die Gemeinschaft, deren Platz im Vordergrund nie umstritten wird.

Für Benedikt wäre es keine Frage, dass der Maßstab für den Erfolg im Unternehmen das Wohl des Personals ist. Das Gedeihen eines Klosters, eines Unternehmens auf den Rücken der Mitarbeiter/Mitarbeiterinnen ist kein Erfolg. Das Menschliche ist der Maßstab.

Eigenschaften des Vorstehers

Die Stellen in der Regel, wo dies am deutlichsten zum Ausdruck kommt, sind Benedikts Hinweise an den Vorsteher des Klosters, den Abt. Indem die Gemeinschaft ihn zum Abt gewählt haben, haben sie ihm eine ungeheure Macht über sie und über ihr Leben anvertraut. Er ist verpflichtet, diese Macht nur im Dienst der Gemeinschaft und der Brüder einzusetzen. Er ist natürlich dazu verpflichtet, für das wirtschaftliche Gelingen des Unternehmens zu sorgen. Aber alles zur Ehre Gottes und im Dienst an die Menschen. Er soll für alles gut sorgen, damit keiner einen Grund zum Murren habe. Er handelt und spricht nicht, um sich selber zu bevorteilen, oder um irgendjemanden klein zu machen. Herrschaftsdenken ist Benedikt fremd. »*Der Abt sei sich bewusst, dass er die Sorge für gebrechliche Menschen übernommen hat, nicht die Gewaltherrschaft über gesunde*« (Regel 27, 6). Und dem Zellerar, dem der Abt die Verantwortung für das materielle Gut des Klosters anvertraut hat, wird gesagt, dass auch er seine Macht nur im Dienst an die Brüder einsetzen soll: »*Er mache die Brüder nicht traurig. Falls ein Bruder unvernünftig etwas fordert, kränke er ihn nicht durch Verachtung, sondern schlage ihm die unangemessene Bitte vernünftig und mit Demut ab.*« (RB 31, 6 f.). Der Erfolgsanspruch des Unternehmens würde nie einen Umgang mit den Brüdern legitimieren, der sie klein macht oder ihre Würde verletzt.

Der Abt, der zur Verantwortung für das Wohl anderer Menschen gewählt worden ist, soll seine Position nicht ausnutzen, um das eigene Image aufzubauen oder um zu erleben, dass er der Chef ist. Er ist wohl der Chef, aber in allen wichtigen Dingen muss er alle Brüder um Rat fragen, und Benedikt erinnert ihn immer wieder daran, dass er bei Gott für seine Entscheidungen Rechenschaft ablegen muss.

Das ist ein Bild vom Chef, das mit dem nicht kompatibel zu sein scheint, was heute in unserem Wirtschaftsdenken gängig ist. Der Grund ist, dass es Benedikt darum geht, nicht nur einen Betrieb erfolgreich zu führen, sondern frei zu sein. Der Mensch ist frei, wenn er die Dinge dieser Welt – Geld, Einfluß, Macht – zwar gebrauchen kann, aber nicht von ihnen abhängig ist, nicht einmal von der Durchsetzung seines eigenen Willens als Chef. Das Unternehmen soll gedeihen, die Mitarbeiter sollen zufrieden sein, d.h. keinen Grund zum unberechtigten Murren haben, und der Chef soll Autorität haben, nicht nur weil er ein guter Geschäftsmann ist, sondern weil er das Wohl der Einzelnen im Blick hat. Das verlangt von ihm ein hohes Maß an Flexibilität und Souveränität, um die anderen in die Entscheidungen und die Führung einzubinden. Je freier er ist innerlich, um so mehr wachsen diese Eigenschaften in ihm.

Personalführung im Dienst des Einzelnen

Im Leben im Kloster steht natürlich die Gemeinschaft im Vordergrund. Jeder Mönch trägt durch eigene Arbeit dazu, dass das Unternehmen wirtschaftlich gesund bleibt. Das ganze Leben – die Arbeit, die Gebetszeiten, die verschiedenen Dienste wie Zellerar, Krankenpfleger, Küchenbruder, Gastbruder u.s.w. – ist mit Blick auf das Wohl der Gemeinschaft geordnet. Wenn alles gut und ausgewogen geregelt ist, bleibt die ganze Gemeinschaft im Frieden. Wo bleibt dann Platz für das Wohl der Einzelnen?

Im Mittelalter haben die Klöster, die nach der Regel Benedikts lebten, sehr große Leistungen gebracht, die die Entwicklung Europas maßgeblich beeinflussten. Sie haben gerodet und geackert, Landwirtschaft aufgebaut, Kirchen und Abteien geplant und gebaut, Kinder unterrichtet, Gasthäuser für Reisende geführt, Wissenschaft betrieben, Bücher geschrieben, Kunst und Musik gefördert. Heute ist es noch so, auffallender z.Zt. in Entwicklungsländern in Afrika, Asien und Südamerika als in Europa. Der Schlüssel zu diesem anhaltenden Erfolg ist die Spiritualität des Ordens, die auf Gott als Schöpfer der Welt und des Menschen ausgerichtet, das Gedeihen einer Gemeinschaft mit dem Gedeihen der Einzelnen in enger Verbindung mit einander bringt.

Die Aufgabe des Abtes gegenüber den Einzelnen definiert Benedikt als: *Menschen zu führen und der Eigenart vieler zu dienen. Nach der Eigenart und Fassungskraft jedes einzelnen soll er sich auf alle einstellen und auf sie eingehen (Regel, 31).* Bei den Leistungserwartungen wird nicht alles über einen Kamm geschoren. Benedikt geht von den realen Unterschieden aus, den Unterschieden von Begabungen, Fähigkeiten, Charakteren, vor allem aber den Unterschieden von Stärken und Schwächen. Gaben und Fähigkeiten werden gefördert. Alle sind an den Hausarbeiten und den Diensten in der Infrastruktur beteiligt. Auch ist es nicht selten, dass jemand einen Dienst für kurz oder lang übernimmt, der alles andere als sein/ihr Traumberuf ist. Das gehört zum Gemeinschaftsleben. Aber niemand wird einfach in ein Loch gestopft, nur weil der Betrieb weiter gehen muss. Jeder/jede soll die Dinge, die er/sie gut und gerne tut, auch tun dürfen, auch wenn nicht ausschließlich und unbegrenzt. Und die Gemeinschaft darf nie von einer Leistungskonkurrenz bestimmt sein. Es gibt eben in einer Gemeinschaft und ebenfalls in einem Betrieb nicht nur die Starken. Der Abt versucht nicht, möglichst viel aus jedem herauszuholen, damit er ein geplantes Wirtschaftsziel erreichen kann. Er richtet alles so ein, dass die Starken ge-fordert werden und gerne mehr tun, und die Schwachen nicht davonlaufen und sich nicht minderwertig fühlen. (Regel 64,19). Jeder hat also eine Chance.

Benedikt ist allerdings alles andere als blauäugig. Er sieht keineswegs an der Wirk-lichkeit vorbei, dass Einzelne aus Wissensmangel, Nachlässigkeit oder sogar Bos-heit schwerwiegende Fehler machen und anderen bzw. der Gemeinschaft Schaden zufügen können. Dann muss der Abt eingreifen. Er darf nicht zu lange warten. *»Er soll die Sünde gleich beim Entstehen mit der Wurzel ausschneiden«* (Regel 2,26), sonst wird der eine Fehler durch einen neuen gedeckt und so weiter, bis es schwer ist, die Sache zu packen. Es geht aber nicht darum, dass der Betrieb gerettet wird, oder dass einer, der gefehlt hat, gestraft wird. Natürlich müssen Schaden ausgegli-chen werden, aber im Mittelpunkt steht die Besserung, das heißt das Wohl des Ein-zelnen. Der Abt soll wissen, dass auch er nur ein Mensch ist, auch er macht Fehler. Klarheit in der Sache, aber auch Selbsterkenntnis und Barmherzigkeit sollen bestim-mend sein, wenn der Abt mit den Fehlern oder sogar Scheitern eines Bruders umge-hen muss. *»Er hasse die Fehler, er liebe die Brüder. Muss er aber zurechtweisen, handle er klug und gehe nicht zu weit; sonst könnte das Gefäß zerbrechen, wenn er den Rost allzu heftig auskratzen will. Stets rechne er mit seiner eigenen Gebrech-lichkeit. Er denke daran, dass man das geknickte Rohr nicht zerbrechen darf.«* *(RB 64, 11-15).*

Das Kloster/die Einrichtung als Träger des Humanismus

Vor Kurzem sprach ich mit jemandem, die Nierenkrank ist. Sie muss zwei oder drei-mal in der Woche zur Dialyse. Sie erzählte mir, die Stellen seien zu schwach besetzt und das Personal überfordert. Eine Patienten hätte durch Unbeholfenheit einer der Pflegerin überbeansprucht, und jene habe sie grob angefahren und sie traurig hinter-lassen. Meine Freundin sprach die Pflegerin an und sagte: »Die Frau konnte nicht anders. Meinen Sie nicht, Sie hätten ein bisschen barmherzig sein können?« Worauf die Pflegerin ihrem Mitarbeiter zurief: »Hörst du, Peter, die Dame will Barmherzig-keit!« Dann zu meiner Freundin: »Wir haben hier die Barmherzigkeit abgeschafft!« Ob die Geschäftsführung in jener Einrichtung ihre wirtschaftlichen Ziele erreicht, wissen wir nicht. Nach Benedikts Maßstäben würden aber das Gelingen und der Er-folg einer Caritaseinrichtung ausbleiben, wenn das Personal durch Überforderung »die Barmherzigkeit abschafft«. Die Sozialwirtschaft existiert für die Würde der Menschen, die keineswegs durch Krankheit, Schwäche oder sogar Scheitern beein-trächtigt wird. Gerade dann, wenn ein Mensch ganz unten ist und Hilfe braucht, können wir begreifen, was die Würde des Menschen, den eigentlichen Wert des Lebens ist. Personal kann als Träger/Trägerinnen des Humanismus die Firma nur dann vertreten, wenn die Mitarbeiter/Mitarbeiterinnen ein humanes Behandeln, ihrer Würde als Menschen entsprechend, selber in der Firma erleben.

Ein »seelenfreundlicher« Betrieb

Gestern als ich auf dem Weg hierher war, habe ich bei einer Fortbildung über Führung und Leitung mit Frauen und Männern aus dem kirchlichen Dienst mitgearbeitet. Ich sollte mit der Gruppe über »Spiritualität der Leitung« arbeiten. Auf dem Hintergrund des benediktinischen Verständnisses von menschlichem Zusammenleben habe ich das Wort »seelenfreundlich« benutzt – auf den Arbeitsplatz bezogen. In den Vereinigten Staaten wird in den betriebswirtschaftlichen Fakultäten an manchen Universitäten und Hochschulen über »Spiritualität der Leitung« gearbeitet. An solchen Stellen steht meistens Benedikt von Nursia hoch im Kurs. Aus diesem Milieu stammt das Wort »soul-friendly«, »seelenfreundlich« für einen Betrieb oder einen Arbeitsplatz. Es wird festgestellt, dass Menschen besser motiviert sind und besser arbeiten, wenn der Arbeitsplatz »seelenfreundlich« ist. Als gestern das Wort im Raum stand – den Meisten Teilnehmer/Teilnehmerinnen war es neu – war so etwas wie ein »Aha-Erlebnis« spürbar. Es war ein Schlüsselwort. Die Frauen haben es sofort begriffen, nach der Pause die Männer auch!

Benedikt erwartet gute Arbeit – die beste, die die einzelnen bringen können – aber sein Ethos ist ausgesprochen »seelenfreundlich«. Laut seiner Regel hat die Arbeit einen Rhythmus. Das beflügelte Wort der Benediktiner »Ora et Labora« – »Bete und arbeite« – bringt dies zum Ausdruck. Es ist nicht gut für den Menschen, für zu viele Stunden am Tag, zu viele Tage im Monat ununterbrochen zu arbeiten. Im Kloster wird die Arbeit regelmäßig im Laufe des Tages unterbrochen, weil die Gemeinschaft zum Gebet zusammenkommt. Dies vermittelt ein paar Mal an jedem Tag das Bewusstsein, dass die Arbeit nicht alles sei. Das Bewusstsein wächst, dass es Werte gibt, für die man die Arbeit an die zweite Stelle setzen kann und muss.

Auch wenn man die religiöse Grundlage Benedikts nicht teilt, stellt er eine Herausforderung an Arbeitgeber unserer Zeit, in der das Bewusstsein wächst, dass der Mensch eine spirituelle Dimension hat, die er aus seinem Alltag nicht abspalten darf.

Benedikt hat einen tiefen Respekt nicht nur für den Menschen sondern für die ganze Schöpfung, auch für Artefakten, für Gegenstände, die Menschen gemacht haben. Werkzeuge, Maschinen, Geräte, sogar die Möbel in einer Einrichtung sind alle aus der Kreativität der Menschen heraus entstanden – aus ihrem Denken, ihrer Fantasie, aus der Arbeit ihrer Hände. Er sagt dem Zellerar im Kloster, demjenigen, der für die wirtschaftliche Seite zuständig ist, dass er Sorge dafür tragen soll, dass die Geräte des Klosters in guter Ordnung gehalten werden. Sie sollen alle so behandelt werden, als wären sie Altargeräte. Der Kochtopf nicht weniger als der Kelch verdient Respekt, der Spaten nicht weniger als der Weihrauchfass. Ein »seelenfreundlicher« Arbeitsplatz regt an zum verantwortungsvollen Umgang mit den Sachen des Betriebs und mit der Umwelt überhaupt, aber auch zu einem Sinn für das Freundliche – für das, was den Sinnen und dem Gemüt positiv anspricht. Auch wenn er arbeitet, braucht der Mensch Werte leben zu können, die mit Geld nicht bezahlbar sind. Es tut ihm nicht gut, wenn er zum Arbeiten leben muss, statt dass er arbeitet, um zu leben.

Die humanistische Ausprägung von Benedikts christlichen Glaube will in jedem Menschen den Christus – jeden Bruder, jede Schwester, jeden Mitarbeiter, jede Mitarbeiterin sehen. Das ist ein Ideal. Niemand erfüllt es im Alltag. Das Ideal aber fordert heraus, im Menschen, der mir gegenübersteht, im Mitarbeiter, in der Mitarbeiterin, mehr als nur eine Arbeitskraft, einen Bauteil in meinem Personalkonzept, zu sehen. Ich glaube, Benedikt kann uns heute helfen zu erkennen, dass das Humanistische in unserer abendländischen Kultur der Wirtschaftskrise nicht geopfert werden darf. Seelenfreundlichkeit am Arbeitsplatz braucht kein Geld zu kosten.

Autorinnen und Autoren

Martin Beck
Dipl. Betriebswirt (FH), Geschäftsführer der Beratungsgesellschaft BSU (Stuttgart), Geschäftsführer einer mittelständischen Unternehmensgruppe, Vorstand- und Aufsichtsratsmitglied in mehreren sozialwirtschaftlichen Unternehmen, Autor (u.a. in SocialManagement und DIAKONIE Impulse), Herausgeber (Handbuch Sozialmanagement).

Ulrich Bosch
Seit 1993 GF der Sana Kliniken-GmbH, München
Vorherige Tätigkeiten: 1972-1976 Unternehmensberater; 1976-1978 Dezernent Finanzen und Verwaltungsdirektor, Universitätskliniken Köln; 1979-1985 Leiter des Eigenbetriebes Städtische Kliniken Köln; 1985-1990 Umwandlung von 21 Landeskrankenhäusern in eine private GmbH, Steiermark, Österreich; 1990-1992 Geschäftsführer, Paracelsuskliniken.

Klaus Dahlmeyer
Ausbildung zum Industriekaufmann und berufsbegleitendes Studium zum Dipl. Betriebswirt (VWA) im Rahmen des »Business Administration Program« der Ford-Werke AG, Köln. Anschließende Tätigkeit im Bereich Finanzanalyse/Controlling; Leiter Controlling der Helga GmbH, Heidelberg; Kaufmännischer Leiter der André Deutschland Personal/F+R/EDV/Controlling; seit 1995 Geschäftsführer der AWO Bezirksverband Baden e.V. Aufgabenschwerpunkt ist die operative und strategische Weiterentwicklung von Unternehmen und Verband.

Heribert Fastenmeier
Heribert Fastenmeier, 49 Jahre, Geschäftsleiter, Verwaltungsdirektor des Krankenhauszweckverbandes Ingolstadt, seit 21 Jahren im Krankenhausbereich tätig. Der Krankenhauszweckverband Ingolstadt ist ein Schwerpunktversorgungskrankenhaus mit angegliedertem Pflegeheim und Schulzentrum mit rund 3300 Mitarbeitern. Schwerpunkt der beruflichen Tätigkeit: Organisationsentwicklung, Personal- und Einsatzplanung im Akutkrankenhaus, EDV-unterstützte Personalsteuerung, Entwicklung von flexiblen Arbeitszeit- und Einsatzmodellen, Personalentwicklung, Prozesssteuerung und -optimierung durch moderne Führungsinstrumente.

Dr. Jobst Fiedler
Dr. rer. pol.; Ausbildung an den Universitäten FU Berlin, Göttingen, City of London; UC Berkeley, USA; Universität Hamburg.
Partner der Unternehmensberatung Roland Berger Strategy Consultants, Hamburg, Arbeitsschwerpunkte: Öffentliche Verwaltung/Non-Profit-Organisationen; Ver-

und Entsorgungswirtschaft; Planungs-/Controllingsysteme; Transformationsmanagement; Mitglied der Hartz-Kommission zur Reform des Arbeitsmarktes.

Prof. Dr. *Dieter Frey*
Professor für Sozial- und Wirtschaftspsychologie an der Ludwig-Maximilians-Universität in München, 2000-2002 Dekan der Fakultät für Psychologie und Pädagogik, Mitglied der Bayerischen Akademie der Wissenschaften, Gutachter der Deutschen Forschungsgemeinschaft, Lehrbeauftragter an der Hochschule St. Gallen (Nachdiplomstudium); Dozent an der Bayrischen Elite-Akademie.

Peter Grieger
Dipl. Sozialwissenschaftler, Unternehmensberater; Arbeitsschwerpunkte sind Strategiefragen, Organisationsentwicklung, Projektmanagement, Veranstaltungsmoderation, langjährige Führungserfahrung in einem Wohlfahrtsverband.

Prof. Dr. *Friedhelm Knorr*
Professor für Sozialmanagement an der Fachhochschule für Soziale Arbeit und Gesundheit, Neubrandenburg, Arbeitsschwerpunkte sind ökonomische Grundlagen der Sozialarbeit, Personalmanagement sozialer Dienste, Organisation und Verwaltung sozialer Dienste, Qualitätsmanagement, diverse Forschungs- und Beratungsvorhaben national und auf EU-Ebene, Publikationen zum Thema Personalmanagement und -organisation in der Sozialwirtschaft. Seniorberater bei der Unternehmensberatungsfirma Kienbaum und Partner im Bereich Öffentliche Wirtschaft, Schwerpunkt soziale Dienstleistungen. Freiberuflicher Berater.

Dr. *Michael Lacher*
Dr. rer. pol., Wirtschafts- und Sozialwissenschaftler, Arbeitswissenschaftler; Leiter der Niederlassung Kassel der Volkswagen Coaching GmbH; seit 1990 bei VW in verschiedenen Managementfunktionen tätig; vorher Tätigkeiten im Wissenschaftsbereichen verschiedener Universitäten.

Dr. *Klaus Leciejewski*
Geschäftsführer der KDL-Consulting GmbH, Geschäftsführer von Tochtergesellschaften verschiedener Beratungsgesellschaften, Hochschullehrer für Wirtschaftswissenschaften an verschiedenen Hochschulen, Publizist.

Prof. Dr. *Bernd Maelicke*
Jurist; Ministerialdirigent im Justizministerium Schleswig-Holstein, Initiator des Magazins »socialmanagement«, Herausgeber »Edition socialmanagement« im Nomos Verlag; Iniator der Kongresse der Sozialwirtschaft, seit 2004 Honorarprofessor zum Themenbereich »Sozialmanagement und Sozialwirtschaft« an der Universität Lüneburg.

Dr. *Regina Mahlmann*
Dipl. soz.; MA. phil., Studium der Philosophie und Soziologie, ferner Psychologie und Pädagogik; Freiberuflerin, Beraterin (enge Kooperation mit Beratungsunternehmen in St. Gallen und Zürich (bis 2000), Trainerin, Coach in Deutschland, Österreich und der Schweiz, wissenschaftliche Tätigkeit in Lehre und Forschung an diversen Fakultäten der Universität Bielefeld und an der Gesamthochschule Wuppertal.

Dr. *Jens Maßmann*
Diplom-Volkswirt, Lehraufträge an verschiedenen Universitäten wie Hamburg, Köln, Harvard University, Frankfurt, Berufliche Erfahrungen als Manager/Prokurist bei Arthur Andersen. Branchenkompetenz/Arbeitsschwerpunkte: Design & Implementierung wertorientierter Führungs- und Vergütungssysteme; Kapitalmarkttheorie; Technology, Media, Communication.
Seit 2002 Senior Manager Human Capital Ernst & Young, Frankfurt, verantwortlich für HR & Compensation Consulting (HRCC).

Mutter Máire
Maire Hickey, (geb. in Dublin, Irland): Äbtissin Benediktinerinnenkloster Dinklage, Oldenburg, Studium der klassischen Sprachen in England, während der Berufstätigkeit im sozialen Bereich lernte sie Benedikt von Nursia kennen und bewundern. 1974 trat sie in das Kloster ein. Seit 1983 Leitung des Konvents (31 Schwestern) mit seinen Betrieben nach dem von Benedikt entworfenen Konzept.

Alfons Nickels
Heimleiter und Geschäftsführer der Franziskusheim gGmbH; examinierter Krankenpfleger, Ausbildung zum Fachpfleger für Anästhesie und Intensivmedizin an der Universität Düsseldorf, 20-jährige Tätigkeit als Leiter einer Intensivstation, Pflegedienstleiter, Sozialbetriebswirt, Lehrbeauftragter der Westsächsischen Hochschule.

Karin Pötzsch
Studium Physik/Kristallographie an der Humboldt-Universität Berlin; berufliche Tätigkeiten als Industriekauffrau; Leiterin Materialverwaltung/Patientenaufnahme Zentralinstitut Herz-Kreislaufforschung Berlin, Leiterin Vermögensverwaltung Teil V am Klinikum Berlin; Buchhaltung Zentralapotheke Berlin; Gewerkschaftssekretärin Gesundheitsdienst/Altenpflege Deutsche Angestelltengewerkschaft; seit 1995 Geschäftsführerin Paritätische Tarifgemeinschaft e.V., Berlin.

Inga Pöhlsen-Wagner
Dipl.-Psychologin: Senior Beraterin bei der kbp Organisationsberatung GmbH. Berufstätigkeit als Pädagogische Mitarbeiterin im Bildungswerk der DAG und Lehrbeauftragte für Sozialwissenschaften an der FH Hamburg.

Beratungsschwerpunke: Prozessbegleitung komplexer Organisationsveränderungs-prozesse, Führungskräfteentwicklung (Seminare und Coaching), Personalentwick-lungsstrategien, Projekte der Verwaltungsmodernisierung, Ausbildung interner Pro-zessbegleiter.

Harald Schartau
Dipl. Betriebswirt, seit Nov. 2002 Minister für Wirtschaft und Arbeit des Landes NRW. Mitglied der Hartz-Kommission zur Reform des Arbeitsmarktes. Berufsaus-bildung zum Chemielaboranten und Tätigkeit als Chemielaborant bei der Mannes-mann AG/Duisburg-Huckingen; Studium an der Sozialakademie Dortmund; Hoch-schule für Wirtschaft und Politik in Hamburg. Jugendbildungsreferent beim DGB-Landesbezirk, leitende Tätigkeiten bei verschiedenen Bezirken der IG Metall. Von Juni 2000 – November 2002: Minister für Arbeit und Soziales, Qualifikation und Technologie des Landes Nordrhein-Westfalen.

Volker Schirmer
Studium der klinischen Psychologie; Direktor der Dr. Loew'schen Einrichtungen, einem großen mittelständischen, privat-gewerblichen Träger im Sozialbereich mit Sitz in Wernberg-Köblitz, Bayern. Seit 1990 Unternehmens- und Organisationsbe-ratung mit Schwerpunkt Personalentwicklung und Qualitätsmanagement.

Prof. Dr. Andreas Strunk
Prof. Dr. phil., Dipl. Ing., Hochschule für Sozialwesen (Fachhochschule Esslingen) Fächer: »Organisationswissen für die soziale Arbeit« und »Sozialpädagogisches Handeln für Menschen in besonderen sozialen Schwierigkeiten«, Gesellschafter, Organisationsentwickler und Unternehmensberater der Gesellschaft für Innovation, Systementwicklung und Soziale Arbeit mbH (GISA mbH), Wernau.

Heinrich Tiemann,
Dipl. Verwaltungswissenschaftler; seit Nov. 2002 Staatssekretär im Bundesministe-rium für Gesundheit und Soziale Sicherung; 1991 bis 1997 Leiter der Politischen Abteilung beim SPD-Vorstand; gleichzeitig 1993 bis 1994 Sekretär der Kommis-sion »Regierungsprogramm 1994«; 1997 bis 1998 Leiter der Planungsgruppe der SPD-Bundestagsfraktion; 1998 bis 2002 Leiter der Abteilung Soziales; Bildung; Forschung; Umwelt; Verkehr; Verbraucherschutz und Landwirtschaft im Bundes-kanzleramt; seit 2001 Lehrbeauftragter am Institut für Politikwissenschaft der Eber-hard-Karls-Universität Tübingen.

Herausgegeben von Prof. Dr. Bernd Maelicke

Edition Sozialwirtschaft

Herausgegeben von Prof. Dr. Wolf Rainer Wendt

Forschung und Entwicklung in der Sozialwirtschaft

Albert Brühl   Band 3
**Fallgruppen der Sozialarbeit (FdS©)
als Antwort auf die Einführung
der Diagnosis Related Groups
in Akut-Krankenhäusern**
*2004, 241 S., brosch., 39,– €,
ISBN 3-8329-0488-3*

Die Fallgruppen der Sozialarbeit (FdS©) sind ein empirisch valides Klassifikationssystem Sozialer Arbeit. Das Buch stellt Bezüge her zur Fallkostenkalkulation der Deutschen Krankenhausgesellschaft und diskutiert die Reaktionen der Sozialarbeit auf die Einführung des medizinbasierten pauschalierenden Entgeltsystems der Diagnosis Related Groups (DRG's).

Wolf Rainer Wendt   Band 1
Sozialwirtschaftslehre
Grundlagen und Perspektiven
*2002, 220 S., brosch., 34,– €,
ISBN 3-7890-8113-2*

Humandienstleistungen und soziale Unternehmen, in denen sich Menschen zu ihrer eigenen Versorgung vereinigen, sollen ihren Nutzern ein besseres Leben ermöglichen. Die Sozialwirtschaftslehre behandelt die Art und Weise, wie dieser Zweck in Organisationen, mit öffentlichen Mitteln und in persönlichen Haushalten ökonomisch erfüllt wird.

Gregor Richter   Band 2
**Privatisierung und Funktionswandel
der Freien Wohlfahrtspflege**
Strategien in nationalen und europäischen Sozialmärkten
*2002, 183 S., brosch., 31,– €,
ISBN 3-7890-8238-4*

Der Band behandelt theoriegestützt die Wirkungen der Privatisierungspolitik auf das gesellschaftliche Funktionssystem »Freie Wohlfahrtspflege«. Die vorgelegten Strategiekonzepte können zudem als Reflexionshilfe für anstehende Grundsatzentscheidungen und Organisationsentwicklungsprozesse in der Sozialwirtschaft gelesen werden.

Nomos
sabine.horn@nomos.de